民法典

百姓生活案例图解

大字版+《民法典》全部条文

王　强／主编

中国检察出版社

图书在版编目（CIP）数据

民法典百姓生活案例图解 / 王强主编. — 北京：中国检察出版社，2021.7

ISBN 978-7-5102-2612-0

Ⅰ.①民… Ⅱ.①王… Ⅲ.①民法—法典—案例—中国 Ⅳ.①D923.05

中国版本图书馆CIP数据核字（2021）第130611号

民法典百姓生活案例图解

王　强　主编

责任编辑：张郑元　杜英琴
技术编辑：王英英
设计制作：东方黑马
插　　画：许佳宁

出版发行：中国检察出版社
社　　址：北京市石景山区香山南路109号（100144）
网　　址：中国检察出版社（www.zgjccbs.com）
编辑电话：（010）86423704
发行电话：（010）86423726　86423727　86423728
　　　　　（010）86423730　86423732
经　　销：新华书店
印　　刷：北京宝昌彩色印刷有限公司
开　　本：710mm × 960mm　16开
印　　张：32
字　　数：365千字
版　　次：2021年7月第一版　2021年9月第二次印刷
书　　号：ISBN 978-7-5102-2612-0
定　　价：98.00元

目　录

总则编：如何处理生活中棘手问题

物权编：如何保护财产权益

合同编：合同订立、履行中的风险防范

人格权编：维护做人尊严的法律底线

婚姻家庭编：用法律维护家人合法权益

继承编：遗产遗赠应如何分配

侵权责任编：民事权益受损后的责任归属

总则编：

如何处理生活中的棘手问题

1. 未成年人打赏网络主播的巨款能讨回吗？

生活小案例

湖南长沙的陈女士突然收到一条手机短信，上面显示她的支付宝转账1万元。仔细检查账单明细之后，陈女士吃惊地发现除了这笔1万元的转账意外，在短短的20天内，她的银行卡竟向同一个账户转账8万余元。而这些钱流向了何处？陈女士12岁的儿子浩浩给出了一个令人意想不到的回答——这8万余元都被他用来刷礼物打赏给女主播了。陈女士立即与女主播联系要求退款，遭到拒绝。陈女士能要求女主播退钱吗？

案件分析

本案涉及限制民事行为能力人实施的民事法律行为的效力问题。依据《民法典》第一百四十五条的规定，12岁的孩子属于限制民事行为能力人，可以独立实施纯获利益的民事法律行为或者与其年龄、智力相适应的民事法律行为。但是，其打赏女主播的行为属于超越年龄、智力的民事法律行为，是否有效取决于其父母事后是否同意或追认。如果其父母事后追认，该行为有效；如果其父母拒绝追认的，该行为无效。本案中，孩子的母亲陈女士得知情况后立即与女主播联系要求退款，表明其拒绝追认孩子的行为。因此，孩子打赏主播8万余元的行为无效，陈女士可以要求主播退还。但是，对于孩子打赏主播的行为，父母作为监护人没有尽到监护职责，存在一定的过错，也应承担相应的责任。此外，在本案中，陈女士必须举证证明是其12岁孩子实施的打赏行为，否则不能适用《民法典》第一百四十五条的规定。

关联法条

《中华人民共和国民法典》

第十七条　十八周岁以上的自然人为成年人。不满十八周岁的自然人为未成年人。

第十八条　成年人为完全民事行为能力人，可以独立实施民事法律行为。

十六周岁以上的未成年人，以自己的劳动收入为主要生活来源的，视为完全民事行为能力人。

第十九条　八周岁以上的未成年人为限制民事行为能力人，实施民事法律行为由其法定代理人代理或者经其法定代理人同意、追认；但是，可以独立实施纯获利益的民事法律行为或者与其年龄、智力相适应的民事法律行为。

第一百四十五条 限制民事行为能力人实施的纯获利益的民事法律行为或者与其年龄、智力、精神健康状况相适应的民事法律行为有效；实施的其他民事法律行为经法定代理人同意或者追认后有效。

相对人可以催告法定代理人自收到通知之日起三十日内予以追认。法定代理人未作表示的，视为拒绝追认。民事法律行为被追认前，善意相对人有撤销的权利。撤销应当以通知的方式作出。

法条释义

以上条文是民法典关于自然人民事行为能力的相关规定。

自然人的民事行为能力，是指自然人能够以自己的行为行使民事权利、承担民事义务的资格。根据自然人的年龄、智力状态、精神状况等因素，自然人的民事行为能力分为：

（1）完全民事行为能力。年满十八周岁的成年人和十六周岁以上、以自己的劳动收入为主要生活来源的未成年人属于完全民事行为能力人，可以独立实施民事法律行为，如买卖房屋、订立遗嘱等。

（2）限制民事行为能力。八周岁以上的未成年人和不能完全辨认自己行为的成年人属于限制民事行为能力人，可以独立实施纯获利益的民事法律行为或者与其年龄、智力相适应的民事法律行为，如接受赠与、花钱买文具；但是，超越其年龄、智力的民事法律行为必须由其法定代理人代理或者经其法定代理人同意、追认方才有效。

（3）无民事行为能力。八周岁以下的未成年人和不能辨认自己行为的成年人属于无民事行为能力人，其不能独立实施任何民事法律行为，而必须由其法定代理人代理实施。因此，无民事行为能力人所实施的民事法律行为都是无效的。但在实践中，应允许无民事行为能力人实施如下两类行为：一是进行与其年龄、智力相符合的日常生活必需的细小行为，如乘坐公交车、购买冰棍等行为；二是纯获利益的民事法律行为，如接受赠与、奖励、报酬等。

2. 赠与情妇遗产的遗嘱有效吗？

生活小案例

王某与妻子李某结婚十多年后，王某与张某公开同居，但一直未与妻子李某离婚。四年后王某身患癌症，而张某不离不弃，继续照顾王某，王某深受感动。趁意识清醒，王某立下书面遗嘱：“在我死后，将自己的房产、抚恤金、工资等私人财物赠与‘好友’张某。”王某去世后，张某根据遗嘱向王某的妻子李某索要遗产时被拒，遂诉至法院，请求李某按照遗嘱履行。张某的请求能得到法院的支持吗？

案件分析

遗赠是自然人以遗嘱的方式，将个人合法财产的部分或全部赠与国家、集体或法定继承人以外的人，并于死后发生效力的民事法律行为。遗赠成立的前提是存在合法有效的遗嘱。

本案的关键点在于遗赠行为是否合法有效，遗赠人王某的遗嘱虽然是其真实意思的表示、形式上也合法，但是其内容和目的存在违法之处：首先，立遗嘱人订立遗嘱时只能处分其个人财产。王某死亡后的抚恤金是单位对死者亲属的抚慰，不属于个人财产，不得作为遗赠财产；王某的工资属于夫妻共同财产，其单独处分侵犯了妻子李某的合法权益，其遗赠也是无效的。其次，王某在婚姻关系存续期间与张某同居，违反了“禁止有配偶者与他人同居”“夫妻应当互相忠实、互相尊重”等规定，是一种违法行为。基于这种违法行为而产生的遗赠，违反了公序良俗，损害了社会公德，属于无效的民事法律行为。因此，本案的遗嘱因为违反了公序良俗原则导致无效。

关联法条

《中华人民共和国民法典》

第八条 民事主体从事民事活动，不得违反法律，不得违背公序良俗。

第一百五十三条第二款 违背公序良俗的民事法律行为无效。

法条释义

以上条文是民法典关于公序良俗原则以及违反公序良俗的法律后果的规定。

公序良俗，是指一切民事活动应当遵守公共秩序与善良风俗。

公共秩序主要包括社会公共秩序和生活秩序，体现了社会全体成员的共同利益。一般而言，违反法律禁止性规定的行为都违反了公共秩序，如买卖军火、走私毒品、制造假币等。善良风俗是社会所尊重的起码的伦理要求，如救死扶伤、见义勇为、禁止虐待家人、禁止有违伦理的行为等。

公序良俗原则是民法典规定的基本原则之一，任何违反公序良俗的行为都是无效的。在生活中，订立借腹生子协议、包养协议、以婚外同居为条件的赠与协议、委托杀人协议、赌博、“工伤概不负责”条款、约定断绝亲子关系的协议等都属于违反公序良俗的行为，都是无效的。

3. 买到“凶宅”能退房吗？

生活小案例

张女士花费 500 多万元购买刘女士所有的一套房屋，看房和签订合同时刘女士表示房屋之前没人居住，更没有出过事。张女士全家入住该房屋后，在和一位邻居聊天时偶然得知，刘女士的丈夫在该房屋内上吊自杀身亡。经多方查证，消息属实。张女士能以此为由要求退房吗？

案件分析

本案的焦点在于买房人是否有权撤销房屋买卖合同。根据民法典的规定，民事主体进行民事活动时应遵循诚实信用原则。在本案中，虽然刘女士的丈夫非正常死亡事件客观上并未对房屋的实际使用价值产生影响，但会严重影响购房人的购房意愿，属于与订立合同有关的重要事实。从我国善良风俗出发，按照诚实信用原则的要求，卖房人刘女士在缔约过程中应当如实向买房人张女士披露和告知这一重要事实。但是，刘女士却故意隐瞒上述重要信息，使买房人张女士在违背真实意思的情况下订立房屋买卖合同，构成欺诈。依据《民法典》第一百四十八条的规定，受欺诈人张女士可以请求人民法院依法撤销该房屋买卖合同，要求退房。

关联法条

《中华人民共和国民法典》

第七条 民事主体从事民事活动，应当遵循诚信原则，秉持诚实，恪守承诺。

第一百四十八条 一方以欺诈手段，使对方在违背真实意思的情况下实施的民事法律行为，受欺诈方有权请求人民法院或者仲裁机构予以撤销。

法条释义

以上条文是民法典关于诚实信用原则和以欺诈手段实施的民事法律行为的效力的规定。

诚实信用原则是指民事主体在从事民事活动时，应当秉持诚实、恪守承诺，并善意行使自己的权利和履行自己的义务。其中，诚实要求当事人在民事活动中要真诚真实、表里如一、不弄虚作假、不坑蒙拐骗；信用要求当事人在民事活动中说到做到、信守承诺、不出尔反尔。

欺诈是违反诚实信用原则的典型行为。所谓欺诈，是指当事人一方故意编造虚假情况或者隐瞒真实情况，使对方陷入错误而作出违背其真意的意思表示。欺诈需具备以下条件：（1）欺诈人实施了欺诈行为，即隐匿、歪曲真实事实或者捏造虚假事实。（2）欺诈人具有欺诈的故意，即欺诈人明知自己的欺诈行为会使被欺诈人陷入错误认识，并希望或放任这种结果的发生。（3）被欺诈人因欺诈而陷入错误，即被欺诈人原本没有错误但因欺诈而陷入错误或者被欺诈人原本已有错误但因欺诈而陷入更深的错误。（4）被欺诈人因陷入错误而作出了违背真意的意思表示，即欺诈行为与被欺诈人的不真实的意思表示之间存在因果关系。依据《民法典》第一百四十八条的规定，行为人的行为构成欺诈，受欺诈方可以请求人民法院或者仲裁机构予以撤销，使该行为自始无效。

诚实信用原则是民法典的基本原则之一，主要是针对民事活动中的弄虚作假、欺骗他人、损人利己、任意违约等行为而形成的基本原则，是最低限度的道德要求在法律上的表现。因此，在与他人进行民事活动时，不得隐瞒真实情况、不作假、不欺诈，应当恪守诺言、履行自己的义务。

4. 胎儿可以继承遗产吗？

生活小案例

王女士和李某相恋多年，两人顺利登记结婚。数年后，王女士怀孕不久，其丈夫李某因交通事故不幸死亡。李某留下了一笔不菲的遗产，但其生前也没有立下遗嘱。为分割李某的遗产，王女士与李某的父母发生了争议：王女士腹中胎儿是否应分得遗产？

案件分析

本案争议的关键点在于胎儿是否享有继承的权利。根据民法典的规定，涉及遗产继承、接受赠与等胎儿利益保护的，胎儿视为具有民事权利能力。因此，在本案中，胎儿是继承人之一，继承开始后，可以参加遗产分割。但因其尚未出生，由其母亲代其进行继承行为。因李某生前未订立遗嘱，所以应按照法律规定分割其遗产，即遗产由李某的父亲、母亲、妻子王女士和王女士腹中胎儿四人继承。如果腹中胎儿出生时为死体，该死产胎儿继承的遗产份额再分为三份，由李某的父亲、母亲、妻子王女士三人均分。因此，王女士腹中的胎儿应当分得遗产。

关联法条

《中华人民共和国民法典》

第十六条 涉及遗产继承、接受赠与等胎儿利益保护的，胎儿视为具有民事权利能力。但是，胎儿娩出时为死体的，其民事权利能力自始不存在。

第一千一百五十五条 遗产分割时，应当保留胎儿的继承份额。胎儿娩出时是死体的，保留的份额按照法定继承办理。

法条释义

以上条文是民法典关于胎儿利益特殊保护的规定。胎儿因未出生，不是法律规定的民事主体，也就不能作为权利主体。但是，根据民法典的规定，在涉及胎儿利益保护时，把胎儿视为法律上的人，享有民事权利。具体而言，主要包括四种情况：

（1）保护胎儿的遗产继承利益，胎儿享有继承权。

（2）保护胎儿的赠与利益。如胎儿出生前爷爷赠与胎儿一对玉石手镯，其父母代为接受，胎儿对玉镯享有所有权。

（3）保护胎儿的健康利益。如在胎儿受孕期间，因医疗事故致害，出生前其父母可主张胎儿受害的人身伤害赔偿请求权；胎儿出生后查明与医疗事故有关的，胎儿可以主张人身伤害赔偿请求权，该权利由其父母代为行使。

（4）保护胎儿的身份利益。如胎儿出生前，其父因他人醉驾致死，胎儿可以向肇事人主张抚养费和抚慰金，该权利由其母亲代为行使。

需要注意的是，如果胎儿出生时为死体的，则不涉及胎儿利益保护。因此，为胎儿保留的遗产份额，由被继承人的法定继承人继承；已经交付的赠与财产应予以返还，赠与财产未转移的，死产胎儿的父母不得请求赠与人交付赠与财产；胎儿因父亲死亡获得的抚养费和抚慰金应当予以返还。

5. 经常殴打孩子会被剥夺监护人资格吗？被剥夺后能恢复吗？

生活小案例

单身母亲韩某多次使用菜刀割伤年仅12岁的亲生儿子陈某某的后背、双臂，用针扎其臀部和大腿。当地村委会干部及民警多次对韩某进行批评教育，但韩某拒不悔改。某日，韩某再次用针扎陈某某臀部和大腿。为此，韩某被公安机关处以行政拘留十五日的处罚。之后，所在的村委会向法院申请依法撤销韩某对陈某某的监护人资格，并申请指定村委会为陈某某的监护人。村委会的请求能得到法院的支持吗？

案件分析

本案涉及监护人资格的撤销问题。父母是未成年子女的法定监护人，应当履行监护职责。父母作为监护人，应当保护未成年子女的身体健康、照顾其生活、维护其合法权益，并对未成年子女进行管理和教育。

本案中，韩某作为陈某某的法定监护人，不仅没有积极履行监护职责，反而采用殴打等方式对陈某某长期虐待，经教育后仍拒不悔改，严重损害了陈某某的身心健康，不宜再作为陈某某的监护人。根据民法典的规定，人民法院依据村委会的申请，应当撤销韩某对陈某某的监护人资格，并指定村委会担任陈某某的监护人。如果韩某的伤害、侵害行为不构成故意犯罪，在一定条件下，韩某可向人民法院申请恢复其监护人资格。

关联法条

《中华人民共和国民法典》

第三十六条 监护人有下列情形之一的，人民法院根据有关个人或者组织的申请，撤销其监护人资格，安排必要的临时监护措施，并按照最有利于被监护人的原则依法指定监护人：

（一）实施严重损害被监护人身心健康的行为；

（二）怠于履行监护职责，或者无法履行监护职责且拒绝将监护职责部分或者全部委托给他人，导致被监护人处于危困状态；

（三）实施严重侵害被监护人合法权益的其他行为。本条规定的有关个人、组织包括：其他依法具有监护资格的人，居民委员会、村民委员会、学校、医疗机构、妇女联合会、残疾人联合会、未成年人保护组织、依法设立的老年人组织、民政部门等。

前款规定的个人和民政部门以外的组织未及时向人民法院申请撤销监护人资格的，民政部门应当向人民法院申请。

第三十八条 被监护人的父母或者子女被人民法院撤销监护人资格后，除对被监护人实施故意犯罪的外，确有悔改表现的，经其申请，人民法院可以在尊重被监护人真实意愿的前提下，视情况恢复其监护人资格，人民法院指定的监护人与被监护人的监护关系同时终止。

法条释义

以上条文是民法典关于监护人资格的撤销和恢复的规定。

根据《民法典》第三十六条的规定，监护人有下列情形之一的，撤销其监护人资格：（1）实施严重损害被监护人身心健康行为的，如性侵害、出卖、遗弃、虐待、暴力伤害被监护人等。（2）怠于履行监护职责，或者无法履行监护职责并且拒绝将监护职责部分或者全部委托给他人，导致被监护人处于危困状态的。例如，拒不履行监护职责长达六个月以上，导致被监护人流离失所或者生活无着的；有吸毒、赌博、长期酗酒等恶习无法正确履行监护职责或者因服刑等原因无法履行监护职责，且拒绝将监护职责部分或者全部委托给他人，致使被监护人处于困境或者危险状态的。（3）实施严重侵害被监护人合法权益的其他行为的。例如，教唆、利用未成年人实施违法犯罪行为，情节恶劣的；恶意侵占被监护人财产的。

监护人存在上述情形的，以下人员或组织有权向人民法院申请撤销其监护人资格：（1）依法应被撤销监护资格的监护人以外的其他依法具有监护资格的人，包括父母、子女、其他近亲属。（2）居民委员会、村民委员会、学校、医疗机构、妇女联合会、残疾人联合会、未成年人保护组织、依法设立的老年人组织、民政部门等有关组织。其中，在个人和其他组织未及时向人民法院申请时，民政部门应当向人民法院申请。

监护人被撤销监护资格后，具备以下条件的，可以恢复其监护人资格：（1）只有被监护人的父母或者子女在被撤销监护资格后才可以恢复监护资格；（2）被撤销监护资格的监护人没有对被监护人实施过故意犯罪，如故意伤害、遗弃、虐待、性侵害、出卖等；（3）被撤销监护资格的监护人确有悔改表现；（4）被监护人愿意恢复；（5）被撤销监护资格的监护人向人民法院提出申请。

6. “空巢老人”可以指定他人为监护人吗？

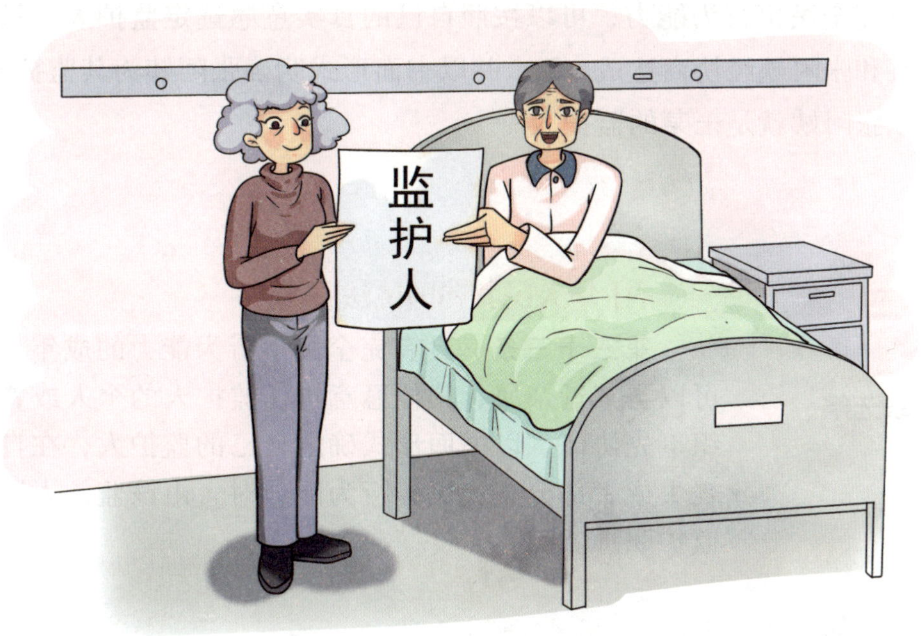

生活小案例

王某的爱人于十年前去世，两个女儿定居国外，年过七旬的王某成了“空巢老人”。王某身体一直不太好，生病住院都靠邻居张阿姨来照顾。今年三月，王某做了一个小手术，术后有了个想法：要是突然中风失去意识，没人签字抢救治疗，也没人照顾生活，怎么办呀？于是，王某打算趁头脑清醒之时指定邻居张阿姨为自己的监护人。王某能指定张阿姨为自己的监护人吗？

案件分析

本案涉及成年人监护问题。根据民法典的规定，具有完全民事行为能力的成年人可以与他人书面约定在其丧失或者部分丧失民事行为能力时，由该人履行监护职责。本案中，年过七旬的王某现在头脑清醒，具有完全民事行为能力，可以按照自己的真实意愿选定监护人。只要王某和张阿姨经协商达成一致，并以书面形式明确张阿姨为其监护人，那么张阿姨就是王某的监护人。

关联法条

《中华人民共和国民法典》

第三十三条 具有完全民事行为能力的成年人，可以与其近亲属、其他愿意担任监护人的个人或者组织事先协商，以书面形式确定自己的监护人，在自己丧失或者部分丧失民事行为能力时，由该监护人履行监护职责。

法条释义

本条是民法典关于成年人意定监护的规定。

意定监护，是指具有完全民事行为能力的成年人，与他人或者组织事先协商，以书面形式约定在其丧失或者部分丧失民事行为能力时，由该人或组织担任自己的监护人。意定监护主要适用于成年人因年老、精神疾病或意外事故等原因丧失或者部分丧失民事行为能力的情形，有利于保护失能成年人和孤寡老人的人身财产权益，最大限度地尊重了当事人的意愿。

适用本条应注意以下几点：

（1）只有具有完全民事行为能力的成年人才能通过协议确定自己的监护人。

（2）意定监护的监护人的范围较为广泛，既可以是父母、子女等近亲属，还可以是亲朋好友、邻居或者组织，并且他们之间没有先后顺序的限制。

（3）为确定监护协议的内容，减少可能发生的争议，意定监护必须采用书面形式。实务中，一般都会对意定监护进行公证。

（4）意定监护的监护人在成年人丧失或者部分丧失民事行为能力时才履行监护职责，其监护职责主要包括生活照管、医疗救治、财产监管、权益维护等。

7. 个体工商户债务应该由谁偿还？

生活小案例

个体工商户孙某向朋友李某借了50万元用于个体经营，后因经营不善导致赔本。李某得知此事后找到孙某要求还钱，孙某以个体经营失败为理由，拒绝还钱。李某随即将孙某诉至法院，要求以孙某个人及其家庭的财产还钱。李某的主张能得到法院的支持吗？

案件分析

本案涉及个体工商户债务承担问题。根据民法典的规定，个体工商户的债务，个人经营的，以个人财产承担；家庭经营的，以家庭财产承担；无法区分的，以家庭财产承担。判断是个人经营还是家庭经营，应考虑投资主体、经营主体、受益主体和家庭财产制度等进行综合判断。对于本案，如果孙某是以个人财产投资、个人经营，经营所获收益用于孙某个人消费，孙某与妻子约定婚姻关系存续期间收入归各自所有，那么该债务属于孙某个人经营的个体工商户产生的债务，应以孙某个人财产承担债务；反之，应以孙某个人及其家庭财产承担该债务。

关联法条

《中华人民共和国民法典》

第五十四条 自然人从事工商业经营，经依法登记，为个体工商户。个体工商户可以起字号。

第五十六条第一款 个体工商户的债务，个人经营的，以个人财产承担；家庭经营的，以家庭财产承担；无法区分的，以家庭财产承担。

法条释义

以上条文是民法典关于个体工商户及其债务承担的规定。

个体工商户是指经依法登记，从事工商业经营的自然人。依据《民法典》第五十六条第一款的规定，对个体工商户经营活动所产生的债务承担应分情况处理：

（1）个人经营个体工商户的，以个人财产承担该债务。所谓“个人经营”，是指以个人财产出资由个人独自开展工商业经营活动，并且经营所得不主要用于家庭消费的情形。所谓“个人财产”，是指个体工商户经营者的财产与家庭财产严格区分，如甲为个体工商户，与妻子乙约定：夫妻关系存续期间所得财产归各自所有。所谓“以个人财产承担该债务”，是指因个人经营个体工商户所产生的债务，由其个人财产承担。

（2）家庭经营个体工商户的，以家庭财产承担该债务。所谓“家庭经营”，是指以家庭财产出资经营，或者以个人财产和家庭财产共同出资经营。所谓“家庭财产”，是指从事经营的各个家庭成员的个人财产和共同财产。

（3）无法区分是个人经营还是家庭经营的，以家庭财产承担该债务。

综上可见，在涉及个体工商户的债权债务纠纷时，需要从投资主体、经营主体、受益主体和家庭财产制度等进行综合考虑，从而准确判断承担民事责任的主体，以便更好地保护个体工商户和债权人的利益。

8. 离职员工以公司的名义“杀熟”，签订的合同谁来履行？

生活小案例

甲公司经常派业务员小孙与乙公司订立合同。后来，小孙因收取回扣被公司除名。被开除的小孙又持盖有甲公司公章的空白合同书与尚不知其已被除名的乙公司订立了一份合同，并按照通常做法提走货款，然后逃匿。对此甲公司并不知情。乙公司要求甲公司履行合同，但甲公司认为该合同与己无关，予以拒绝。甲公司的主张成立吗？

案件分析

本案的焦点在于员工小孙的行为是否构成表见代理。业务员小孙经常代表甲公司与乙公司签订合同的行为，属于职务代理，其签订合同的法律后果由甲公司承担。小孙被甲公司除名后，其基于职务授权而生的委托代理权也随之消灭。如果小孙继续以甲公司的名义对外签订合同，则属于无权代理。但是，在本案中，小孙被除名后还持有盖有甲公司公章的合同书，足以使乙公司相信小孙仍有代理权；乙公司不知小孙“已被除名”，表明其为善意；“甲公司经常派业务员小孙与乙公司订立合同”并且小孙“按照通常做法”提走货款，表明乙公司无过失。

综上所述，小孙的行为构成表见代理，乙公司有权主张该合同有效并要求甲公司履行。因此，甲公司的主张不成立。

关联法条

《中华人民共和国民法典》

第一百七十一条 行为人没有代理权、超越代理权或者代理权终止后，仍然实施代理行为，未经被代理人追认的，对被代理人不发生效力。

相对人可以催告被代理人自收到通知之日起三十日内予以追认。被代理人未作表示的，视为拒绝追认。行为人实施的行为被追认前，善意相对人有撤销的权利。撤销应当以通知的方式作出。

行为人实施的行为未被追认的，善意相对人有权请求行为人履行债务或者就其受到的损害请求行为人赔偿。但是，赔偿的范围不得超过被代理人追认时相对人所能获得的利益。

相对人知道或者应当知道行为人无权代理的，相对人和行为人按照各自的过错承担责任。

第一百七十二条 行为人没有代理权、超越代理权或者代理权终止后，仍然实施代理行为，相对人有理由相信行为人有代理权的，代理行为有效。

法条释义

以上条文是民法典关于无权代理和表见代理的规定。

代理权是代理人以被代理人的名义对外实施代理行为的基础和前提。行为人没有代理权而以被代理人的名义实施的行为，则构成无权代理。从民法典的规定来看，无权代理有广义和狭义之分，广义的无权代理包括狭义的无权代理和表见代理。《民法典》第一百七十一条规定的无权代理就是狭义的无权代理。

所谓狭义的无权代理，是指行为人没有代理权、超越代理权或者代理权终止后，对外仍然以被代理人的名义实施的代理。无权代理不是真正的代理，因此，无权代理行为是否有效，取决于被代理人和相对人的意思：（1）被代理人事后追认的，发生与有权代理相同的法律效果，即由被代理人承受该无权代理行为所发生的一切后果。（2）被代理人拒绝追认或善意相对人在被代理人追认之前撤销该无权代理行为的，不发生有权代理的法律后果。此时，善意相对人有权请求行为人履行债务或者就其受到的损害请求行为人赔偿。所谓善意，是指相对人在实施民事法律行为时不知道或者不应该知道行为人为无权代理。

所谓表见代理，是指行为人的代理行为没有代理权，但相对人有理由相信行为人有代理权，法律规定被代理人对相对人应负授权责任的无权代理。表见代理应具备四个条件：（1）行为人是无权代理，即行为人没有代理权、超越代理权或者代理权终止后实施了代理行为。（2）有使相对人相信行为人具有代理权的合理理由。在实践中，通常表现为行为人持有被代理人的介绍信、盖有公章的空白合同书、印章、授权委托书或者其他表明其具有代理权的证明文件等。但是，行为人盗用、伪造被代理人的公章、合同书、授权委托书等，以被代理人的名义实施代理行为的，一般不认定为表见代理。（3）行为人与相对人实施了民事法律行为，如订立合同。（4）相对人是善意的且无过失。所谓善意，是指相对人不知道或者不应当知道行为人实际上无代理权。所谓无过失，是指相对人尽到了交易上合理的注意义务，行为人无代理权的事实并非因其疏忽大意或者懈怠造成。符合构成要件的表见代理产生与有权代理相同的法律效力，即行为人代理行为的法律效果由被代理人承担。如果被代理人因承受表见代理的法律后果而受到损失的，有权向行为人主张损害赔偿责任。但需要注意的是，表见代理实质上也是无权代理。因此，善意相对人享有选择权：既可以主张表见代理，要求被代理人承担责任；也可以主张无权代理，通过撤销权的行使，要求无权代理人承担责任。至于如何选择，是相对人的意思自治范畴，被代理人或无权代理人不得主动选择。

为避免表见代理的发生而给自己造成不利后果，

我们一定要采取措施避免给他人造成有代理权的“权利外观”。例如，对于高管、业务销售等特殊岗位，员工一旦离职，单位应当及时与其负责的客户沟通，并告知相关事项。

9. 见义勇为受重伤，应由谁“买单”？

生活小案例

某日中午，犯罪嫌疑人沈某蒙面闯到吴女士家中持刀抢劫，吴女士一边和歹徒周旋，一边呼救。退伍军人陈某在听到“有人抢劫”的呼救声后，急忙冲进吴女士家中，欲将歹徒沈某制服，解救吴女士。在打斗中，歹徒沈某用匕首将陈某刺成重伤。后歹徒沈某被赶来的民警抓获，陈某也被紧急送往医院。陈某就医治疗花去医疗费用 10 万余元。陈某住院治疗的费用，应该由谁来承担呢？

案件分析

本案涉及因见义勇为而使自己遭受损害的责任承担问题。本案中，陈某没有法定的义务和约定的义务，但为了保护他人民事权益而勇斗歹徒，其行为属于见义勇为。歹徒沈某将陈某刺成重伤的行为，既是犯罪行为也是侵权行为，既要承担刑事责任也要承担民事责任。根据民法典的规定，陈某住院治疗的费用应由侵权人（歹徒沈某）承担；如果侵权人（歹徒沈某）无力承担，陈某可以请求被救妇女吴女士予以适当补偿，被救妇女吴女士应当适当补偿。

关联法条

《中华人民共和国民法典》

第一百八十三条 因保护他人民事权益使自己受到损害的，由侵权人承担民事责任，受益人可以给予适当补偿。没有侵权人、侵权人逃逸或者无力承担民事责任，受害人请求补偿的，受益人应当给予适当补偿。

法条释义

本条是民法典关于因见义勇为而使自己受到损害的民事责任承担与补偿办法的规定。本条的规定，有利于鼓励人们实施见义勇为行为，发扬中华民族扶危济困的优良传统风尚，弘扬社会主义核心价值观，让“英雄流血不流泪”。

适用本条规定，需要具备三个要件：

（1）受害人的行为必须针对正在发生或者将要发生的侵害行为或者危险，如小偷正在扒窃他人财物、他人落水呼救等。

（2）受害人实施见义勇为行为的目的是为了保护他人民事权益。这里的“他人”不仅指个人，还包括国家、集体。

（3）受害人因见义勇为而受到损害。这里的“损害”包括财产损害和人身损害。

因见义勇为而使行为人受到损害的，分三种情况承担责任：

（1）如果损害是他人的侵权行为造成的，由侵权人承担侵权责任。侵权人逃逸或者无力承担侵权责任的，由受益人适当补偿。

（2）如果他人的侵权行为仅是造成损害的部分原因，侵权人承担相应部分的侵权责任，其余部分损害由受益人适当补偿。

（3）非因他人的侵权行为而造成损害的，由受益人适当补偿。由此可见，只有受害人不能向侵权人请求损害赔偿时，才能要求受益人在受益范围内进行适当补偿，受益人也必须予以适当补偿，这是其法定责任。

对于“适当补偿”的范围，法律并未作出明确规定。在司法实践中，主要考虑受害人与受益人的经济状况、受益人的受益范围、受害人遭受损害的大小等因素进行综合判断。

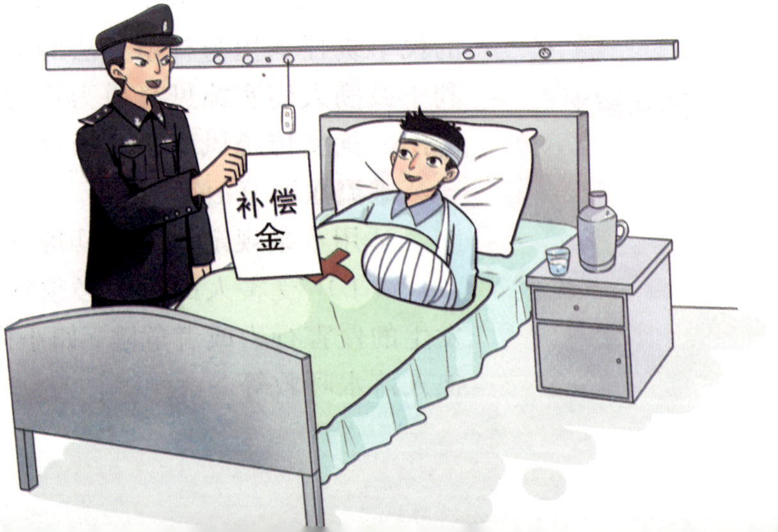

10. 紧急救助病人时造成伤害，该不该承担赔偿责任？

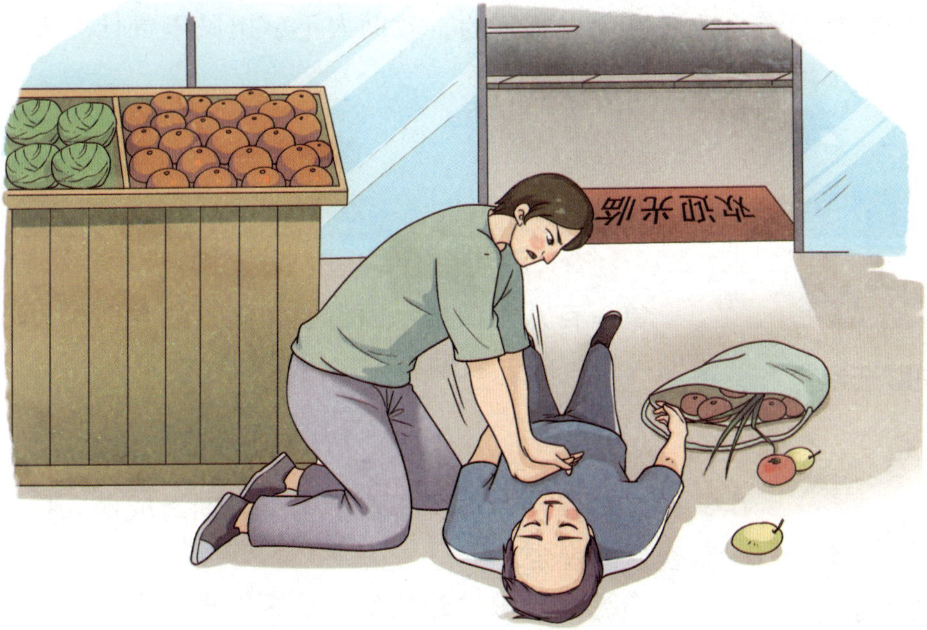

生活小案例

星期天，某医院医生刘某在超市购物时看见八旬老人张某突然昏厥倒地，情况十分危急。刘医生立即对张某实施心肺复苏，张某后经送医治疗得以康复。但让刘医生没有想到的是，在实施心肺复苏时导致张某两根肋骨被压断，张某出院后将他告上法庭，要求刘医生赔偿 3 万元的医疗费。刘医生应该承担赔偿责任吗？

案件分析

本案涉及自愿紧急救助造成他人损害责任承担问题。本案中，老人张某昏厥倒地，生命安全处于极度危险的境地。为了张某的生命安全，刘医生在既无法定义务也无约定义务的情况下为张某实施心肺复苏，其行为属于“自愿紧急救助行为”。虽然刘医生在实施心肺复苏中造成老人张某两根肋骨被压断，但是依据民法典的规定，因自愿实施紧急救助行为造成受助人损害的，救助人不承担民事责任。因此，刘医生不承担损害赔偿责任。

关联法条

《中华人民共和国民法典》

第一百八十四条 因自愿实施紧急救助行为造成受助人损害的，救助人不承担民事责任。

法条释义

本条是民法典关于自愿紧急救助造成他人损害免除责任的规定。

自愿紧急救助造成他人损害的责任豁免，是指救助人没有法定义务和约定义务，为避免受助人遭受损害而在紧急情形下实施的救助行为，即便造成受助人损害，救助人也无须承担民事责任。该条确定了自愿紧急救助行为可以作为免责事由，鼓励见义勇为、好人好事，被称为中国版的“好人法”。

适用本条，应具备三个条件：

（1）救助人必须是在紧急情况下实施了救助行为。何为紧急情况？其判断标准不能一概而论，在部分情况下，应以行为人的认知能力及判断能力为标准。

（2）救助人必须是自愿实施救助行为。所谓“自愿”，是指救助人既无法定的义务，也无约定的义务。

（3）救助人实施救助行为的目的必须是避免受助人遭受损害。

救助人自愿实施紧急救助行为造成受助人损害的，救助人不承担民事责任。但是，这并不意味着救助人在救助过程中对受助人造成的一切损害均不承担民事责任，如果救助人在救助过程中故意导致受助人损害的，应当承担侵权责任。

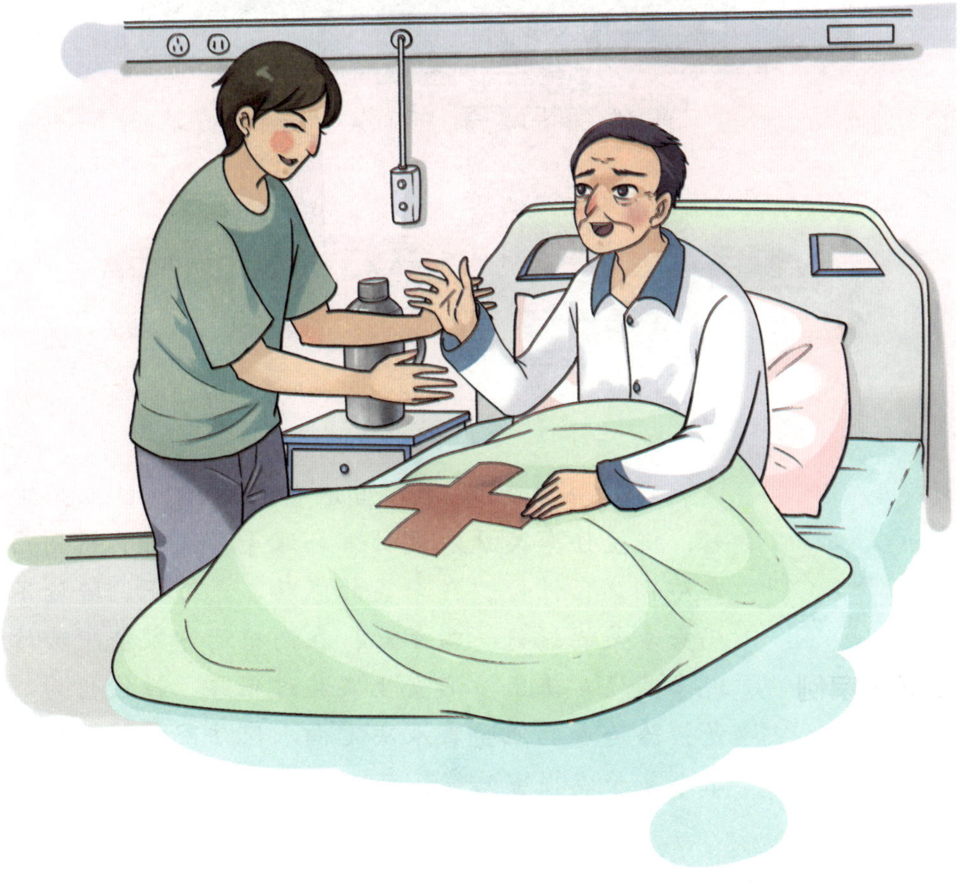

11. 未成年人遭受性侵害，年满十八周岁后还能提起诉讼吗？

生活小案例

15 岁女孩玲玲考入当地重点中学。自上高中开始，班主任李某就以谈心、补课等名义将其叫到宿舍实施猥亵、性侵。在李某的威胁、恐吓下，玲玲不敢揭露李某的罪行。四年后，在高中同学聚会中玲玲发现李某还对班上多名女生实施过猥亵、性侵行为。于是，玲玲和其他受害人决定向人民法院提起诉讼，要求李某予以损害赔偿，可以吗？

案件分析

本案涉及受性侵未成年人赔偿请求权的诉讼时效问题。依据民法典的规定，向人民法院请求保护民事权利的诉讼时效为三年，自权利人知道或者应当知道权利受到损害以及义务人之日起计算。但是，未成年人遭受性侵害的损害赔偿请求权的诉讼时效期间，自受害人年满十八周岁之日起计算。本案中，玲玲因李某性侵害而请求损害赔偿请求权的诉讼时效期间，应从其年满十八周岁开始计算三年。因此，玲玲等人的赔偿请求权的诉讼时效期间并未届满，有权向人民法院提起诉讼。

关联法条

《中华人民共和国民法典》

第一百八十八条 向人民法院请求保护民事权利的诉讼时效期间为三年。法律另有规定的，依照其规定。

诉讼时效期间自权利人知道或者应当知道权利受到损害以及义务人之日起计算。法律另有规定的，依照其规定。但是，自权利受到损害之日起超过二十年的，人民法院不予保护，有特殊情况的，人民法院可以根据权利人的申请决定延长。

第一百九十一条 未成年人遭受性侵害的损害赔偿请求权的诉讼时效期间，自受害人年满十八周岁之日起计算。

法条释义

以上条文是民法典关于诉讼时效期间、受性侵未成年人赔偿请求权诉讼时效的特殊起算点的规定。

诉讼时效，是指权利人在法定期间内不行使权利即导致义务人享有拒绝履行义务的抗辩权，从而导致权利人无法胜诉的法律制度。诉讼时效期间，是指权利人向人民法院请求保护其民事权利的法定期间。除法律另有规定外，普遍适用于各种民事法律关系的诉讼时效期间为三年，但自权利受到损害之日起超过二十年的，人民法院不予保护。

诉讼时效期间自权利人知道或者应当知道权利受到损害以及义务人之日起计算。对于以下几种特殊情形，应依据其规定计算：

（1）当事人约定同一债务分期履行的，诉讼时效期间自最后一期履行期限届满之日起计算。

（2）未成年人遭受性侵害的损害赔偿请求权的诉讼时效期间，自受害人年满十八周岁之日起计算。

（3）人身损害赔偿的诉讼时效期间，伤害明显的，从受伤害之日起算；伤害当时未曾发现，后经检查确诊并能证明是由侵害引起的，从伤势确诊之日起算。

（4）未约定履行期限的合同，依法可以确定履行期限的，诉讼时效期间从履行期限届满之日起计算；不能确定履行期限的，诉讼时效期间从债权人要求债务人履行义务的宽限期届满之日起计算，但债务人在债权人第一次向其主张权利之时明确表示不履行义务的，诉讼时效期间从债务人明确表示不履行义务之日起计算。

诉讼时效期间届满后，将会产生以下法律后果：

（1）义务人取得拒绝履行的抗辩权。如果义务人行使该抗辩权，人民法院不得强制义务人履行该义务。如果义务人同意履行的，视为其抛弃抗辩权，该履行行为有效；义务人已自愿履行的，不得请求返还。

（2）权利人仍享有起诉权。当事人超过诉讼时效期间起诉的，人民法院应予受理。受理后对方当事人提出诉讼时效抗辩，人民法院经审理认为抗辩事由成立的，判决驳回原告的诉讼请求。

12. 超过还款期限三年的借款，借款人还需要偿还吗？

生活小案例

李某购买新车时向好友赵某借了 10 万元，约定一年后还款。一年后，李某只还了 5 万元，仍有 5 万元一直没有偿还。赵某每年一月和六月都会对李某提出还款的请求，但李某都未还款。三年后，当赵某再次请求李某还款时，李某认为赵某返还借款请求权的诉讼时效已经届满，无权再请求其还款。李某的主张能否成立？

案件分析

本案的关键点在于5万元的债权请求权诉讼时效期间是否届满，涉及诉讼时效的中断问题。依据民法典的规定，赵某请求李某返还借款请求权的诉讼时效期间应该从约定的还款期限届满之日起计算三年。如果赵某在三年之后请求李某返还借款，诉讼时效期间已经届满，李某有权予以拒绝，其主张成立。但是，在本案中，虽然赵某对李某返还借款请求权已经经过了三年，但因赵某每年一月和六月都会对李某提出还款的请求，该请求导致其请求权诉讼时效的中断，诉讼时效自赵某提出请求之日起重新起算。因此，赵某请求李某返还借款请求权的诉讼时效并没有届满，赵某仍有权请求李某清偿剩余的5万元借款，李某的主张当然不能成立。

关联法条

《中华人民共和国民法典》

第一百九十五条 有下列情形之一的，诉讼时效中断，从中断、有关程序终结时起，诉讼时效期间重新计算：

（一）权利人向义务人提出履行请求；

（二）义务人同意履行义务；

（三）权利人提起诉讼或者申请仲裁；

（四）与提起诉讼或者申请仲裁具有同等效力的其他情形。

法条释义

本条是民法典关于诉讼时效中断的规定。

诉讼时效的中断，是指在诉讼时效进行中，因法定事由的发生使已经进行的期间全部归于无效，诉讼时效期间重新计算。

根据民法典和相关司法解释的规定，诉讼时效中断的事由有：

（1）权利人向义务人提出履行请求。例如，当事人一方直接向对方当事人送交主张权利文书，对方当事人在文书上签字、盖章或者虽未签字、盖章但能够以其他方式证明该文书到达对方当事人的；当事人一方以发送信件或者数据电文方式主张权利，信件或者数据电文到达或者应当到达对方当事人的。

（2）义务人同意履行义务。例如，义务人作出分期履行、部分履行、提供担保、请求延期履行、制定清偿债务计划等承诺或者行为的。

（3）权利人提起诉讼或者申请仲裁。当事人一方向人民法院提交起诉状或者口头起诉的，诉讼时效从提交起诉状或者口头起诉之日起中断。

（4）与提起诉讼或者申请仲裁具有同等效力的其他情形。例如，权利人向公安机关、人民检察院、人民法院报案或者控告，请求保护其民事权利的，诉讼时效从其报案或者控告之日起中断。上述机关决定不立案、撤销案件、不起诉的，诉讼时效期间从权利人知道或者应当知道不立案、撤销案件或者不起诉之日起重新计算；刑事案件进入审理阶段，诉讼时效期间从刑事裁判文书生效之日起重新计算。

在实践中，哪怕义务人暂时无法履行自己的义务，作为权利人也一定要在诉讼时效期间内不间断地通过各种方式向义务人主张权利，从而引起诉讼时效的中断，避免诉讼时效期间届满的不利法律后果，以维护自己的合法权益。

物权编：
如何保护财产权益

13. 一房二卖，哪份房屋买卖合同有效？

生活小案例

李某与王先生签订房屋买卖合同，合同约定王先生将其房屋以65万元的价格出卖给李某，双方约定：在李某预先支付20万元首付款后，王先生协助李某办理该房屋的过户手续，剩余款项以该房屋抵押所贷款项一次性支付给王先生。到约定日期当天，李某将首付款按约给付王先生后，在请求对方协助办理房屋登记时，王先生说家中突发事情，预计推迟一星期，李某默许。后经查发现，王先生以高出李某购房款20万元的价格与赵某签订房屋买卖合同，李某得知后应该如何确保得到房屋实际权益呢？

案件分析

本案系房屋二重买卖的典型案例，不仅涉及合同效力与履行问题，还涉及物权变动的法定方式问题。在本案中，王先生虽然先后两次以房屋为标的，与二人签订买卖合同，但均未与买房人（李某、赵某）进行房屋产权变更登记，依据民法典的规定，王先生从始至终都是房屋的所有权人。所以，作为房屋的所有权人，王先生有权与他人签订房屋买卖合同，处分其财产。同时，王先生与李某、赵某签订的两份房屋买卖合同均是他们真实意思的表示，且内容不存在违法之处。因此，两份房屋买卖合同均是合法有效的，具有同等的法律效力，李某和赵某均可以依据合同要求王先生履行合同义务，向其交付房屋，并完成房屋产权变更登记。但是，房屋仅有一套，王先生只能选择其中一方履行合同义务，对另一方承担合同不能履行的违约责任。对此，李某可以要求王先生承担违约责任，或督促王先生及时履行合同，在王先生不履行或是延迟履行时，应尽快通过司法途径解决。

关联法条

《中华人民共和国民法典》

第二百零八条　不动产物权的设立、变更、转让和消灭，应当依照法律规定登记。动产物权的设立和转让，应当依照法律规定交付。

第二百零九条第一款　不动产物权的设立、变更、转让和消灭，经依法登记，发生效力；未经登记，不发生效力，但是法律另有规定的除外。

第二百一十四条　不动产物权的设立、变更、转让和消灭，依照法律规定应当登记的，自记载于不动产登记簿时发生效力。

第二百一十五条 当事人之间订立有关设立、变更、转让和消灭不动产物权的合同，除法律另有规定或者当事人另有约定外，自合同成立时生效；未办理物权登记的，不影响合同效力。

第二百二十四条 动产物权的设立和转让，自交付时发生效力，但是法律另有规定的除外。

第二百二十五条 船舶、航空器和机动车等的物权的设立、变更、转让和消灭，未经登记，不得对抗善意第三人。

法条释义

以上条文是民法典对物权变动方式与合同效力的法律规定。

物权变动，一般是指物权的发生、转移、变更和消灭，包括不动产的物权变动和动产的物权变动。所谓不动产，是指依据自然性质或法律规定不可移动的财产或与土地尚未脱离的土地生成物、因自然或者人力添附于土地并且不能分离的其他物，如土地、房屋等土地定着物。所谓动产，是指能脱离原有位置而存在的资产，可理解为移动不损耗其价值的物品或是财产，如电视、轮船等。

我国物权变动一般采用“动产交付，不动产登记”的方式：

（1）动产物权的设立和转让等，自交付时发生物权变动的效力，但是法律另有规定的除外。例如，自出卖人将手机交付给买受人之时，手机的物权即转移给买受人。但需要注意的是，船舶、航空器和机动车等特殊属性的动产，虽然适用动产物权变更的一般方式，但交付后未进行变更登记的，不能对抗善意第三人。例如，购买的车辆交付后，买受人未到车辆交易大厅或车管所进行权属变更，此时车辆仍登记在出卖人名下，虽然该车辆权属已发生变更，若出卖人恶意处置该车辆给付不知情（善意）的第三人时，一旦符合善意取得的情况，买受人基于交付所获该车辆权属已被善意第三人“劫取”。

（2）不动产物权的设立、变更、转让和消灭，应当依照法律规定进行登记；未经依法登记的，不发生物权变动的效力。例如，买房必须到房产登记机关办理“过户”登记，才可以发生房屋产权的变更，不登记即不发生产权变动。

所交付动产与不动产应依据法定方式进行权属变动，但依据法律规定，双方就物权变动所签订合同的效力并不受其影响，仍然自成立时发生效力。

14. 未经他人同意出卖其财产，买受方能取得其财产所有权吗？

生活小案例

小李因为工作原因需要购进一台专业型电脑，而该类型的电脑市场价格大约在35000元左右，他工作不久，无力负担新电脑的费用。同事赵某察觉小李的困惑后，便向其称自己要离职，想以25000元的价格将电脑卖给小李，小李同意购买。次日，两人钱货两讫。几日后小李发现，赵某卖给自己的电脑系其朋友张某所有，是赵某未经张某同意私自转卖的。小李能取得电脑的所有权吗？

案件分析

本案的焦点在于小李能否依据善意取得制度的规定取得对他人电脑的所有权。本案中，同事赵某既不是电脑的所有人，也不是张某的代理人，却以自己的名义将张某的电脑卖给小李，其行为属于无权处分。根据民法典的规定，张某有权追回其电脑。但是，小李在受让该电脑时并不知该电脑的实际权属，所以应视其在交易时为善意；同时，小李以合理的价格（不低于商品市场价值的 70%）与无权处分人赵某完成了钱货两讫的交易行为。可见，该买卖行为完全符合善意取得的构成要件。所以，依据《民法典》第三百一十一条的规定，小李基于善意取得而获得了电脑的所有权，张某不能要求小李予以返还。至于张某遭受的损害，可以依法向赵某主张。

关联法条

《中华人民共和国民法典》

第三百一十一条 无处分权人将不动产或者动产转让给受让人的，所有权人有权追回；除法律另有规定外，符合下列情形的，受让人取得该不动产或者动产的所有权：

（一）受让人受让该不动产或者动产时是善意；

（二）以合理的价格转让；

（三）转让的不动产或者动产依照法律规定应当登记的已经登记，不需要登记的已经交付给受让人。

受让人依据前款规定取得不动产或者动产的所有权的，原所有权人有权向无处分权人请求损害赔偿。

当事人善意取得其他物权的，参照适用前两款规定。

第三百一十二条 所有权人或者其他权利人有权追回遗失物。该遗失物通过转让被他人占有的，权利人有权向无处分权人请求损害赔偿，或者自知道或者应当知道受让人之日起二年内向受让人请求返还原物；但是，受让人通过拍卖或者向具有经营资格的经营者购得该遗失物的，权利人请求返还原物时应当支付受让人所付的费用。权利人向受让人支付所付费用后，有权向无处分权人追偿。

第三百一十三条 善意受让人取得动产后，该动产上的原有权利消灭。但是，善意受让人在受让时知道或者应当知道该权利的除外。

法条释义

以上条文是民法典关于善意取得制度的规定。

善意取得，是指无权处分他人财产的财产占有人（又称无权处分人），将其占有他人的财产转让给第三人，受让人在取得该财产时系出于善意，即依法取得该财产的所有权，原财产所有人不得要求受让人返还财产的物权取得制度。

依据民法典的规定，善意取得必须具备以下条件:

（1）受让人受让该不动产或者动产时为善意。所谓“善意”，是指受让人在受让时，对转让人无权处分不知情且无过失。

（2）以合理的价格转让。即受让人须通过交换而实际占有已取得的财产，为有偿转让且价格合理。在司法实践中，合理价格是交易商品价值上下浮动的30%范围内。

（3）转让的动产或者不动产依照法律规定应当登记的已经登记，不需要登记的已经交付给受让人。

不符合物权变动公示方法要求的，不发生善意取得的效力。

需要注意的是，买受人也并非对任何财产或物品都可以善意取得进行抗辩，遗失物、漂流物、埋藏物、隐藏物以及国有财产等，买受人一般不能直接依据善意取得制度取得其物权。

15．将小区公共道路私改收费车位，是否侵害业主权利？

生活小案例

董女士与其丈夫婚后经过多年的努力，在某小区购买了一处价位合理的小型住宅。经过几个月的等待，终于接到开发商办理入住的通知。但入住后发现开发商存在诸多不合理的行为。例如，开发商将列入规划的小区道路修建成地上停车位，并向业主进行商业出售，这样的行为是否侵害了小区业主的合法权益呢？

案件分析

本案中董女士与其丈夫通过购买某小区的住宅成为该住宅的建筑物区分所有权人，从而也获得了该小区的业主身份，作为建筑物区分所有权人，其权利不仅包括自身购买的住宅的专有部分，还包括对于共同楼道、非规划区的道路以及小区绿地等共同部分的共有权和管理权。业主可以在法律规定以及合理范围内行使自身不妨碍其他业主及损害共有物的权利。本案中，开发商未经业主同意，私自进行侵占并商业性出售的行为，严重侵害了业主对小区共有部分的权利，小区业主可以通过合法途径来维护自身权利。

关联法条

《中华人民共和国民法典》

第二百七十一条 业主对建筑物内的住宅、经营性用房等专有部分享有所有权，对专有部分以外的共有部分享有共有和共同管理的权利。

第二百七十五条 建筑区划内，规划用于停放汽车的车位、车库的归属，由当事人通过出售、附赠或者出租等方式约定。

占用业主共有的道路或者其他场地用于停放汽车的车位，属于业主共有。

第二百七十六条 建筑区划内，规划用于停放汽车的车位、车库应当首先满足业主的需要。

法条释义

以上条文是民法典中关于业主对小区共有部分享有共有和共同管理的权利的规定。

业主，是指一种基于购买或继承建筑物的专属部分而取得的特殊身份，是在区分所有建筑物内或者在一个建筑区划内拥有一个或者一个以上专有建筑物空间或者房屋的所有权人。业主可以是自然人、法人和其他组织。但是订立了房屋买卖合同尚未取得房屋所有权证的房屋购买人，按照房屋买卖合同或购房发票等有效证明文件所记载的购买人进行业主身份认定。此处需要注意的是，房屋租赁人不属于业主，但根据法律法规以及现实中的实际情况一般可以准业主的身份对小区共有部分享有一定的使用权利。

根据民法典的相关规定，建筑区划内的道路，属于业主共有，但属于城镇公共道路的除外。建筑区划内的绿地，属于业主共有，但属于城镇公共绿地或者明示属于个人的除外。建筑区划内的其他公共场所、公用设施和物业服务用房，属于业主共有。这一规定，对建筑物专有部分以外共有部分的一般范围作了划分，业主共有范围分别包括以下四个方面：（1）建筑物的基本构造部分；（2）建筑物的共用部分及其附属物；（3）建筑物所占有的地基的使用权；（4）住宅小区的相关设施。

近年来，小区业主、物业公司及房地产开发公司就小区停车位、基建附属设施的使用、收益以及物业费、物业维修基金收取等问题发生较多争议。根据民法典“物权编”相关法律分析，小区公共区域归属业主共有，开发商不能以营利为目的侵害业主共有财产。同时，小区停车位的规划设计主要存在两个部分，一是房地产公司在建设小区之前经过建筑区划备案建设的部分，如地下停车场；二是利用小区内公共道路进行整改成为业主停车位，该部分一般属于未列入建筑规划的车位，应由小区业主共同使用。

在实际生活中，小区内占用公共道路的车位对外开放收费、小区公共电梯内张贴广告的收入，根据上述法律规定以及理论分析，在扣除合理成本之后，属于业主共有。业主共有部分的经营与收益情况，物业应以合理方式向业主公开。

16. 如何正确收取并使用物业维修基金？

生活小案例

王女士最近一直被所住小区的物业公司强征维修基金的事情所扰。近日，物业公司发布公告征收下半年物业维修基金，同时对未缴或欠缴者，采用断电、断水、断网的“三断”处理办法，但是该小区多数住户都不清楚物业公司为何收取物业维修基金，而且尚不知其收费是否符合法律规定。其中部分住户碍于物业公司的强势，无奈之下缴纳了高额的物业维修基金。物业公司的这种行为违法吗？

案件分析

本案主要涉及物业维修基金的相关问题。物业维修基金在性质上属于专门用于特定目的而设立的专项基金一类，也有人称之为“房子养老金”。根据民法典以及相关行政法规规定，物业维修基金的收取由所有业主共同决定及共同所有，物业公司没有得到业主大会或业主委员会的授权，私自征收物业维修基金是违反法律规定的。同时，征收过程中不能采取侵害业主权利的极端手段，如断电、断水、断网的“三断”行为。本案中，如果物业公司作出侵害王女士实际权利的行为，王女士作为业主可以向相关物业管理部门反映，并可以诉诸法律。

关联法条

《中华人民共和国民法典》

第二百七十八条　下列事项由业主共同决定：

（一）制定和修改业主大会议事规则；

（二）制定和修改管理规约；

（三）选举业主委员会或者更换业主委员会成员；

（四）选聘和解聘物业服务企业或者其他管理人；

（五）使用建筑物及其附属设施的维修资金；

（六）筹集建筑物及其附属设施的维修资金；

（七）改建、重建建筑物及其附属设施；

（八）改变共有部分的用途或者利用共有部分从事经营活动；

（九）有关共有和共同管理权利的其他重大事项。

业主共同决定事项，应当由专有部分面积占比三分之二以上的业主且人数占比三分之二以上的业主参与表决。决定前款第六项至第八项规定的事项，应当经参与表决专有部分面积四分之三以上的业主且参与表决人数四分之三以上的业主同意。决定前款其他事项，应当经参与表决专有部分面积过半数的业主且参与表决人数过半数的业主同意。

第二百八十一条 建筑物及其附属设施的维修资金，属于业主共有。经业主共同决定，可以用于电梯、屋顶、外墙、无障碍设施等共有部分的维修、更新和改造。建筑物及其附属设施的维修资金的筹集、使用情况应当定期公布。

紧急情况下需要维修建筑物及其附属设施的，业主大会或者业主委员会可以依法申请使用建筑物及其附属设施的维修资金。

法条释义

上述条文是民法典中关于物业维修基金的收取以及使用的法律规定。

所谓物业维修基金，又称建筑物大修更新储备基金，是专项用于物业共用部位、共用设施设备期满后大修、更新、改造的资金。其中共用部位是指建筑物主体承重结构部分、户外墙面、门厅、楼梯间、走廊通道等。

在生活中，基于物业问题产生的法律纠纷可援引解决的法律法规主要包括：《民法典》和最高人民法院《关于审理建筑物区分所有权纠纷案件具体应用法律若干问题的解释》，国务院出台的《物业管理条例》以及部委规章《住宅专项维修资金管理办法》等规定。

17. 邻居严重扰民，应该怎么处理？

生活小案例

孙先生最近一直被楼上装修的事情所困扰。经过物业调查，是楼上房主为赶婚期，雇佣某装修公司工人连夜装修。孙先生本身患有神经衰弱的病症，经过这几天的影响，病情较之前更为严重，虽然多次与邻居协调控制或更改装修时间，但楼上房主均置若罔闻。现在楼上的装修行为已经持续半月有余，与其相邻的其他业主也都不堪其扰。装修扰民是否侵权呢？

案件分析

本案是生活中常见的基于相邻关系而产生噪声扰民的侵权案件。孙先生的房屋与楼上装修的业主房屋从建筑特征上来说属于相邻，可以构成法律上的相邻关系。依据民法典的规定，不动产的相邻权利人应当按照有利生产、方便生活、团结互助、公平合理的原则，正确处理相邻关系。相邻各方在生产生活中应给予相邻他方必要的方便，达到法律上要求的“权利人权利的合理延伸与义务人义务的必要限制”的法律效果。但是在该案中，根据环境噪声污染防治法以及有关噪声标准的规定，楼上装修带来的噪音，对孙先生的生活及身体已经造成实际的侵害，超出了相邻容忍的程度。因此，孙先生可以基于上述事实向楼上装修的业主提出停止侵害、排除妨碍、赔偿损失的诉讼请求。

关联法条

《中华人民共和国民法典》

第二百八十八条 不动产的相邻权利人应当按照有利生产、方便生活、团结互助、公平合理的原则，正确处理相邻关系。

第二百八十九条 法律、法规对处理相邻关系有规定的，依照其规定；法律、法规没有规定的，可以按照当地习惯。

第二百九十条 不动产权利人应当为相邻权利人用水、排水提供必要的便利。

对自然流水的利用，应当在不动产的相邻权利人之间合理分配。对自然流水的排放，应当尊重自然流向。

第二百九十一条 不动产权利人对相邻权利人因

通行等必须利用其土地的，应当提供必要的便利。

第二百九十二条 不动产权利人因建造、修缮建筑物以及铺设电线、电缆、水管、暖气和燃气管线等必须利用相邻土地、建筑物的，该土地、建筑物的权利人应当提供必要的便利。

第二百九十三条 建造建筑物，不得违反国家有关工程建设标准，不得妨碍相邻建筑物的通风、采光和日照。

第二百九十四条 不动产权利人不得违反国家规定弃置固体废物，排放大气污染物、水污染物、土壤污染物、噪声、光辐射、电磁辐射等有害物质。

第二百九十五条 不动产权利人挖掘土地、建造建筑物、铺设管线以及安装设备等，不得危及相邻不动产的安全。

第二百九十六条 不动产权利人因用水、排水、通行、铺设管线等利用相邻不动产的，应当尽量避免对相邻的不动产权利人造成损害。

法条释义

上述条文是民法典关于相邻权（又称相邻关系）的法律规定。

“相邻权”是一种物权权利，是指不动产的所有人或使用人在处理相邻关系时所享有的权利。相邻关系的种类通常包括：

（1）相邻用水、排水关系；

（2）相邻通行关系；

（3）相邻土地、建筑物利用关系；

（4） 相邻通风、采光、日照关系；

（5）相邻污染侵害等等。

相邻权是一项基于物权相邻而衍生出的物权权利。根据权利与义务相对应的原则，权利人在享有相邻权利的同时，也负有基于相邻关系而带来的相关义务，即要依据法律所规定的相邻关系的处理原则，即有利生产、方便生活、团结互助、公平合理的内容，正确处理相关关系，给相邻方造成损失的，应当承担停止侵害、排除妨碍、赔偿损失等责任。

18. 住宅产权到期后，房主是否仍然享有房屋产权？

生活小案例

赵某毕业后经过几年的努力，最近通过房屋中介购买了某小区的二手房，在喧闹的城市中，算是有了一个自己安定的小家。但是买房后他发现，该房屋所有权证的登记时间是 1986 年，商品房产权是 70 年，也就是说还有 35 年到期。房屋产权到期房子会被收回吗？

案件分析

本案中记载于不动产登记簿中的70年住宅产权，并非房屋财产本身，而是房屋坐落的土地权益——建设用地使用权的时限为70年。房屋作为不动产物权，其权属具有永续性的特点，可是开发商在获取国家土地时所获得的建设用地使用权是存在时限的，同时我国物权相关法律确定了“房地一体化”的原则，那么，土地到期后地上房屋的物权权利是否会受到影响呢？

从已经颁布的民法典来看，住宅建设用地使用权期限届满的，自动续期，如此一来，就可以解决购买二手房而又担心“房龄”的问题了，但是，续期费用的缴纳或者减免，有待后续依照新出台的法律、行政法规的规定办理。

关联法条

《中华人民共和国民法典》

第三百五十九条 住宅建设用地使用权期限届满的，自动续期。续期费用的缴纳或者减免，依照法律、行政法规的规定办理。

非住宅建设用地使用权期限届满后的续期，依照法律规定办理。该土地上的房屋以及其他不动产的归属，有约定的，按照约定；没有约定或者约定不明确的，依照法律、行政法规的规定办理。

法条释义

本条是民法典对住宅建设用地使用权期限（即房屋产权年限）的法律规定。

二手房交易对于购房者“刚需”来说，不失为一种非常好的选择，但大家普遍关注的问题是二手房“房龄”问题。例如，在2016年左右，一些地方如浙江就出现了住宅建设用地使用权期限届满的问题。这些期限届满的住宅的建设用地使用权的期限是20年，因此陆续到期。对此，广大人民群众非常关切。

根据2016年11月中共中央、国务院《关于完善产权保护制度依法保护产权的意见》以及同年十二月八日，原国土资源部（现自然资源部）办公厅针对浙江省国土资源厅的《关于如何处理少数住宅用地使用权到期问题的请示》（浙土资〔2016〕64号）作出了《关于妥善处理少数住宅建设用地使用权到期问题的复函》（国土资厅函〔2016〕1712号）该复函指出：“在尚未对住宅建设用地等土地使用权到期后续期作出法律安排前，少数住宅建设用地使用权期间届满的，可按以下过渡性办法处理：一、不需要提出续期申请。少数住宅建设用地使用权期间届满的，权利人不需要专门提出续期申请。二、不收取费用。市、县国土资源主管三、正常办理交易和登记手续。”

我国民法典基本上延续这一文件的精神，强调：住宅建设用地使用权期限届满的，自动续期。续期费用的缴纳或者减免，依照法律、行政法规的规定办理。

19. 城镇户口能够取得农村宅基地使用权吗？

生活小案例

王某一家人早年生活在农村，之后在城市里买房落了户。可王某的父亲有一个未了的心愿，就是落叶归根，想在农村置办一个小院，过着“采菊东篱下，悠然见南山”的田园生活。王某能否通过市场交易的行为购买农村宅基地，实现其父亲的心愿呢？

案件分析

在本案中，王某通过市场进行宅基地的购买行为不符合法律规定，其所签订的购买合同也应认定为无效合同，即无法发生宅基地使用权权属上的变化。根据我国民法典以及土地管理法的相关规定，宅基地使用权属于具有特定身份才可以获得的用益物权，属于该集体经济组织成员依据法律规定获取的一项权利，故排除了非本村集体经济组织成员的获取要求。

关联法条

《中华人民共和国民法典》

第三百六十二条 宅基地使用权人依法对集体所有的土地享有占有和使用的权利，有权依法利用该土地建造住宅及其附属设施。

第三百六十三条 宅基地使用权的取得、行使和转让，适用土地管理的法律和国家有关规定。

《中华人民共和国土地管理法》

第六十二条 农村村民一户只能拥有一处宅基地，其宅基地的面积不得超过省、自治区、直辖市规定的标准。

……

农村村民建住宅应当符合乡（镇）土地利用总体规划、村庄规划，不得占用永久基本农田，并尽量使用原有的宅基地和村内空闲地。……

农村村民住宅用地，经乡（镇）人民政府审核批准；其中涉及占用农用地的，依照本法第四十四条的规定办理审批手续。

农村村民出卖、出租、赠与住宅后，再申请宅基地的，不予批准。

……

法条释义

上述条文是民法典及土地管理法中对宅基地使用权的取得、行使和转让等问题作出的法律规定。

宅基地使用权，是指农村集体组织的成员依法享有的在宅基地上建设住宅及其附属设施的权利。所谓宅基地，是指农村集体经济组织成员经依法批准用以建造个人住宅的农民集体所有的土地。从权利属性上看，该种权利应是特定主体才可以获得的用益物权，即集体经济组织的成员（一般可指村集体成员），因为从宅基地使用权的取得与使用上来讲，可以视其为农村集体经济组织成员的福利待遇。

需要注意的是，根据法律规定，农村村民一户只能拥有一处宅基地，村民出卖、出租住房后，再申请宅基地的，将不再予以批准。所以倒卖宅基地获取非法收益的想法是不可取的。

20. 民法典确认农村土地的“三权分置”政策，作为承包人应注意什么？

生活小案例

韩某在老家经营一家农机公司，近日有两个儿时好友找到韩某，想要和他一起承包湖西村的农耕地，进行集约化经营。但是三人均不是湖西村的村民，该承包方式是否符合法律规定？

案件分析

本案涉及土地承包经营权问题。本案中，韩某等三人作为非湖西村集体经济组织成员若想获得农用耕地的承包权，主要有两种方式：一是通过招标、拍卖以及公开协商等方式与湖西村建立农村土地承包合同；二是与该村土地承包经营权人签订出租协议，以此获得土地使用权益。但需要注意的是，民法典将基于第二类方式所获土地权利称为“土地经营权”。

关联法条

《中华人民共和国民法典》

第三百三十一条 土地承包经营权人依法对其承包经营的耕地、林地、草地等享有占有、使用和收益的权利，有权从事种植业、林业、畜牧业等农业生产。

第三百三十四条 土地承包经营权人依照法律规定，有权将土地承包经营权互换、转让。未经依法批准，不得将承包地用于非农建设。

第三百三十九条 土地承包经营权人可以自主决定依法采取出租、入股或者其他方式向他人流转土地经营权。

第三百四十条 土地经营权人有权在合同约定的期限内占有农村土地，自主开展农业生产经营并取得收益。

第三百四十一条 流转期限为五年以上的土地经营权，自流转合同生效时设立。当事人可以向登记机构申请土地经营权登记；未经登记，不得对抗善意第三人。

第三百四十二条 通过招标、拍卖、公开协商等方式承包农村土地，经依法登记取得权属证书的，可以依法采取出租、入股、抵押或者其他方式流转土地经营权。

法条释义

以上条文是民法典对农村土地新政策“三权分置”制度的规定。

“三权分置”即将土地承包经营权分为承包权和经营权，实行所有权归集体、承包权和经营权分置并行的制度。其目的在于盘活农村经济，把弃置、闲置土地利用起来，打破土地承包经营权中承包主体的限制，引进具有管理能力与管理经验的人才进行科学农业建设。

通过家庭承包方式取得了土地承包经营权的承包户可以自己经营即享有土地承包经营权，也可以保留土地承包权而通过出租（转包）、入股或者其他方式向他人流转土地经营权，从而实现土地承包经营权中的承包权与经营权的分离。同时，以招标、拍卖、公开协商等其他方式承包荒山、荒沟、荒丘、荒滩等农村土地的，承包人取得的也是土地经营权（不再是土地承包经营权）。

可见，对于土地经营权可以通过订立合同的方式获得，同时并未对其主体资格进行限制，但是根据土地管理法的相关规定，土地使用用途受国家的基本管理管制，即使获得土地经营权也不得改变使用性质。

21. 土地、房屋等不动产征收，应该如何补偿？

生活小案例

王家村征迁工作已启动，政府现成立征迁领导小组，负责王家村的征迁事宜。这次征迁土地中涉及王某家承包荒山以及房屋等财产。王某一家人并没有经历过这样的事情，如何保证本次征迁过程中自己的合法权益呢？

案件分析

本案例涉及不动产征收补偿问题。本案中，首先需确定王某为本次征收的合法受偿主体，王某应提供相关土地及房屋的权属证明；其次获得的补偿包括但不限于土地补偿费、安置补助费以及农村村民住宅、其他地上附着物和青苗等的补偿费用，其中征收农用地的土地补偿费、安置补助费标准由省、自治区、直辖市通过制定区片综合地价确定。制定区片综合地价应当综合考虑土地原用途、土地资源条件、土地产值、土地区位、土地供求关系、人口以及经济社会发展水平等因素，政府至少每三年调整或者重新公布一次，需要被征收对象查询注意。涉及不动产征收工作的后续争议问题，法律处理方式主要有行政诉讼、行政复议、行政复议裁决、民事诉讼、征地补偿协调、裁决等，但均需要根据个案的不同特点，启动不同的法律程序。

关联法条

《中华人民共和国民法典》

第二百四十三条 为了公共利益的需要，依照法律规定的权限和程序可以征收集体所有的土地和组织、个人的房屋以及其他不动产。

征收集体所有的土地，应当依法及时足额支付土地补偿费、安置补助费以及农村村民住宅、其他地上附着物和青苗等的补偿费用，并安排被征地农民的社会保障费用，保障被征地农民的生活，维护被征地农民的合法权益。

征收组织、个人的房屋以及其他不动产，应当依法给予征收补偿，维护被征收人的合法权益；征收个人住宅的，还应当保障被征收人的居住条件。

任何组织或者个人不得贪污、挪用、私分、截留、拖欠征收补偿费等费用。

第二百六十四条 农村集体经济组织或者村民委员会、村民小组应当依照法律、行政法规以及章程、村规民约向本集体成员公布集体财产的状况。集体成员有权查阅、复制相关资料。

法条释义

上述条文是民法典中对农村征收补偿内容的法律规定。

征收是指国家基于公共利益需要，以行政权取得集体、个人财产所有权，并给予适当补偿的行政行为。征收的主体只能是国家，征收时需要依照宪法、民法典、土地管理法、城市房地产管理法等法律规定的权限和程序。在征迁过程中，需要确定的是受偿方主体资格、补偿权益以及后续争议问题的解决。

征收补偿中除依据民法典以及土地管理法涉及的基础性条文之外，更多地需要注意各省、市（州）、县对于具体征迁项目的补偿标准及流程。同时需要注意的是，在农村土地征收补偿的过程中，为了防止农村集体经济组织或者村民委员会、村民小组暗箱操作、私吞节流等，提高组织成员监督力度，民法典中增设了可以对其集体财产的状况进行查阅的权利。

合同编：

合同订立、履行中的风险防范

22. 网络购物，能够安心吗？

生活小案例

随着互联网消费日益普及，刘阿姨所居住的村子开通了快递，听村里年轻人说网上购物不仅方便，恰逢各类促销活动还能省不少钱！于是她让别人帮自己和家人选了几件新衣服，可付完钱后，刘阿姨有了疑问：东西何时才能到？如果收到的商品有质量问题又该怎么办？

案件分析

本案涉及互联网交易的相关法律问题。刘阿姨上网购物的经历属于互联网交易，即企业之间、企业和消费者之间以及个人与个人之间通过网络通信手段缔结交易的行为。在互联网交易中确实存在一些不确定的因素：人们不再是面对面的、看着实实在在的货物、靠纸质单据（包括现金）进行买卖交易；而是借助网上琳琅满目的商品信息、完善的物流配送系统和方便安全的资金结算系统进行交易（买卖）。因此，电子合同怎样才算正式订立？应如何确定电子合同标的物的交付时间？这些都成为大多数人的疑问。依据民法典的规定，当事人一方通过互联网等信息网络发布的商品或者服务信息符合要约条件的，对方选择该商品或者服务并提交订单成功时合同成立；依法成立的合同，自成立时生效，但是当事人另有约定的除外。所以，当刘阿姨选定商品提交订单成功时，买卖合同即成立且生效。随后，出售商品或提供服务的商家就应该如约履行义务，如果商家未履行其应尽的义务或者履行义务不符合约定，刘阿姨可以依法要求商家承担违约责任，如退货退款、更换等。因此，刘阿姨可以安心购物、放心消费。

关联法条

《中华人民共和国民法典》

第四百九十一条 当事人采用信件、数据电文等形式订立合同要求签订确认书的，签订确认书时合同成立。

当事人一方通过互联网等信息网络发布的商品或者服务信息符合要约条件的，对方选择该商品或者服务并提交订单成功时合同成立，但是当事人另有约定的除外。

第四百九十二条 承诺生效的地点为合同成立的

地点。

采用数据电文形式订立合同的，收件人的主营业地为合同成立的地点；没有主营业地的，其住所地为合同成立的地点。当事人另有约定的，按照其约定。

第五百零二条第一款 依法成立的合同，自成立时生效，但是法律另有规定或者当事人另有约定的除外。

第五百一十二条 通过互联网等信息网络订立的电子合同的标的为交付商品并采用快递物流方式交付的，收货人的签收时间为交付时间。电子合同的标的为提供服务的，生成的电子凭证或者实物凭证中载明的时间为提供服务时间；前述凭证没有载明时间或者载明时间与实际提供服务时间不一致的，以实际提供服务的时间为准。

电子合同的标的物为采用在线传输方式交付的，合同标的物进入对方当事人指定的特定系统且能够检索识别的时间为交付时间。

电子合同当事人对交付商品或者提供服务的方式、时间另有约定的，按照其约定。

法条释义

以上条文是民法典对订立电子合同以及标的物交付时间的规定。

网络购物的买卖合同和网络服务合同，通常是在线上签订，并且缺少明显的要约、承诺的行为标志。根据网络交易的特点，确认网络交易中的合同订立，一方在互联网等信息网络发布的商品或者服务信息，只要符合要约条件的，就认为是网络交易合同的要约。对方也就是消费者在网络上选择该商品或者服务，并提交订单的，视为承诺。一般情况下，当网络交易服务界面显示提交订单成功时合同成立；成立后，若法律没有特殊规定，即刻生效，合同双方当事人便可按照约定行使权利、履行义务。采用快递物流方式交付的，收货人的签收时间为交付时间。

在“万物互联”的时代，电子合同已经成为线上交易的重要业务凭证，民法典中对电子合同的规定从法律层面为线上签约提供了有效的司法依据，可以帮助我们解决互联网交易中带来的一系列问题，推动电子合同发挥与纸质合同同等的法律效力，进一步加速网购的应用普及，同时保障网上交易的安全！

23. “套路贷”借千元要还上百万！怎么办？

生活小案例

校园“套路贷”犯罪团伙伪装成民间借贷，隐藏于大学城附近，大学生李某深受其害。李某曾借款4000 元，逾期无力偿还，之后被要求清偿 8000 元，8000 元再还不上，就介绍另外的“套路贷”犯罪团伙给李某签订 1.6 万元甚至是 2 万元、3 万元的借条。借条一次次不断“叠加”，就这样，利滚利，李某最后要偿还 100 多万元！欲哭无泪的李某应该怎么办？

案件分析

本案中，李某经历的借贷情况属于校园“套路贷”。校园套路贷犯罪集团在实施犯罪时，通常以利诱方式寻找目标，通过签订翻倍还款借条，制造虚假银行流水，制造逾期、认定违约等套路，一步步让受害人深陷其中，因此仅凭借款人一己之力很难摆脱“套路贷”。对此，民法典明确禁止高利放贷，借贷的利率不得违反国家有关规定。李某可以拒绝超额还贷，并根据当地市场利率确定利息。需要提醒大家的是，为了自己和家人的人身和财产安全，面对“套路贷”，像李某一样的受害人应当选择报警并寻求司法保护。

关联法条

《中华人民共和国民法典》

第六百六十七条 借款合同是借款人向贷款人借款，到期返还借款并支付利息的合同。

第六百六十八条 借款合同应当采用书面形式，但是自然人之间借款另有约定的除外。

借款合同的内容一般包括借款种类、币种、用途、数额、利率、期限和还款方式等条款。

第六百七十四条 借款人应当按照约定的期限支付利息。对支付利息的期限没有约定或者约定不明确，依照本法第五百一十条的规定仍不能确定，借款期间不满一年的，应当在返还借款时一并支付；借款期间一年以上的，应当在每届满一年时支付，剩余期间不满一年的，应当在返还借款时一并支付。

第六百七十五条 借款人应当按照约定的期限返还借款。对借款期限没有约定或者约定不明确，依据本法第五百一十条的规定仍不能确定的，借款人可以随时返还；贷款人可以催告借款人在合理期限内返还。

第六百七十九条 自然人之间的借款合同，自贷款人提供借款时成立。

第六百八十条 禁止高利放贷，借款的利率不得违反国家有关规定。

借款合同对支付利息没有约定的，视为没有利息。

借款合同对支付利息约定不明确，当事人不能达成补充协议的，按照当地或者当事人的交易方式、交易习惯、市场利率等因素确定利息；自然人之间借款的，视为没有利息。

法条释义

以上条文是民法典针对借款合同的相关规定，主要围绕着借款合同的形式、内容、还款期限、支付利息等问题予以详细规范。

近年来，“套路贷”频发，它披着民间借贷的外衣规避法律法规，成为一种新的犯罪形态，甚至延伸至校园。全国多地高校接连发生校园“套路贷”相关事件，引发学生的财产乃至生命安全事故，引起社会广泛关注。民法典明确规定禁止高利放贷，表明了国家鼓励人们投资实体经济，助推经济高质量发展的决心，全力解决因高利放贷导致的一系列社会问题。大学生在日常生活也应增强金融诈骗防范意识和能力，树立正确消费观，减少自身及家庭的财产损失，远离校园“套路贷”，规避其带来的风险，共同维护健康有序的社会环境。

24. 合同字体过小，“傻傻”看不清怎么办？

生活小案例

北漂的小李租住房屋前与房东签了租房合同，其中约定由房东付水电费，薪水不高的小李欣然签约。但三个月后小李却收到电费单，询问房东后，房东以“在合同结尾写着水电费只代付三个月”为由，推卸责任。看着合同，小李犯了难。如此约定的电费，到底要不要缴付呢？

案件分析

本案中小李遭遇的境况现实中时有发生，面对类似情况，究竟该如何应对，民法典给出了答案。在签订合同时，有些商家故意使用字体过小的合同版本，以至于合同相对人“傻傻”看不清楚，稀里糊涂签了字。而事后一旦出现纠纷，商家会以消费者签字同意为由，推卸责任。对此，民法典明确规定：采用格式条款订立合同的，提供格式条款的一方未履行提示或者说明义务，致使对方没有注意或者理解与其有重大利害关系的条款的，对方可以主张该条款不成为合同的内容。本案中，在合同签订前，房东故意混淆视听，未对合同中的免责条款进行提示或说明，小李可以基于上述事实主张该条款不成为合同内容，该电费由房东承担。

关联法条

《中华人民共和国民法典》

第四百六十六条 当事人对合同条款的理解有争议的，应当依据本法第一百四十二条第一款的规定，确定争议条款的含义。

合同文本采用两种以上文字订立并约定具有同等效力的，对各文本使用的词句推定具有相同含义。各文本使用的词句不一致的，应当根据合同的相关条款、性质、目的以及诚信原则等予以解释。

第四百九十六条 格式条款是当事人为了重复使用而预先拟定，并在订立合同时未与对方协商的条款。

采用格式条款订立合同的，提供格式条款的一方应当遵循公平原则确定当事人之间的权利和义务，并采取合理的方式提示对方注意免除或者减轻其责任等与对方有重大利害关系的条款，按照对方的要求，对该条款予以说明。提供格式条款的一方未履行提示或者说明义务，致使对方没有注意或者理解与其有重大利害关系的条款的，对方可以主张该条款不成为合同的内容。

第四百九十七条 有下列情形之一的，该格式条款无效：

（一）具有本法第一编第六章第三节和本法第五百零六条规定的无效情形；

（二）提供格式条款一方不合理地免除或者减轻其责任、加重对方责任、限制对方主要权利；

（三）提供格式条款一方排除对方主要权利。

法条释义

以上条文是民法典对提供格式条款的一方应尽“提示、说明”义务的相关规定。

格式条款是当事人为了重复使用而预先拟定，并在订立合同时未与对方协商的条款。采用格式条款订立合同时，考虑到双方并未经过平等协商的过程，而是由一方当事人提前制定，供对方“认可”或“拒绝”。因此，法律要求制定格式条款的一方，应该采取合理的方式提示对方注意免除或者减轻其责任等与对方有重大利害关系的条款，若当事人并未履行相关义务从而发生争议的，对方有权主张该条款不成立。由此可见，提供格式条款（包括格式合同）的一方，在享受其带来交易便利的同时，也应秉承着诚实信用原则，对相关条款作出详细说明，避免日后产生纠纷。当然，接受格式条款的一方，在订立合同时也应提高警惕，仔细阅读相关条款，从而保障自身权益。

25. 质保金？管理费？双方各执一词，法院该如何认定？

生活小案例

甲公司与乙公司签订联营合同，将其经营的商场中一处场地租赁给乙公司。双方特别约定：乙公司向甲公司支付3000元的质保金，待双方合同终止后90天内，乙公司未发生售后质量问题，则甲公司将质保金全额退还给乙公司。合同到期后，双方又续签合作合同。在新合同中，甲公司将原质保金作了变更，将3000元转为管理费，但是并没有提醒乙公司。后双方终止合作，乙公司要求甲公司退还质保金，而甲公司却认定该3000元系管理费，不予退还。双方产生争议，诉至法院，法院该如何作出判决？

案件分析

本案的焦点是3000元的性质问题——究竟是质保金还是管理费？若是质保金，甲公司就应当退还，而若是管理费，则无须退还。根据民法典的规定，对格式条款的理解发生争议的，应当按照通常理解予以解释，对格式条款有两种以上解释的，应当作出不利于提供格式条款一方的解释。格式条款和非格式条款不一致的，应当采用非格式条款。而本案的格式合同系甲公司提供，而且甲公司在续签合同时变更了原合同条款却没有提醒对方注意，没有尽到提醒注意的合同义务。对于乙公司而言，续签合同时并没有重新交纳3000元，而是由原合同转入新合同中，乙公司有理由认为该3000元仍为质保金。当对格式条款的理解产生争议时，法律倾向保护接受格式条款的一方，以期维系公平。因此，法院判决由甲公司向乙公司退还3000元质保金。

关联法条

《中华人民共和国民法典》

第四百九十八条 对格式条款的理解发生争议的，应当按照通常理解予以解释。对格式条款有两种以上解释的，应当作出不利于提供格式条款一方的解释。格式条款和非格式条款不一致的，应当采用非格式条款。

法条释义

本条是民法典对合同格式条款理解发生争议时应如何解释的规定。

采用格式条款的合同与一般合同不同，其特点有：（1）格式条款合同一般是由居于垄断地位的一方所拟定；（2）格式条款合同的对方当事人处于从属地位；（3）格式条款合同是完整、定型、持久的合同类型；（4）格式条款合同可以采用不同的样本，但必须是明确的书面形式。

格式条款有减少谈判时间和费用，从而节省交易成本的优点；但格式条款只充分实现了提供格式合同一方的合同自由，而限制了对方当事人参与合同缔结、协商合同条款的程度，容易产生不公平的结果。因此，当合同双方对格式条款的理解发生争议时，首先应当按照通常理解予以解释；若对格式条款有两种以上解释，应当作出不利于提供格式条款一方的解释；当格式条款与非格式条款内容不一致时，应当采用非格式条款。

26. 开发商没有兑现宣传中作出的承诺，是否构成违约？

生活小案例

某开发商以一幅中央水景广场音乐喷泉的宣传画作为宣传海报，并在其中说明：该楼盘为“国家康居示范工程”项目；小区内配备游泳池、网球场等。周某受广告宣传的吸引与开发商签订了《商品房买卖合同》。合同签订后，周某支付了全部房款。待日后周某收房时，却发现该项目并未获得“国家康居示范工程”证书，小区的实际容积率和绿化面积也与其宣传中的承诺有很大差距，且配套设施根本没有到位。此时，周某可以提出主张，要求开发商承担违约责任吗？

案件分析

本案的焦点在于开发商在商品房宣传广告中作出承诺是否构成合同的内容。开发商在宣传广告中对小区房屋及相关设施的宣传均是具体、明确的，尤其是“国家康居示范工程”、容积率、绿化率、游泳池、网球场的宣传，对《商品房买卖合同》的订立和住房价格有重大影响。一般而言，商家的商业广告和宣传从性质上看应视为“要约邀请”，而非能促成合同成立的“要约”。但是上述宣传内容符合要约的构成要件，应当视为要约。周某接受合同中所约定条款，即作出了“承诺”，签订合同促使合同成立、生效；稍后支付全部房款履行己方义务。既然开发商曾经的承诺构成合同的内容，如今未能兑现，理应承担违约责任。

关联法条

《中华人民共和国民法典》

第四百七十一条　当事人订立合同，可以采取要约、承诺方式或者其他方式。

第四百七十二条　要约是希望与他人订立合同的意思表示，该意思表示应当符合下列条件：

（一）内容具体确定；

（二）表明经受要约人承诺，要约人即受该意思表示约束。

第四百七十三条　要约邀请是希望他人向自己发出要约的表示。拍卖公告、招标公告、招股说明书、债券募集办法、基金招募说明书、商业广告和宣传、寄送的价目表等为要约邀请。

商业广告和宣传的内容符合要约条件的，构成要约。

第四百七十四条 要约生效的时间适用本法第一百三十七条的规定。

第五百七十七条 当事人一方不履行合同义务或者履行合同义务不符合约定的，应当承担继续履行、采取补救措施或者赔偿损失等违约责任。

第五百八十二条 履行不符合约定的，应当按照当事人的约定承担违约责任。对违约责任没有约定或者约定不明确，依据本法第五百一十条的规定仍不能确定的，受损害方根据标的的性质以及损失的大小，可以合理选择请求对方承担修理、重作、更换、退货、减少价款或者报酬等违约责任。

法条释义

以上条文是民法典对要约、要约邀请和违约责任的规定。

要约，是指一方当事人为了缔结合同，向对方当事人提出合同条件，希望对方当事人予以接受的意思表示。例如，小商贩推车售卖冰棍，一边走一边吆喝："卖冰棍了，一元一根！"这就是小商贩向不特定的人发出的售卖冰棍的要约。发出要约的一方称要约人，接受要约的一方称受要约人。要约的作出，是缔结合同的必经程序。

怎样的意思表示才能构成"要约"呢？一般应该符合以下条件：（1）意思表示的内容具体、确定。内容具体，是指要约的意思表示必须详实，一般应该包含未来合同的主要条款。要约人发出要约后，一旦得到对方肯定性回复，作出承诺，合同即可成立（法律有其他特殊规定的除外）。内容确定，是指要约的意思表示必须恳切确定，不能含混不清，应当达到一般人能够理解其真实含义的水平，否则将影响合同的后续履行。（2）表明要约人的“诚意”，即一旦得到对方的肯定性回复，即对方接受要约人提出的种种条件，要约人便要兑现之前的承诺。要约一经生效，要约人不得撤回、随意撤销或者对要约加以限制、变更或扩张。

应当注意要约与要约邀请的区别。要约邀请，又称为要约引诱，是指希望他人向自己发出要约的意思表示。例如，收购废品的人为了收购废品，经常会吆喝道：“收冰箱、彩电、洗衣机……”这就是希望他人将废品卖给自己的要约邀请。要约邀请是当事人订立合同的预备行为，只是“抛出橄榄枝”，希望他人发出要约，即使得到对方回应，也不能促成合同成立。在现实生活中，拍卖公告、招标公告、招股说明书、债券募集办法、基金招募说明书、普通商业广告和宣传、寄送的价目表等都是常见的要约邀请。但需要注意的是，如果商业广告和宣传具备了前述要约的条件，应认定为要约。例如，《最高人民法院关于审理商品房买卖合同纠纷案件适用法律若干问题的解释》第三条规定：“商品房的销售广告和宣传资料为要约邀请，但是出卖人就商品房开发规划范围内的房屋及相关设施所作的说明和允诺具体确定，并对商品房买卖合同的订立以及房屋价格的确定有重大影响的，构成要约。该说明和允诺即使未载入商品房买卖合同，亦应当为合同内容，当事人违反的，应当承担违约责任。”

违约责任，是指在合同生效后，当事人不履行合同义务或者履行合同义务不符合合同约定而依法应当承担的民事责任。违约责任是民事责任中一种重要的形式。承担违约责任的具体方式如下：首先遵循当事人之间的明确约定；若没有约定或约定不明，可以依据民法典的规定予以推定；如仍不能确定，可结合实际情况选择请求对方以承担修理、重作、更换、退货、减少价款或者报酬等方式承担违约责任。

27. 以口头方式订立中介合同，受法律保护吗？

生活小案例

房主陆先生与甲中介公司以口头方式订立合同，约定将自己名下的一套房屋委托该中介公司进行销售，同时支付中介费用30000元。同年5月下旬，在该中介公司介绍下，华女士查看该房后，与陆先生达成了购房意向。6月中旬，陆先生与乙房屋服务有限公司签订了《房地产买卖中介合同》，约定支付乙公司中介费用20000元。8月4日，华小姐与陆先生完成了房屋买卖交易，陆先生向乙公司支付了中介费用20000元。甲中介公司认为陆先生的行为构成了违约，陆先生则声称因自己与甲中介公司并未订立书面协议，所约中介费用一事无据可循，违约之说更是无从谈起。以口头方式达成的协议能否得到法律的保护呢？

案件分析

本案涉及合同订立方式问题。根据民法典的规定，当事人订立合同，可以采用书面形式、口头形式或者其他形式。本案中，陆先生与甲中介公司以口头方式达成一致，委托其帮助出售房屋一套，并约定将为此支付中介费用。陆先生与甲中介公司虽未签订书面协议，但在平等协商的情况下，以口头方式商定了合同的主要内容，足以促成合同成立。之后，经甲中介公司介绍，陆先生与华女士成功订立了房屋买卖合同。由此可见，甲中介公司已经按照合同的约定履行了自己的合同义务，陆先生理应支付中介费用。可见，口头方式并不影响合同的缔结乃至生效；双方协商一致的结果当然可以成为日后履约的依据，若违背，则应当承担违约责任。

关联法条

《中华人民共和国民法典》

第四百六十九条 当事人订立合同，可以采用书面形式、口头形式或者其他形式。

书面形式是合同书、信件、电报、电传、传真等可以有形地表现所载内容的形式。

以电子数据交换、电子邮件等方式能够有形地表现所载内容，并可以随时调取查用的数据电文，视为书面形式。

第四百九十条 当事人采用合同书形式订立合同的，自当事人均签名、盖章或者按指印时合同成立。在签名、盖章或者按指印之前，当事人一方已经履行主要义务，对方接受时，该合同成立。

法律、行政法规规定或者当事人约定合同应当采用书面形式订立，当事人未采用书面形式但是一方已经履行主要义务，对方接受时，该合同成立。

第四百九十一条 当事人采用信件、数据电文等形式订立合同要求签订确认书的，签订确认书时合同成立。

当事人一方通过互联网等信息网络发布的商品或者服务信息符合要约条件的，对方选择该商品或者服务并提交订单成功时合同成立，但是当事人另有约定的除外。

第五百七十七条 当事人一方不履行合同义务或者履行合同义务不符合约定的，应当承担继续履行、采取补救措施或者赔偿损失等违约责任。

法条释义

以上条文是民法典对合同订立方式、成立时间以及违约责任承担的相关规定。

根据民法典的规定，当事人订立合同，可以采用书面形式、口头形式或者其他形式。（1）书面形式，是指以文字等有形的表现方式订立合同的形式，包括合同书、信件、电报、电传、传真等。其优点在于能够准确地表明合同双方当事人的权利义务，在发生纠纷时有据可查，便于处理。所以，法律要求凡是比较重要、烦琐的合同，都应当采用书面形式订立。使用电子数据交换和电子邮件等订立的合同，也能够有形地表现所载内容，并且可以随时调取查用，具有与文字等形式订立的合同相同的属性。因此，也将其视为书面合同，承认其书面合同的效力。（2）口头形式，是以口头语言的方式订立合同，其意思表示都是用口头语言的形式表示的，没有用书面语言加以固定、记录。当事人直接运用语言对话的形式确定合同内容、订立合同，是口头合同。

订立合同时，双方当事人若没有特殊约定，法律也未作强制性规定的情况下，可以灵活采用口头、书面抑或其他方式；纵然双方约定，或法律有所要求应当以书面形式缔结合同的，为促成合同缔结，民法典采取了较为“宽容”的态度，即一方已经履行主要义务，对方接受时，该合同仍可成立，双方议定的内容仍然具有约束力。

在现实生活中，合同当事人可以结合实际情况，或为了寻求便利，或为了避免出现争议，选择合适的缔约方式。但无论采取何种方式，在平等协商、意思自治的情况下所达成的协议都应得到双方的实际履行，协议之内容亦可成为追究违约责任的依据。

28. 买方能否绕过中介与卖方直接签订合同？

生活小案例

王先生找到中介公司希望在某小区购买一套合适的住宅作为员工宿舍，中介公司的业务员小张向其推荐了郭某名下的房源。王先生看后，对房源、价格均表示满意，双方便签订了《看房确认书》。其中约定，如果成交，王先生需缴纳成交额的 1.5% 作为佣金。过了一段时间，房东郭某却从中介公司收回房屋钥匙。随后该中介公司打探得知王先生利用中介公司提供的信息已私下与郭某达成转让协议，并办理了房产过户手续。王先生的行为是否构成违约？

案件分析

本案涉及委托人“跳单”问题。在本案中，王先生享受了中介公司的看房服务，又利用中介提供的媒介服务和房源信息，与房主郭某私下订立了购房合同，这种行为属于绕过中介与卖方直接签订合同的“跳单”行为。依据民法典的规定，此举并不能规避向中介公司支付报酬的义务。因此，中介公司可以基于上述事实请求王先生支付报酬。

关联法条

《中华人民共和国民法典》

第九百六十一条 中介合同是中介人向委托人报告订立合同的机会或者提供订立合同的媒介服务，委托人支付报酬的合同。

第九百六十五条 委托人在接受中介人的服务后，利用中介人提供的交易机会或者媒介服务，绕开中介人直接订立合同的，应当向中介人支付报酬。

法条释义

以上条文是民法典针对中介合同的相关规定。

中介合同是中介人向委托人报告订立合同的机会或者提供订立合同的媒介服务，委托人支付报酬的合同。中介合同一旦订立，当事人应按照合同约定履行各自的义务。现实生活中，因中介合同发生的纠纷众多，其中最常见的就是“跳单”纠纷。

“跳单”行为也称“跳中介”，即合同的一方或者双方当事人已经与中介人订立了合同，中介人已经按照协议履行了提供中介信息，并实施促使买卖双方见面洽谈等促进交易的义务或者媒介服务，买卖一方或双方为了规避或减少履行向中介人交付中介费的义务，绕过中介而私自签订合同的行为。这是严重违约行为，应当承担违约责任。只要委托人接受了中介人提供的服务，利用了中介人提供的交易机会，即使绕开中介人直接与第三方订立合同的，仍然应当承担支付中介报酬的义务。否则，中介人可以直接向法院起诉，请求法院依照法律规定支持其报酬请求权。中介人在中介活动中，应当注意保存证据，一方面可以避免出现委托人的“跳单”行为，另一方面即使出现了“跳单”情形，在诉讼中也有证据支持自己的主张。

在民商事活动中，诚信和公平至关重要，也是法律保护的重要对象。房产等中介公司投入了劳动和时间成本，理应获得相应的报酬，“恶意跳单”必然不能被法律所允许。只有在诚信和公平的环境下，民商事活动才能健康有序地进行下去。

29. 未能如期出售房屋，还需要向中介支付报酬吗？

生活小案例

孙女士与房屋中介公司签订合同，将自己名下位于某小区的房产予以出售，期间服务费由孙女士承担。合同签订后，中介公司制作条幅及宣传单，但当地百姓少有问津，无人购买，导致该中介合同无法履行。如果房屋未能如期出售，孙女士还需要向中介公司支付报酬吗？

案件分析

本案例的焦点在于委托人是否需要向中介公司支付报酬。本案中，孙女士与房屋中介公司签订的合同属于中介合同。合同签订后，未能实现合同目的。对此，根据民法典的规定，中介人未促成合同成立的，不得请求支付报酬；但是，可以按照约定请求委托人支付从事中介活动支出的必要费用。所以，委托人孙女士可以免于支付报酬；至于中介公司就从事中介活动支出的制作条幅、印刷宣传单等必要费用能否请求委托人支付，则要看双方订立的中介合同是否有约定：有约定的应支付，没有约定则不支付。

关联法条

《中华人民共和国民法典》

第九百六十三条 中介人促成合同成立的，委托人应当按照约定支付报酬。对中介人的报酬没有约定或者约定不明确，依据本法第五百一十条的规定仍不能确定的，根据中介人的劳务合理确定。因中介人提供订立合同的媒介服务而促成合同成立的，由该合同的当事人平均负担中介人的报酬。

中介人促成合同成立的，中介活动的费用，由中介人负担。

第九百六十四条 中介人未促成合同成立的，不得请求支付报酬；但是，可以按照约定请求委托人支付从事中介活动支出的必要费用。

法条释义

以上条文是民法典对债权人请求委托人支付报酬的相关规定。

中介报酬支付的一般规则是“约定报酬制”，即中介人从事中介活动收取报酬的多少，主要依据中介人和委托人的约定，只有在中介人提供的交易机会或者媒介服务促成合同成立时，委托人才需要向其按合同约定支付报酬，否则可以免除支付报酬。因中介人提供订立合同的媒介服务而促成合同成立的，由该合同的当事人平均负担中介人的报酬。

中介费用一般包含在报酬中，中介人促成合同成立的，中介费用未经约定不得请求委托人支付，应由中介人自己负担。已尽报告义务或媒介义务，但仍不能促成合同成立，未达到委托人预期目的的，由于中介人获得报酬的前提是完成中介活动并达到中介目的，中介人因未完成委托人的委托不得请求支付报酬，但按照约定可要求委托人支付从事中介活动支出的必要费用，如中介人在实施中介活动中的差旅费等。

30. 高铁上旅客可以“霸座”吗？

生活小案例

孙某在乘坐高铁时，坐在了属于张女士的座位上，待张女士上车后，孙某继续“霸座”，并拒绝与乘务人员沟通，称“无法起身，不能归还座位”。经列车长和乘警劝说无果后，张女士被安排到商务车厢。面对如此无礼的“霸座”行为，我们真的无计可施吗？

案件分析

本案的焦点在于如何认定“霸座”行为的性质。在高铁上“霸座”的人，其行为违背了两层法律关系。一是违反了其与铁路公司之间的合同约定，即应根据所购买的车票“对号入座”；二是侵犯了被“霸座”旅客的使用权，导致其他旅客有票而不能入座。因此，高铁上若霸占他人之座，实属违约行为，承运人可要求霸座者让渡座位或补交票款，否则可以拒绝运输。如果现场处置亦难以控制局面时，可考虑用延伸手段辅助，比如将其拉入黑名单限制其乘坐高铁等。

关联法条

《中华人民共和国民法典》

第五百零二条第一款 依法成立的合同，自成立时生效，但是法律另有规定或者当事人另有约定的除外。

第八百一十四条 客运合同自承运人向旅客出具客票时成立，但是当事人另有约定或者另有交易习惯的除外。

第八百一十五条第一款 旅客应当按照有效客票记载的时间、班次和座位号乘坐。旅客无票乘坐、超程乘坐、越级乘坐或者持不符合减价条件的优惠客票乘坐的，应当补交票款，承运人可以按照规定加收票款；旅客不支付票款的，承运人可以拒绝运输。

法条释义

以上条文是民法典对旅客乘运义务的一般规定，有助于解决“霸座”行为。

“霸座”其实不是一个法律概念，正式的法律表述应当是“使用非本人的座位”。近年来随着铁路运输的发展，旅客霸座、不配合承运人采取安全运输措施等行为时有发生。民法典回应社会问题，细化了客运合同当事人的权利义务，对严重干扰运输秩序和危害运输安全的行为予以规范，以维护正常的运输秩序。以高铁为例，乘客与铁路公司之间通过购票订立了客运合同，“对号入座”是履行合同义务。霸座者不按约定乘坐，即违反了合同约定，铁路公司可以霸座者违约为诉讼理由提起诉讼。此外，霸座者霸占了他人座位，这是一种侵权行为，具体侵犯的是被霸座人的座位使用权。被霸座人付出金钱而不能“落座”，理应得到法律的保护。

31. 实名制购票的旅客将票丢失后，应该怎么办？

生活小案例

小赵假期前往北京旅游，在车站购买了前往北京的火车客票，但在距离停止检票时间还有 40 分钟时发现车票不慎丢失，小赵应当怎么办呢？

案件分析

本案涉及旅客须持有效客票乘车的相关法律规定。首先，购买的实名制客票属于合同凭证，是客运合同的重要组成部分。其次，客票也是一种债权凭证，客票所有人享有要求铁路企业按照火车票所记载的时间、车次将自己运送到所记载的目的地的请求权，债权债务关系因旅客被送达目的地而消灭。本案中，小赵丢失客票并不代表债权债务的消灭，因此，小赵丢失客票之后可以携带个人有效证件到售票窗口进行挂失补办。

关联法条

《中华人民共和国民法典》

第五百五十七条 有下列情形之一的，债权债务终止：

（一）债务已经履行；

（二）债务相互抵销；

（三）债务人依法将标的物提存；

（四）债权人免除债务；

（五）债权债务同归于一人；

（六）法律规定或者当事人约定终止的其他情形。

合同解除的，该合同的权利义务关系终止。

第八百一十四条 客运合同自承运人向旅客出具客票时成立，但是当事人另有约定或者另有交易习惯的除外。

第八百一十五条第二款 实名制客运合同的旅客丢失客票的，可以请求承运人挂失补办，承运人不得再次收取票款和其他不合理费用。

第八百一十六条 旅客因自己的原因不能按照客票记载的时间乘坐的，应当在约定的期限内办理退票或者变更手续；逾期办理的，承运人可以不退票款，并不再承担运输义务。

法条释义

以上条文是民法典对旅客须持有效客票乘坐的相关规定。

在客运合同中，客票是表示承运人负有运送其持有人义务的书面凭证，是收到旅客乘坐费用的收据，是旅客和承运人双方当事人之间存在客运合同的有效文书。旅客客运合同自承运人向旅客出具客票时成立，但是当事人另有约定或者另有交易习惯的除外。合同一旦成立，旅客与承运方形成债权债务关系，此债权债务关系以旅客按照客票所记载的时间、车次被运送到所记载的目的地而终止。

旅客必须出示有效客票，按照有效客票记载的时间、班次和座位号乘坐，不能无票乘坐。旅客无票乘坐、持不符合减价条件的优惠客票乘坐，都是逃票行为；旅客超程乘坐、超级乘坐，属于违约行为，应当承担违约责任。主要方式是补交票款，承运人可以按照规定加收票款。旅客不支付票款的，承运人可以拒绝运输。

现实生活中，多数客运合同都实行实名制。因此民法典作出规定，实名制客运合同的旅客丢失客票的，可以请求承运人挂失、补办，承运人不得再次收取票款和其他不合理费用。这样的规定合情合理，有利于保障旅客的合法权益。

32. 承诺捐赠的款项，可以在捐赠前撤销吗？

生活小案例

大企业家王某决定向某慈善机构捐款100万元，用于留守儿童的教学补助，为此订立了书面赠与合同，并在新闻媒体上广为报道，致使其公司股价上涨。但王某却在赠与财产转移前，以公司扩展业务急需资金为由，要求撤销赠与行为。王某此举合法吗？

案件分析

本案的焦点在于赠与方能否在交付赠与标的物之前撤销赠与。所谓赠与合同，是指赠与人将自己的财产无偿给予受赠人，受赠人愿意接受赠与的合同。从赠与合同的含义可以看出，赠与是一种合意，是双方法律行为，赠与合同虽为单务无偿合同，但也需要当事人双方一致的意思表示才可成立；如果一方有赠与意愿，而另一方不愿接受赠与，则该合同不能成立。

本案中，双方就赠与事项达成一致，赠与合同成立并生效。因此，赠与方应如约实际履行合同，否则应承担违约责任。依据民法典和慈善法的相关规定，王某的赠与行为属于依法不可撤销的情形，且其不存在“经济状况显著恶化，严重影响其生产经营或者家庭生活”的情形。因此，王某不得撤销该赠与行为，慈善机构可以请求其如约履行捐赠义务。

关联法条

《中华人民共和国民法典》

第六百五十八条 赠与人在赠与财产的权利转移之前可以撤销赠与。

经过公证的赠与合同或者依法不得撤销的具有救灾、扶贫、助残等公益、道德义务性质的赠与合同，不适用前款规定。

第六百六十条 经过公证的赠与合同或者依法不得撤销的具有救灾、扶贫、助残等公益、道德义务性质的赠与合同，赠与人不交付赠与财产的，受赠人可以请求交付。

依据前款规定应当交付的赠与财产因赠与人故意或者重大过失致毁损、灭失的，赠与人应当承担赔偿责任。

第六百六十三条 受赠人有下列情形之一的，赠与人可以撤销赠与：

（一）严重侵害赠与人或者赠与人近亲属的合法权益；

（二）对赠与人有扶养义务而不履行；

（三）不履行赠与合同约定的义务。

赠与人的撤销权，自知道或者应当知道撤销事由之日起一年之内行使。

第六百六十六条 赠与人的经济状况显著恶化，严重影响其生产经营或者家庭生活的，可以不再履行赠与义务。

《中华人民共和国慈善法》

第四十一条 捐赠人应当按照捐赠协议履行捐赠义务。捐赠人违反捐赠协议逾期未交付捐赠财产，有下列情形之一的，慈善组织或者其他接受捐赠的人可以要求交付；捐赠人拒不交付的，慈善组织和其他接受捐赠的人可以依法向人民法院申请支付令或者提起诉讼：

（一）捐赠人通过广播、电视、报刊、互联网等媒体公开承诺捐赠的；

（二）捐赠财产用于本法第三条第一项至第三项规定的慈善活动，并签订书面捐赠协议的。

捐赠人公开承诺捐赠或者签订书面捐赠协议后经济状况显著恶化，严重影响其生产经营或者家庭生活的，经向公开承诺捐赠地或者书面捐赠协议签订地的民政部门报告并向社会公开说明情况后，可以不再履行捐赠义务。

法条释义

以上条文是民法典和慈善法对赠与合同的任意撤销权及限制的相关规定。

民法典对赠与合同明确了两个重要问题：

其一，赠与人的任意撤销权，是指无需具备法定情形，赠与人依其意思任意撤销赠与合同的权利。对赠与的撤销也不是绝对的，存在例外情形：（1）标的物已经交付或已办理登记等有关手续的，这时赠与的标的物已经转移，赠与行为已经完成，因而不得撤销；（2）赠与合同订立后，已经经过公证证明，意味着赠与的意思表示已经经过慎重考虑，不得任意撤销；（3）依法不得撤销的具有救灾、扶贫、助残等公益、道德义务性质的赠与合同。原合同法仅规定救灾、扶贫等赠与合同不得任意撤销；民法典为了加大对弱势群体的保护，体现对残疾人权益的保护，解决实践中存在的虚假助残捐赠问题，增加了“助残”情形。

其二，对不得撤销赠与的财产的赔偿责任，即因赠与人故意或者重大过失致使赠与财产毁损、灭失的，赠与人应当承担赔偿责任。原合同法对于赔偿责任的规定并不明确，此次民法典予以弥补，强调在不得任意撤销的情形下，赠与人故意或重大过失致使赠与财产毁损、灭失的，赠与人须承担赔偿责任。

33. 何为“涉他合同”？第三人享有哪些权利、承担哪些义务？

生活小案例

小枫将小李购买的衣服邮寄给小李，邮费到付，需要小李自己承担，小李欣然同意。可当快递员将包裹派送至小李处时，小李却拒绝支付邮费，最后小枫向小美借款支付了邮费，并约定由小李偿还。此案中，各方当事人之间是什么关系？

案件分析

本案的关键在于如何理顺“涉他合同”中各方当事人之间的关系。本案中，小李与小枫、小枫与快递公司之间就邮寄衣物一事协商一致，由此在小枫与小李之间形成了一个“涉他合同”：由小枫负责邮寄、小李向合同第三人支付邮费。因此，在包裹派送至小李处时，债务人小李应向“第三人”快递公司支付邮费；快递公司也有权向小李提出支付请求。如遭拒绝，债务人小李应向债权人小枫承担违约责任。针对小枫与小美之间的借款合同，因约定由小李偿还，也属于“涉他合同”。当“第三人”小李拒绝偿还借款时，则由债务人小枫向债权人小美承担违约责任。

关联法条

《中华人民共和国民法典》

第五百二十二条第一款 当事人约定由债务人向第三人履行债务，债务人未向第三人履行债务或者履行债务不符合约定的，应当向债权人承担违约责任。

第五百二十三条 当事人约定由第三人向债权人履行债务，第三人不履行债务或者履行债务不符合约定的，债务人应当向债权人承担违约责任。

第五百二十四条 债务人不履行债务，第三人对履行该债务具有合法利益的，第三人有权向债权人代为履行；但是，根据债务性质、按照当事人约定或者依照法律规定只能由债务人履行的除外。

债权人接受第三人履行后，其对债务人的债权转让给第三人，但是债务人和第三人另有约定的除外。

法条释义

以上条文是民法典对涉及第三人利益合同的规定。

利益第三人合同，指的是双方当事人约定由一方向合同关系之外的第三方履行义务或者约定由第三方向债权人履行义务的合同。当债务人未向第三方实际履行，抑或第三方未向债权人实际履行时，鉴于合同的“相对性”原理，即合同的约束力只存在于合同相对人之间，所以只能由债务人向债权人承担违约责任，或者说债权人只能向债务人提出承担违约责任之请求。

在现实经济关系中，多方经济关系是非常普遍的。交易总是链条式或多环的，如何降低交易成本成为经济主体追求的目标之一，而简化交易环节则成了首选方式。而“涉他合同”的签订，无疑有助于节约履约成本，减少诉累，从而间接增加社会财富。

34. 何为清偿抵充？法定抵充顺序又是怎样的呢？

生活小案例

胡某于2015年5月1日向李某索要到期借款50万元，附有利息15万元。2016年4月1日，胡某再向李某索要到期借款40万元，附有利息10万元，该笔借款有王某进行保证。2017年3月1日，双方商议再借贷30万元，期限为2年。各笔债务的清偿费用均需1000元。2019年6月1日李某向胡某清偿了60万元，但未明确说明清偿的究竟是哪笔借款。2019年9月1日，胡某、李某就已履行的60万元应当如何清偿这三笔借款无法达成一致，诉至法院。对此情形法院应该如何认定呢？

案件分析

本案涉及清偿抵充中清偿顺序的认定问题。本案中，当事人之间未就清偿抵充的顺序进行约定，且债务人在清偿时也未指定其履行的债务，因此，债务人履行的债务将依法进行抵充。根据民法典的相关规定：应首先抵充实现债权的有关费用3000元（每笔清偿费用1000元）；然后抵充第一笔借款的利息15万元和第二笔借款的利息10万元；最后抵充主债务。对于主债务的清偿，若数项债务均已到期，应优先抵充缺乏担保的。

在本案中，因本金50万元、本金30万元的两笔债务均无担保，应优先抵充；且在这两笔债务中，应当优先清偿债务负担较重的，即应当优先抵充本金50万元的这笔债务的本金。

关联法条

《中华人民共和国民法典》

第五百六十条 债务人对同一债权人负担的数项债务种类相同，债务人的给付不足以清偿全部债务的，除当事人另有约定外，由债务人在清偿时指定其履行的债务。

债务人未作指定的，应当优先履行已经到期的债务；数项债务均到期的，优先履行对债权人缺乏担保或者担保最少的债务；均无担保或者担保相等的，优先履行债务人负担较重的债务；负担相同的，按照债务到期的先后顺序履行；到期时间相同的，按照债务比例履行。

第五百六十一条 债务人在履行主债务外还应当支付利息和实现债权的有关费用，其给付不足以清偿全部债务的，除当事人另有约定外，应当按照下列顺序履行：

（一）实现债权的有关费用；

（二）利息；

（三）主债务。

法条释义

以上条文是民法典对清偿抵充的规定。

清偿抵充，是指债务人对同一债权人负担数宗债务，而且给付的种类相同，如清偿人提出的给付不足以清偿全部债务时，确定应当清偿哪一项债务的制度。例如，债务人欠银行数宗欠款，是否设置担保、利息高低各不相同，在其给付不能清偿全部债务时，该次清偿应偿还哪笔欠款，就是清偿抵充。当事人在清偿时若要进行抵充，需要注意以下两点：

（1）清偿抵充的前提。清偿抵充应同时具备三个条件：①应是同一债务人对同一个债权人负担数笔债务；②数笔债务的种类相同，例如均为支付金钱；③债务人提供的履行不足以清偿全部债务。

（2）抵充的种类。抵充分为约定抵充、指定抵充与法定抵充。首先，应按照意思自治原则，进行约定抵充，只要约定合法，则无干预的必要。如无约定，则应按指定进行抵充，指定权应于清偿时行使，如无指定则依诚实信用原则及权利失效理论视为放弃指定。既无约定抵充，又无指定抵充，则进行法定抵充。民法典对法定抵充的顺序作出了明确规定，其顺序是：①优先履行已到期的债务；②数项债务均已到期的，优先履行对债权人缺乏担保或者担保最少的债务；③均无担保或者担保相等的，优先履行债务负担较重的债务；④负担相同的，按照债务到期的先后顺序履行；⑤到期时间相同的，按比例履行。

随着市场经济的日益发达，资金流通途径的扩大化，导致债务人的不足额支付情况大幅增加。在司法实践中确定相关原则，对债务的清偿抵充顺序作出规定，使得债权能够通过合法的途径得到实现，既有利于更好地平衡双方的利益，也是对现行中国民事法律制度的完善。

35. 自然人之间的借款合同能约定利息吗？

生活小案例

王某有一笔闲置资金，听说放贷会有不错的收益，于是找到张某，表示可以借款给张某，借款期限为一年，需按本金的 50% 计算年息。张某同意后与其签订借款合同。王某于签约当日提供借款。后双方对借款合同的利息条款产生争议，王某坚持要求如约履行，但是张某则认为利息过高，要求降低利息。法律对此是如何规定的呢？

案件分析

本案涉及自然人之间的借款合同能否约定利息，以及如何约定利息的问题。本案中，出借人王某在签订借款合同之日提供借款，因此，合同自提供借款时起成立。法律并不禁止自然人之间的借款合同中约定利率，但王某约定的利率超过了最高人民法院《关于审理民间借贷案件适用法律若干问题的规定》第二十五条“合同成立时一年期贷款市场报价利率四倍”的规定，所以超过部分的利息约定无效。张某可以基于上述事实，主张借款合同中超过部分的利息约定无效，从而拒绝支付该部分利息；若已经支付，可要求返还。

关联法条

《中华人民共和国民法典》

第六百七十九条 自然人之间的借款合同，自贷款人提供借款时成立。

第六百八十条 禁止高利放贷，借款的利率不得违反国家有关规定。

借款合同对支付利息没有约定的，视为没有利息。

借款合同对支付利息约定不明确，当事人不能达成补充协议的，按照当地或者当事人的交易方式、交易习惯、市场利率等因素确定利息；自然人之间借款的，视为没有利息。

《最高人民法院关于审理民间借贷案件适用法律若干问题的规定》

第二十五条 出借人请求借款人按照合同约定利率支付利息的，人民法院应予支持，但是双方约定的利率超过合同成立时一年期贷款市场报价利率四倍的除外。

前款所称“一年期贷款市场报价利率”，是指中国人民银行授权全国银行间同业拆借中心自2019年8月20日起每月发布的一年期贷款市场报价利率。

法条释义

以上条文是关于借款合同中约定利息的有关规定。

利息条款是民间借款合同的一项重要内容，当事人在拟定借款合同时要注意以下两点：

（1）利息条款要作出明确约定。借款可以有偿，也可以无偿。若借款合同对支付利息约定不明，可以协议补充；协议补充不成的，对于法人、非法人组织之间的借贷，以及法人、非法人组织与自然人之间的借贷，应当按照当地或者当事人的交易方式、交易习惯、市场利率等因素确定利息；但自然人之间的借款，若当事人不能达成补充协议，将视为没有利息。因此自然人之间借款若要约定利息，则需在借款合同中作出明确约定。

（2）约定的利率要合法。这其实是对高利贷的一个限制性规定。法律允许当事人通过借款获取合理的利息，但高利贷破坏国家金融秩序、损害借款人的合法权益，必须予以禁止。因而，凡是借款合同约定支付利息的，借款的利率应当依照国家的有关规定确定。

36. 汽车在地下车库遭浸泡，能要求物业赔偿吗？

生活小案例

某日凌晨的一次强降雨，雨水灌入了 A 小区的地下车库，待隔天徐先生发现时，他的轿车已因浸水造成损坏。为此，徐先生花了 16000 多元的维修费。这已是车库第二次被淹了，物业服务人员在第一次车库被淹后，没有吸取教训及时排查隐患并进行有效的整改。同时，物业也未及时通知车主转移车辆，或者采取有效措施，导致车辆的极大损坏。徐先生遭遇此种情况，能要求物业进行赔偿吗？

案件分析

本案的焦点在于明确小区物业应当履行哪些法定或约定的义务。小区物业应按照约定和相关法律规定，对小区公共场地、共用部位、共有设施设备尽到维修、养护、管理等义务。本案中，A 小区的物业在强降雨来临之际，并未及时通知车主转移车辆，或者采取有效措施，其本身存在防范、抢险不到位的过错。根据《物业管理条例》第三十五条的规定，物业服务企业未能履行物业服务合同的约定，导致业主财产安全受到损害的，应当依法承担相应的法律责任。因此，物业因未尽到职责而导致徐先生的财产受到损害，理应予以赔偿。

关联法条

《中华人民共和国民法典》

第九百四十二条 物业服务人应当按照约定和物业的使用性质，妥善维修、养护、清洁、绿化和经营管理物业服务区域内的业主共有部分，维护物业服务区域内的基本秩序，采取合理措施保护业主的人身、财产安全。

对物业服务区域内违反有关治安、环保、消防等法律法规的行为，物业服务人应当及时采取合理措施制止、向有关行政主管部门报告并协助处理。

《物业管理条例》

第三十五条 物业服务企业应当按照物业服务合同的约定，提供相应的服务。

物业服务企业未能履行物业服务合同的约定，导致业主人身、财产安全受到损害的，应当依法承担相应的法律责任。

法条释义

以上条文是民法典和物业管理条例对物业服务职责的规定。

物业服务人应当按照约定和相关法律的规定履行义务，若在物业服务合同的履行过程中，提供物业服务的一方出现违法、违约的情况，就涉及法律责任的承担问题。物业服务人应当履行的主要管理职责有：(1)妥善维修、养护、清洁、绿化和经营管理物业服务区域内的业主共有部分；(2)维护物业服务区域内的基本秩序，包括公共生活秩序、道路交通秩序、环境管理秩序等；(3)采取合理措施保护业主的人身、财产安全。

物业管理企业违反约定和相关法律的规定，服务质量达不到物业管理服务合同约定的或未能达到约定的管理目标，业主委员会有权要求物业管理企业限期整改，物业管理企业逾期未整改的，业主委员会有权终止合同；造成业主经济损失的，物业管理企业应当给予业主经济赔偿。

法律对物业服务义务、责任的规定，将进一步帮助物业服务人更好地履行职责，使得物业服务合同的双方能够高效、理性地解决纠纷，从而有助于合同预期利益的实现。

37. 合同当事人承担违约责任时，是否要进行“精神损害”赔偿？

生活小案例

一高档小区内负责管理小区的物业公司未能对黄某进行身份检查登记，导致黄某可以进入小区后持刀进入王先生家中盗窃，二人搏斗过程中，王先生不幸受伤，构成八级伤残。现王先生以物业公司违反物业管理合同中安全管理义务的约定，致使自身受伤为由起诉某物业公司，要求物业公司承担违约责任并给予精神赔偿。物业公司对违约责任的承担并无异议，但拒绝承担精神损害赔偿。物业公司的主张能得到支持吗？

案件分析

本案的焦点在于物业公司是否要承担精神损害赔偿。本案中，王先生与物业公司存在物业管理合同，构成了法律上的民事法律关系。彼此之间依约享有权利、承担义务。物业公司未能对进出小区的黄某进行检查登记，致使黄某持刀进入王先生家中盗窃，并对王先生的身体造成实际侵害，违反了合同中安全管理义务的约定，理应承担违约责任。与此同时，依据民法典的规定，如果物业公司的违约行为造成王先生人格权受损（具体指身体权），并引发严重精神损害，王先生请求物业公司承担违约责任的，不影响其请求精神损害赔偿。

关联法条

《中华人民共和国民法典》

第五百七十七条 当事人一方不履行合同义务或者履行合同义务不符合约定的，应当承担继续履行、采取补救措施或者赔偿损失等违约责任。

第五百八十四条 当事人一方不履行合同义务或者履行合同义务不符合约定，造成对方损失的，损失赔偿额应当相当于因违约所造成的损失，包括合同履行后可以获得的利益；但是，不得超过违约一方订立合同时预见到或者应当预见到的因违约可能造成的损失。

第九百九十条 人格权是民事主体享有的生命权、身体权、健康权、姓名权、名称权、肖像权、名誉权、荣誉权、隐私权等权利。

除前款规定的人格权外，自然人享有基于人身自由、人格尊严产生的其他人格权益。

第九百九十一条 民事主体的人格权受法律保护，任何组织或者个人不得侵害。

第九百九十六条 因当事人一方的违约行为，损害对方人格权并造成严重精神损害，受损害方选择请求其承担违约责任的，不影响受损害方请求精神损害赔偿。

法条释义

以上条文是民法典对合同中违约责任以及人格权的相关规定。

违约责任，是指在合同当事人一方违反第一性义务后而产生的第二性义务，即当事人不履行合同义务或者履行合同义务不符合约定而依法应当承担的民事责任。合同一方主体因违约所招致的损害赔偿的范围，法律给予了明确的规定：以“补偿原则”为主，即损失赔偿额应当相当于因违约所造成的损失，包括合同履行后可获得的利益；但不得超过违约一方订立合同时预见到或者应当预见到的因违约可能造成的损失。由此可见，违约责任的承担不包括精神损害赔偿。

在此需要注意的是，民法典同时规定，当事人一方的违约行为若损害对方的人格权，包括生命权、身体权、健康权、姓名权、名称权、肖像权、名誉权、荣誉权、隐私权等，且造成严重精神损害的，受损害一方既可以请求对方承担违约责任，还可以要求精神损害赔偿。

38. 学校、幼儿园、医疗机构等能否以教育设施、医疗卫生设施设定抵押？

生活小案例

某公立医院与银行签署了借款抵押合同，拟用其自有的办公楼和住院部的房屋及土地作抵押，向银行贷款用于购买医疗设备。双方签订借款抵押合同后，到不动产登记机构申请办理不动产抵押登记时，被工作人员告知抵押房屋属于医疗卫生设施，不能设定抵押。但银行和医院却认为，医院有权自由支配其名下的房产。为此，双方产生了争论。

案件分析

本案的焦点在于是否能够以医疗卫生设施设定抵押的问题。本案中，医院与银行签署借款抵押合同，以医院的住院部等医疗卫生设施设定抵押，表面上形成了法律上的担保关系。但是在申请办理不动产抵押登记时遭到拒绝，理由是医疗卫生设施不得设定抵押。依据民法典的规定，以不动产设定抵押的，应当办理抵押登记，抵押权自登记时设立。因此，医院与银行之间虽达成担保意向，但拟定的抵押财产不符合法律规定，进而未能办理抵押登记，抵押权自始不存在。

关联法条

《中华人民共和国民法典》

第三百九十五条 债务人或者第三人有权处分的下列财产可以抵押：

（一）建筑物和其他土地附着物；

（二）建设用地使用权；

（三）海域使用权；

（四）生产设备、原材料、半成品、产品；

（五）正在建造的建筑物、船舶、航空器；

（六）交通运输工具；

（七）法律、行政法规未禁止抵押的其他财产。

抵押人可以将前款所列财产一并抵押。

第三百九十九条 下列财产不得抵押：

（一）土地所有权；

（二）宅基地、自留地、自留山等集体所有土地的使用权，但是法律规定可以抵押的除外；

（三）学校、幼儿园、医疗机构等为公益目的成立的非营利法人的教育设施、医疗卫生设施和其他公益设施；

（四）所有权、使用权不明或者有争议的财产；

（五）依法被查封、扣押、监管的财产；

（六）法律、行政法规规定不得抵押的其他财产。

第四百零二条 以本法第三百九十五条第一款第一项至第三项规定的财产或者第五项规定的正在建造的建筑物抵押的，应当办理抵押登记。抵押权自登记时设立。

法条释义

以上条文是民法典对抵押财产范围的规定。

民法典在列举了可以设定抵押的财产种类的同时，基于公共利益、社会政策等各种考虑，也非常明确地划定了禁止设定抵押的财产范围，特别是强调了教育设施、医疗卫生设施等公益设施不得设定抵押。这是因为，无论是公办还是民办，这些单位都是出于社会公益目的设立的，这些设施一旦设定抵押权，在实现质押权时将造成公益目的无法实现的后果。为了保证正常教学、医疗活动不受干扰，防止接受教育或医疗服务者的权利受到侵害，保障公众利益，维护社会秩序的稳定，法律作出了排他性规定。

39．已抵押的房屋被转让，转让的买卖合同是否有效？

生活小案例

刘某为个体商户，因经营需要向好友荣某借款10万元，约定借款期限为一年，以自己的三间平房作为抵押，并完成了抵押登记。不久后，刘某因交通事故需要赔偿他人，为解燃眉之急遂将平房三间卖给了于某。借款满一年后，因刘某无力还款，荣某欲行使抵押权时才知道刘某已将三间平房卖掉，愤而诉至法院，要求判决刘某与于某之间的买卖无效。法律对此是如何规定的呢？

案件分析

本案的焦点在于已经设定抵押的财产能否正常转让。本案中，刘某以自家三间平房向荣某设立借款抵押，并完成了抵押登记，因而荣某享有对该财产的优先受偿权。但抵押权的存在，并不影响刘某对抵押财产的处分权，除非双方有特殊约定；同样，抵押财产的处分行为，也不影响荣某抵押权的实现。既然双方无约在先，因此刘某与于某的买卖合同成立，转让房产的行为有效。与此同时，荣某仍可对抵押房屋主张抵押权。本案中，刘某转让质押财产，应及时通知荣某，如果荣某能够证明房屋的转让可能损害其抵押权的，可以要求刘某将转让所得款项提前清偿债务或者提存。

关联法条

《中华人民共和国民法典》

第四百零二条 以本法第三百九十五条第一款第一项至第三项规定的财产或者第五项规定的正在建造的建筑物抵押的，应当办理抵押登记。抵押权自登记时设立。

第四百零六条 抵押期间，抵押人可以转让抵押财产。当事人另有约定的，按照其约定。抵押财产转让的，抵押权不受影响。

抵押人转让抵押财产的，应当及时通知抵押权人。抵押权人能够证明抵押财产转让可能损害抵押权的，可以请求抵押人将转让所得的价款向抵押权人提前清偿债务或者提存。转让的价款超过债权数额的部分归抵押人所有，不足部分由债务人清偿。

法条释义

以上条文是民法典对抵押财产处分的相关规定。

事实上，在财产上设置抵押权，并不能禁止抵押财产的流转，只要抵押权跟随抵押财产一并转移，就能够保障抵押权人的权利。故民法典将“抵押财产转让”从原物权法原则上不可转让改变为可以转让，即承认了抵押财产自由转让的规则，并且增加转让后抵押权的追及效力。（1）抵押期间，抵押人可以转让抵押财产的，并不加以禁止，只是在转让时应当通知抵押权人。（2）如果当事人对此另有约定的，按照其约定。（3）抵押期间，抵押人将抵押财产转让的，抵押权不受影响，即抵押财产是设有抵押权负担的财产，进行转让，抵押权随着所有权的转让而转让，取得抵押财产的受让人在取得所有权的同时，也负有抵押人所负担的义务，受到抵押权的约束。（4）抵押权人能够证明抵押财产转让可能损害抵押权的，可以请求抵押人将转让所得的价款向抵押权人提前清偿债务或者提存。转让的价款超过债权数额的部分归抵押人所有，不足部分由债务人清偿。

以上内容的修改，一方面是为了维护了善意第三人的权益，另一方面在抵押人资产充盈，不容易损害抵押权人利益时，确保了其财产处分的自由，同时也可避免部分抵押权人恶意阻止抵押人转让财产，阻碍商品流通的可能。

40. 公立幼儿园有资格为他人作保证吗?

生活小案例

孙先生向刘先生借款10万元，约定自借款之日起三个月内全额偿还借款。健康幼儿园是一所公立幼儿园，作为孙先生的长期合作伙伴，健康幼儿园自愿和刘先生签订保证合同，约定“若到期孙先生无力偿还借款，由健康幼儿园代为清偿”。三个月过去了，孙先生无力偿还，健康幼儿园也未能代偿。刘先生遂向法院起诉，要求健康幼儿园履行保证合同，代偿10万元。刘先生的诉求能够得到法院支持吗?

案件分析

本案的焦点在于幼儿园是否具备保证人资格。本案中，健康幼儿园虽自愿与刘先生签订保证合同，但经查，健康幼儿园是政府出资设立的公办学校，属于公益性事业单位，不具有保证人资格，因此该保证合同自始无效，健康幼儿园无须代偿10万元，但刘先生可以要求健康幼儿园根据其过错承担相应的民事责任。

关联法条

《中华人民共和国民法典》

第六百八十一条 保证合同是为保障债权的实现，保证人和债权人约定，当债务人不履行到期债务或者发生当事人约定的情形时，保证人履行债务或者承担责任的合同。

第六百八十二条 保证合同是主债权债务合同的从合同。主债权债务合同无效的，保证合同无效，但是法律另有规定的除外。

保证合同被确认无效后，债务人、保证人、债权人有过错的，应当根据其过错各自承担相应的民事责任。

第六百八十三条 机关法人不得为保证人，但是经国务院批准为使用外国政府或者国际经济组织贷款进行转贷的除外。

以公益为目的的非营利法人、非法人组织不得为保证人。

法条释义

以上条文是民法典对保证人资格的规定。

保证人，是指与债权人约定，为主合同债务提供担保，当债务人不能履行债务时，由其按照约定履行债务或者承担责任的一方当事人。保证人的资格，是自然人、法人、非法人组织能够作为保证人，为债权人提供保证的条件。该资格最主要的是具有民事行为能力和相当财产的保证资力。

民法典是从否定保证人的资格进行规定的，排除了不能作为保证人的组织，其余的民事主体都具有保证人资格。根据民法典的规定，下列机关、组织不得作为保证人：

（1）机关法人。机关法人作为主要从事行政管理活动的国家机关，其运营经费由国家预算拨给，没有独立资产。若参与到私人债务中则有损机关工作的权威性、规范性和严肃性，因此，不得作为保证人承担保证责任。

（2）以公益为目的的非营利法人、非法人组织。以公益为目的的非营利法人、非法人组织，具有公益性和非营利性的属性。若这些机构为他人债务作保证，在承担保证责任时，就会触动社会公共利益，甚至造成社会秩序的混乱，且不利于保护债权人的合法利益，因此不适合作保证人。

为了避免因保证人不适合导致保证合同无效，由此给债权人造成损失，法律又规定，可根据各方当事人的过错程度，承担相应的民事责任，以此保障债权人的利益。

41. 一债多保，谁多谁少？

生活小案例

甲毕业后向银行贷款 77 万元，并约定自借款之日起三年内偿还本金加利息共计 83 万余元。甲找到朋友乙、丙、丁为他提供保证，三人签订书面保证合同，约定“若甲到期未能全数偿还贷款金额，则由三人承担保证责任”。还款期限届满，甲未能全数偿还，银行遂向乙提出请求，要求其履行保证合同，偿还剩余贷款共计 33 万余元。而乙则提出抗辩，认为自己与丙、丁作为共同保证人，应平均分担保证责任，拒绝履行全部保证责任。“一债多保”时，保证人之间究竟应该如何分担保证责任呢？

案件分析

本案的焦点在于如何认定多个保证人承担保证责任的范围。本案中，乙、丙、丁与银行签订的保证合同合法有效，但合同中并未明确规定三人所对应的保证份额。银行可基于民法典的规定，请求任何一个保证人在其保证范围内承担保证责任。而保证人在承担保证责任后，享有对债务人的追偿权。

关联法条

《中华人民共和国民法典》

第六百九十一条 保证的范围包括主债权及其利息、违约金、损害赔偿金和实现债权的费用。当事人另有约定的，按照其约定。

第六百九十九条 同一债务有两个以上保证人的，保证人应当按照保证合同约定的保证份额，承担保证责任；没有约定保证份额的，债权人可以请求任何一个保证人在其保证范围内承担保证责任。

第七百条 保证人承担保证责任后，除当事人另有约定外，有权在其承担保证责任的范围内向债务人追偿，享有债权人对债务人的权利，但是不得损害债权人的利益。

法条释义

以上条文是民法典对共同保证的规定。

“保证责任”就是保证人应当承担的法律责任。当两个以上的保证人共同为同一债务人的同一债务提供保证的，即为共同保证。共同保证分为按份保证和连带保证：（1）按份保证是指数个共同保证人与债权人约定保证的各自份额，按照约定承担保证责任的共同保证。在按份保证中，保证人不承担连带责任，但前提是保证人与债权人有特别约定，否则，数个保证人应对债权人负连带责任。（2）连带保证是指数个共同保证人与债权人没有约定保证份额或者约定不明确，共同作为债务人的保证人，并对全部债务负连带责任的共同保证。在连带保证中，债权人可以请求任何一个保证人承担全部保证责任。

综上可见，保证人所承担的保证责任大小取决于保证合同中是否约定保证份额。若有约定，则每个保证人只需承担约定份额所对应的保证责任，这就减少了各个保证人的责任负担，同时避免了保证人之间的利益冲突；若没有约定，则任何一个保证人都将面临被债权人要求承担全部保证责任的风险。

民法典取消了保证人之间的追偿权，明确规定保证人只能直接向债务人追偿。追偿权产生的条件是：（1）保证人向债权人履行了保证债务；（2）因保证人的履行而使债务人对债权人免责；（3）保证人履行保证债务无过错。保证人取得追偿权，就成为债务人新的债权人，享有债权人对债务人的权利。

人格权编：
维护做人尊严的法律底线

42. 粉丝用无人机偷拍明星私宅，是否侵犯明星的隐私权？

生活小案例

杨某是最近风头正盛的当红明星。某日，网络上爆出一组照片，是她在家与某男子用餐景象及其卧室的景象若干，对杨某造成了一定影响。随后杨某的经纪公司发表声明：该举动严重侵犯了杨某的个人隐私，对偷拍者以及恶意传播的侵权行为保留追究其法律责任的权利。后经查实，这组照片是杨某的狂热粉丝用无人机进行的拍摄，该粉丝已经多次拍摄杨某的私生活。该粉丝的偷拍行为是否侵害了杨某的隐私权？

案件分析

本案主要涉及侵害隐私权问题。依托于现代互联网技术的发展，智能手机也越来越普及，无人机的使用也逐渐广泛，拍照并上传网络变得更为方便。本案中，粉丝使用无人机偷拍杨某的住宅和杨某与某男子用餐的照片，并上传网络。根据民法典的规定，自然人享有隐私权，任何组织或者个人不得以刺探、侵扰、泄露、公开等方式侵害他人的隐私权。除法律另有规定或者权利人明确同意外，任何组织或者个人不得进入、拍摄、窥视他人的住宅、宾馆房间等私密空间。所以，本案中粉丝偷拍并在网络公布杨某相关私密照片的行为侵害了杨某的隐私权。对此，杨某可以请求侵权人和相关网站消除影响、恢复名誉、赔礼道歉，因此遭受损害的，也可以请求侵权损害赔偿。

关联法条

《中华人民共和国民法典》

第一千零三十二条 自然人享有隐私权。任何组织或者个人不得以刺探、侵扰、泄露、公开等方式侵害他人的隐私权。

隐私是自然人的私人生活安宁和不愿为他人知晓的私密空间、私密活动、私密信息。

第一千零三十三条 除法律另有规定或者权利人明确同意外，任何组织或者个人不得实施下列行为：

（一）以电话、短信、即时通讯工具、电子邮件、传单等方式侵扰他人的私人生活安宁；

（二）进入、拍摄、窥视他人的住宅、宾馆房间等私密空间；

（三）拍摄、窥视、窃听、公开他人的私密活动；

（四）拍摄、窥视他人身体的私密部位；

（五）处理他人的私密信息；

（六）以其他方式侵害他人的隐私权。

法条释义

以上条文主要涉及隐私权和侵害隐私权行为的规定。

隐私权是指以隐私利益为客体的人格权。所以，隐私就是隐私权保护的内容。隐私是自然人的私人生活安宁和不愿为他人知晓的私密空间、私密活动、私密信息。其中，私人信息包括所有的个人情况、资料，诸如身高、体重、病历、身体缺陷、健康状况、生活经历、财产状况等；私人活动是一切个人的、与公共利益无关的活动，如日常生活、夫妻的两性生活，即使是婚外恋等活动，只要不违反法律和社会公共利益，就是应受到保护的信息；私人空间是指个人的隐秘范围，如身体的隐私部位、个人居所、旅客的行李、学生的书包等，均为个人领域。需要注意的是，在公共场合也存在隐私空间，比如个人正在使用的公厕、试衣间、浴室等。

隐私权是自然人所享有的一项重要的人格权，除法律另有规定或者权利人明确同意外，任何组织或者个人不得以刺探、侵扰、泄露、公开等方式侵害他人的隐私权。认定隐私侵权行为需要满足四个条件：（1）有侵害隐私的违法行为。如拍摄、窥视他人身体的私密部位、处理他人的私密信息等。（2）有损害事实。隐私受到侵害一般表现为信息被刺探、监视、侵入、公布、干预等。只要隐私被损害的事实存在，就成立隐私权被损害的事实。（3）有因果关系。侵害行为和损害事实之间需要有引起与被引起的关系。（4）行为人存在过错。行为人主观上存在过错，才能成立侵权，即预见到会有损害后果的发生但是积极追求或者放任其发生。实践中也存在过失侵权的情形，但是不常见。

对隐私权的保护并非毫无限制。隐私权的保护范围受公共利益的限制，当隐私权与公共利益发生冲突时，应当依公共利益的要求进行调整。所以，隐私权所保护的范围，需排除与公共利益有关的个人情报、资料。

43. 亡夫受到诋毁，遗孀如何维权？

生活小案例

张某是一位著名的导演，某日因心脏疾病猝死，逝世于酒店客房内。不久后，王某为提高自己社交媒体账号的关注度，在自己的社交媒体账号上杜撰多篇文章，声称张某是因性猝死，私生活混乱，和他人还生有私生子。随后各大网站相继转发并作了相应报道，事件迅速发酵。张某的妻子关某得知后，身心受到打击。作为张某遗孀的关某该如何维权呢？

案件分析

本案主要涉及对死者人格利益的保护问题。根据民法典的规定，死者的姓名、肖像、名誉、荣誉、隐私、遗体等受到侵害的，其配偶、子女、父母有权依法请求行为人承担民事责任。

本案中，王某杜撰诽谤张某的文章并公开发表，经过多家媒体转发报道，严重损害了张某的名誉，使张某的遗孀关某身心遭受重大打击。因此，王某的行为侵害了死者张某的名誉，属于侵权行为，张某的遗孀关某有权依法请求王某承担民事责任。

关联法条

《中华人民共和国民法典》

第九百九十四条 死者的姓名、肖像、名誉、荣誉、隐私、遗体等受到侵害的，其配偶、子女、父母有权依法请求行为人承担民事责任；死者没有配偶、子女且父母已经死亡的，其他近亲属有权依法请求行为人承担民事责任。

法条释义

本条主要阐述了我国民法典对于死者人格利益的保护。

自然人死亡的，其民事权利能力消灭，但是一个人的死亡并不意味着其人格利益一并消灭，我国法律对死者的人格利益依然给予保护。我国民法典保护死者的姓名、肖像（声音）、名誉、荣誉、隐私、遗体等人格利益。

当死者的人格利益受到侵害时，死者的配偶、子女、父母有权以自己的名义向法院起诉，并请求行为人承担相应的民事责任。如果死者没有配偶、子女、父母，其他近亲属也可以以自己的名义主张保护死者的人格利益。对死者的人格利益的保护请求权是没有期限限制的，而是取决于死者是否有近亲属，如果死者已经没有了近亲属，则法律不再予以保护。但是，如果行为人侵害了社会公共利益，检察机关可以提起公益诉讼进行保护，侵害英雄烈士的人格利益即是如此。

44. 英雄烈士名誉不可侵、不可辱！

生活小案例

某公司通过自媒体在网上发布了一个短视频。视频中对革命烈士叶挺的《囚歌》进行了篡改，将原曲中："为人进出的门紧锁着，为狗爬走的洞敞开着，一个声音高叫着，爬出来吧，给你自由！"改成了："为人进出的门紧锁着！为狗爬出的洞敞开着！一个声音高叫着，爬出来吧！无痛人流！"该视频一经发布，便遭到了广大网友的谴责，产生了较大负面影响。叶挺烈士的近亲属认为该公司的行为侵害了叶挺烈士的名誉，那么他们能否向人民法院提起诉讼，要求该公司承担民事责任？

案件分析

本案涉及烈士名誉的保护问题。叶挺烈士创作的《囚歌》表现出的崇高革命气节和伟大爱国精神已经获得了全民族的广泛认同，是中华民族共同记忆的一部分，是中华民族宝贵的精神财富，已经成为社会公共利益的一部分，同时也是叶挺烈士享有崇高声誉的一部分。本案中，某公司理应认识到《囚歌》所体现的精神价值，但仍制作和传播了篡改《囚歌》内容的视频，遭到了广大网友的谴责，产生了较大负面影响。不仅损害了叶挺烈士的名誉，也对其近亲属造成感情和精神上的伤害，更伤害了广大人民群众的民族情感，损害了社会公共利益。根据民法典和英雄烈士保护法的相关规定，叶挺烈士的近亲属有权向人民法院提起诉讼，要求该公司承担停止侵害、赔礼道歉并赔偿精神损害的民事责任。

本案再次告诫我们：英雄烈士的名誉不容亵渎，每一位公民对待英雄烈士都要心存敬畏、严守底线、尊重历史、弘扬正气，否则就要承担相应的法律责任。

关联法条

《中华人民共和国民法典》

第一百八十五条 侵害英雄烈士等的姓名、肖像、名誉、荣誉，损害社会公共利益的，应当承担民事责任。

《中华人民共和国英雄烈士保护法》

第二十五条 对侵害英雄烈士的姓名、肖像、名誉、荣誉的行为，英雄烈士的近亲属可以依法向人民法院提起诉讼。

英雄烈士没有近亲属或者近亲属不提起诉讼的，检察机关依法对侵害英雄烈士的姓名、肖像、名誉、荣誉，损害社会公共利益的行为向人民法院提起诉讼。

负责英雄烈士保护工作的部门和其他有关部门在履行职责过程中发现第一款规定的行为，需要检察机关提起诉讼的，应当向检察机关报告。

英雄烈士近亲属依照第一款规定提起诉讼的，法律援助机构应当依法提供法律援助服务。

第二十六条 以侮辱、诽谤或者其他方式侵害英雄烈士的姓名、肖像、名誉、荣誉，损害社会公共利益的，依法承担民事责任；构成违反治安管理行为的，由公安机关依法给予治安管理处罚；构成犯罪的，依法追究刑事责任。

法条释义

以上条文是关于英雄烈士等人格利益保护的规定。

对英雄烈士等的人格利益予以特别保护具有重大的现实意义。需要注意的是，以上条文中的英雄烈士应限定为已经去世的英雄烈士。如果英雄人物尚在世，其人格利益受到侵害时，本人即可通过提起民事诉讼维护自己的人格利益，而不存在特别保护的立法必要。

侵害英雄烈士等的人格利益，损害社会公共利益的，依法承担民事责任；构成违反治安管理行为的，由公安机关依法给予治安管理处罚；构成犯罪的，依法追究刑事责任。其中，民事责任的构成必须具备三个条件：（1）行为人实施了侵害英雄烈士等的姓名、肖像、名誉、荣誉的行为。行为人是否侵害英雄烈士的人格利益，其判断标准与侵害普通自然人的人格利益的判断标准相同，都应按照民法典侵权责任编的规定予以判断。（2）行为人主观上为故意或过失。侵害英雄烈士人格利益的行为属于一般侵权行为，适用过错责任，主观上应为故意或过失。（3）行为人的侵害行为造成英雄烈士等的姓名、肖像、名誉、荣誉和社会公共利益损害。在此需要注意的是，侵害英雄烈士等人格利益的范围，从立法表述来看，仅限于姓名、肖像、名誉、荣誉，不应作扩大解释。

对侵害英雄烈士等人格利益的行为，有两种民法保护方法：（1）英雄烈士的近亲属可以向人民法院提起诉讼，要求侵权人承担侵权责任。英雄烈士近亲属提起诉讼的，法律援助机构应当依法提供法律援助服务。其实，这种保护与一般死者人格利益的保护是一样的。（2）检察机关提起公益诉讼。行为人的行为侵害了英雄烈士的姓名、肖像、名誉、荣誉，且损害了社会公共利益，而英雄烈士没有近亲属或者近亲属不提起诉讼的，检察机关可以向人民法院提起诉讼。

45. 给孩子起名时，能不用父姓或母姓吗？

生活小案例

李先生和陈女士生有一子，在给孩子上户口时却遇到了问题，李先生不准备让孩子随父母的姓，而是姓张。原因是，李先生是随妈妈的姓，如今有了孩子，想让孩子随自己父亲的姓，李先生的父亲姓张。但让李先生没想到的是，在办理户口登记时，当地派出所以孩子只能随父姓或者母姓为由，拒绝予以登记。李先生能否让孩子姓张呢？

案件分析

本案主要涉及公民姓氏的选取规则。根据民法典的规定，自然人应当随父姓或者母姓，但是自然人也可以选取其他直系长辈血亲的姓氏。本案中的李先生让孩子姓张是因为孩子的爷爷姓张，而爷爷是孩子的直系长辈血亲，所以，李先生的要求并不违反法律的规定，派出所应当为其办理户口登记。如果派出所不予登记，李先生可以提起行政诉讼，要求人民法院纠正派出所不予登记的行为。

关联法条

《中华人民共和国民法典》

第一千零一十五条 自然人应当随父姓或者母姓，但是有下列情形之一的，可以在父姓和母姓之外选取姓氏：

（一）选取其他直系长辈血亲的姓氏；

（二）因由法定扶养人以外的人扶养而选取扶养人姓氏；

（三）有不违背公序良俗的其他正当理由。

少数民族自然人的姓氏可以遵从本民族的文化传统和风俗习惯。

法条释义

本条是民法典关于自然人选取姓氏的规定。

姓氏与名字不同，姓氏代表的是一个家族的血缘传承，涉及公序良俗。因此，民法典规定，自然人原则上应当随父姓或者母姓。但是，具有下列情形之一的，可以在父姓和母姓之外选取姓氏：（1）选取其他直系长辈血亲的姓氏。例如选取祖父母、外祖父母的姓氏。（2）因由法定扶养人以外的人扶养而选取扶养人姓氏。例如，长期被父母以外的人扶养，但是并没有形成收养关系的扶养人的姓氏。（3）有不违背公序良俗的其他正当理由。例如，妻子难产，紧急情况下被好心人送往医院，为表谢意而让孩子随恩人的姓氏。

少数民族自然人的姓氏选取，依据民族自治原则，遵从本民族的文化传统和风俗习惯。依照我国民法典的规定，可以依照该少数民族的语言特色选取姓氏。而有些少数民族因为改汉姓而改变了原来的姓氏，也是符合法律规定的。

46. 多年后发现被冒名顶替上大学，受害者的何种权利被侵害了？

生活小案例

2004 年，20 岁的陈某参加了高考，明明成绩过了专科线，但她却没有接到录取通知书。之后，她抱着落榜的遗憾外出打工去了。10 年后，她又参加了成人高考，考入某大学，直到办理学籍时才发现，学籍系统里有她当年的录取信息。系统信息显示，陈某当年被另外一个大学录取了，在这所大学读了三年专科。在中国高等教育学生信息网上，陈某发现，系统里的人与自己身份信息一致，只有照片不是自己的。冒名顶替他人上学，侵害了受害人的什么权利？

案件分析

本案主要涉及侵害姓名权的问题。根据民法典的规定，自然人享有姓名权，有权依法决定、使用、变更或者许可他人使用自己的姓名，任何组织或者个人不得以干涉、盗用、假冒等方式侵害他人的姓名权。

本案中，冒名顶替者以陈某的姓名、信息等上大学，侵害了陈某的姓名权。所以，陈某有权要求冒名顶替者承担侵权责任。但是，这里有一个值得注意的问题：陈某10年后才发现被他人侵犯了姓名权，是不是已过诉讼时效期间？对此，根据民法典的规定，向人民法院请求保护民事权利的诉讼时效期间为三年。诉讼时效期间自权利人知道或者应当知道权利受到损害以及义务人之日起计算，即本案诉讼时效期间应从陈某发现被冒名顶替上大学之日起计算。因此，陈某的请求权并未超过诉讼时效期间，仍有权向人民法院提起诉讼要求冒名顶替者承担侵权责任。此外，陈某也可以依法向有关国家机关控告，要求追究冒名顶替者的行政责任、刑事责任，以维护自己的合法权益。

关联法条

《中华人民共和国民法典》

第一千零一十二条　自然人享有姓名权，有权依法决定、使用、变更或者许可他人使用自己的姓名，但是不得违背公序良俗。

第一千零一十四条　任何组织或者个人不得以干涉、盗用、假冒等方式侵害他人的姓名权或者名称权。

法条释义

以上条文是民法典关于姓名权以及姓名权或名称权不得被非法侵害的规定。

姓名权是指自然人决定、使用和依照规定改变自己姓名的权利。自然人有权依法决定、使用、变更或者许可他人使用自己的姓名，但是不得违背公序良俗。姓名权的具体内容包括：（1）姓名决定权，即自然人决定自己姓名的权利。（2）姓名使用权，即自然人根据自己的意愿使用自己的姓名进行民事法律行为的权利。姓名使用权是一种专有使用权，排除他人使用同一姓名的情况，但是重名的除外，这也叫姓名的平行。（3）姓名变更权，即自然人可以依据自己的意愿变更自己姓名的权利。需要注意的是，自然人变更自己的姓名时必须遵守有关规定。（4）许可他人使用自己姓名的权利。未经本人同意使用他人姓名的，构成侵害姓名权。此外，具有一定社会知名度，被他人使用足以造成公众混淆的笔名、艺名、网名、译名、字号、姓名和名称的简称等，也可以适用关于姓名权的规定，同样受到保护。

姓名权是自然人享有的一种专属性人格权，任何组织和个人不得以干涉、盗用、假冒等方式侵害他人的姓名权。此处需要注意的是，假冒与盗用的区别：（1）盗用姓名是未经姓名权人同意而擅自使用，而假冒姓名专指冒名顶替；（2）盗用姓名的行为人并没有直接以受侵害人的身份进行民事活动，而假冒姓名则是以实际权利人的身份直接进行民事活动；（3）盗用姓名仅仅是以他人的名义活动，而假冒姓名则是利用被侵权人的姓名，冒充他人参加民事活动。

47. 对违约行为能请求精神损害赔偿吗？

生活小案例

苏某与某婚庆公司签订婚庆服务协议书，约定该公司为苏某提供婚礼、摄像服务，并制成光盘，服务费 1000 元。婚礼后，婚庆公司告知苏某婚礼录像带只有六分钟时间，未能完整摄录结婚典礼的全过程。苏某认为此事对其精神造成了极大的伤害，遂起诉至人民法院，要求婚庆公司退还服务费，并赔偿精神损失。苏某的请求能得到法院的支持吗？

案件分析

本案主要涉及违约行为的精神损害赔偿。本案中，苏某与婚庆公司订立的服务合同是记录自己结婚的过程，并制成光碟，是为了作为纪念，满足自己精神方面的需求。然而，婚庆公司只拍摄了六分钟时间的图像，并没有摄录完整的结婚过程，已经影响合同目的的实现，而且这种损害是无法弥补的，对苏某造成了严重的精神损害。根据民法典的规定，因当事人一方的违约行为，损害对方人身权益、财产权益的，受损害方有权选择请求其承担违约责任或者侵权责任。同时因当事人一方的违约行为，损害对方人格权并造成严重精神损害，受损害方选择请求其承担违约责任的，不影响受损害方请求精神损害赔偿。所以，苏某可以要求婚庆公司承担违约责任，同时请求精神损害赔偿。

关联法条

《中华人民共和国民法典》

第九百九十六条 因当事人一方的违约行为，损害对方人格权并造成严重精神损害，受损害方选择请求其承担违约责任的，不影响受损害方请求精神损害赔偿。

法条释义

本条是民法典关于违约行为精神损害赔偿的规定。

精神损害赔偿是行为人因侵犯他人人格权致使自然人受到精神上的痛苦而应承担的民事责任。精神损害赔偿一般是在侵权责任中适用，但是实践中也不乏因为违约行为侵害债权人人格利益并造成严重精神损害的情况。民法典明确规定，追究违约责任的同时，在一定情形下可以请求精神损害赔偿。

《民法典》第九百九十六条规定了违约责任的精神损害赔偿，完善了合同本身对于人格利益的保护范围与救济权利的方式。但是一般意义上的违约行为是不会产生精神损害赔偿的。适用该条款的条件是：（1）以双方当事人存在合同上的债权债务关系为前提；（2）一方当事人有违反合同约定的违约行为；（3）债务人在侵害了债权人权益的同时，还侵害了债权人的人格权，造成严重精神损害，如造成受害人心理创伤和精神痛苦。同时具备上述要件的，受损害方有权请求债务方承担违约责任，同时请求精神损害赔偿。

48. 生前未表示捐献器官，家属同意后可以捐献吗？

生活小案例

王某（未婚）死亡时年仅23周岁，死因是上班途中遭遇车祸。现因为器官捐赠一事，父母二人产生了分歧。父亲说，“女儿是学医的，她的志愿就是能够帮助更多的人”，所以要将王某尚完好的器官捐赠，捐给有需要的人。但是王某母亲觉得，女儿死后还要把器官捐献给别人，自己无法接受，所以拒绝捐赠。据调查，王某生前对器官捐赠一事没有捐赠协议，也没有明确表示拒绝捐赠。王某的器官可以捐赠吗？

案件分析

本案主要涉及死者器官捐献方式的问题。本案中，王某生前没有签订捐赠协议，也没有明确表示拒绝捐赠。父亲想要将女儿的器官进行捐赠，而母亲拒绝捐赠。依据民法典的规定，自然人生前未表示不同意捐献的，该自然人死亡后，其配偶、成年子女、父母可以共同决定捐献，决定捐献应当采用书面形式。本案中，王某的父母对捐赠一事并没有协商一致，所以不能捐赠王某的器官。

关联法条

《中华人民共和国民法典》

第一千零六条 完全民事行为能力人有权依法自主决定无偿捐献其人体细胞、人体组织、人体器官、遗体。任何组织或者个人不得强迫、欺骗、利诱其捐献。

完全民事行为能力人依据前款规定同意捐献的，应当采用书面形式，也可以订立遗嘱。

自然人生前未表示不同意捐献的，该自然人死亡后，其配偶、成年子女、父母可以共同决定捐献，决定捐献应当采用书面形式。

第一千零七条 禁止以任何形式买卖人体细胞、人体组织、人体器官、遗体。

违反前款规定的买卖行为无效。

法条释义

以上条文是民法典对于器官捐献的相关规定。

捐献人体器官、组织、遗体等是关乎捐献者生命健康的重大决定，所以要求一定是捐献者基于自愿作出的决定。器官捐献有两类：

（1）活体器官的捐献。活体器官的捐献需具备以下几个条件：①捐献者是完全民事行为能力人，任何人都不得摘取未满十八周岁的未成年人的器官进行移植；②必须是捐献者的真实意思表示，任何组织或者个人都不得用强迫、欺骗或者利诱的方式让他人捐献人体器官；③必须有捐献者的书面意思表示，如果捐献者反悔的可以进行撤销；④活体器官的接受人特定，即活体器官的接受人限于活体器官捐献人的配偶、直系血亲或者三代以内旁系血亲，或者有证据证明与活体器官捐献人存在因帮扶等形成亲情关系的人员。

（2）尸体的器官捐赠。可以通过死者生前办理捐献志愿登记或订立遗嘱的方式，确定死后捐献自己的器官。自然人在生前明确拒绝捐献的情况下，任何组织或者个人不得擅自摘取死者的器官或者捐献遗体。但是，如果死者生前没有表示不同意捐赠的，自然人死亡后，其配偶、成年子女、父母可以以书面的方式共同决定捐献。

49. 被性骚扰后可以向用人单位寻求救济吗？

生活小案例

一名女性网友在互联网爆料，她就职的一个大型企业的业务主管经常“潜规则”女下属，逼迫女下属与其发生关系，如果女下属拒绝，主管就会以辞退或者各种工作上的业务受损进行威胁。同时该网友还爆料，公司高层对此事明知却一味纵容。被性骚扰后可以向用人单位寻求救济吗？

案件分析

本案主要涉及被性骚扰后的维权问题。本案中的女性在职场中被性骚扰，损害了该女性的人身权益。根据民法典的规定，机关、企业、学校等单位应当采取合理的预防、受理投诉、调查处置等措施，防止和制止利用职权、从属关系等实施性骚扰的行为。所以，职工遇到性骚扰后是可以向单位寻求救济的，同时单位也有责任预防和制止性骚扰行为。因此，本案中的受害者可以向单位寻求救济，同时单位也有责任受理投诉并对该事件进行处置。

关联法条

《中华人民共和国民法典》

第一千零一十条 违背他人意愿，以言语、文字、图像、肢体行为等方式对他人实施性骚扰的，受害人有权依法请求行为人承担民事责任。

机关、企业、学校等单位应当采取合理的预防、受理投诉、调查处置等措施，防止和制止利用职权、从属关系等实施性骚扰。

法条释义

本条是对性骚扰行为规制的规定。

民法典首次对性骚扰行为进行了法律界定，即以动作、语言、文字、图像等方式，违背他人意愿实施的性骚扰。据此可知，性骚扰不再局限于肢体上的行为，可以是文字、语言等方式；性骚扰的对象也非局限于女性，而是用“他人”来替代，说明男性也在保护范围之内。

对他人实施性骚扰的，应当承担侵权责任。构成性骚扰侵权应满足一定的条件：（1）有性骚扰的行为，即违背受害人的意志，侵害其性自主权的行为。同性之间也可能构成性骚扰，但是要有一定的违法性才构成侵权，例如违背公共利益或者善良风俗，或者违背保护性自主权的规定。（2）有受到侵害的事实。不仅仅表现在人身上的损害，还可以是精神损害、精神折磨或者财产利益的损害。（3）性骚扰行为与损害结果之间有因果关系。（4）行为的主观方面是故意，过失不构成性骚扰的侵权行为。

根据本条第二款的规定，单位负有采取合理措施提前预防以及及时制止性骚扰行为的责任。立法之所以要求用人单位履行防范和制止性骚扰行为的义务，是因为用人单位对其工作人员可以进行有效的管理和控制，能够及时有效制止性骚扰行为。对于性骚扰行为，用人单位可以采取以下的预防或处置措施：（1）用人单位要提供安全的工作环境；（2）用人单位应该通过制定单位规章的方式限制和惩罚实施性骚扰行为的人员；（3）在单位规章中明确规定性骚扰的惩罚机制和救济程序机制。

50. 未经本人同意，娱乐性质的 AI 换脸是否侵权？

生活小案例

网名为“换脸哥”的某网站用户运用相关软件，将某电视剧中 A 明星的脸，换成了 B 明星的脸，并将处理过的视频发到了网站上，因为两个明星都比较出名，所以一下就引发了许多用户的讨论。未经本人同意，娱乐性质的 AI 换脸是否侵权？

案件分析

本案主要涉及侵害肖像权的问题。根据民法典的规定，任何组织或者个人不得以丑化、污损或伪造等方式侵害他人的肖像权。行为人一旦实施了前述行为，不管是否具有营利目的，都应承担侵权责任。本案中，“换脸哥”把B明星的脸换到A明星脸上，并且该行为能够让大家很清晰直观地辨认出就是B明星。所以，即使是出于娱乐目的，“换脸哥”的行为也涉嫌侵犯B明星的肖像权。

关联法条

《中华人民共和国民法典》

第一千零一十九条　任何组织或者个人不得以丑化、污损，或者利用信息技术手段伪造等方式侵害他人的肖像权。未经肖像权人同意，不得制作、使用、公开肖像权人的肖像，但是法律另有规定的除外。

未经肖像权人同意，肖像作品权利人不得以发表、复制、发行、出租、展览等方式使用或者公开肖像权人的肖像。

第一千零二十条　合理实施下列行为的，可以不经肖像权人同意：

（一）为个人学习、艺术欣赏、课堂教学或者科学研究，在必要范围内使用肖像权人已经公开的肖像；

（二）为实施新闻报道，不可避免地制作、使用、公开肖像权人的肖像；

（三）为依法履行职责，国家机关在必要范围内制作、使用、公开肖像权人的肖像；

（四）为展示特定公共环境，不可避免地制作、使用、公开肖像权人的肖像；

（五）为维护公共利益或者肖像权人合法权益，制作、使用、公开肖像权人的肖像的其他行为。

法条释义

以上条文是关于侵害公民肖像权行为和肖像合理使用的相关规定。

肖像权的基本内容主要包括以下四项：（1）制作专有权。随着智能手机的普及，生活中肖像一般是自己制作，但有时是他人制作，比如拍艺术照、证件照。无论肖像由谁制作，肖像权人都对自己的肖像享有专有权。（2）使用专有权。肖像权人对自己的肖像享有使用权，他人未经许可不得擅自使用。（3）使用转让权。肖像权人可以依自己的意志，将肖像的利用或使用价值转让他人，由他人使用。（4）利益维护权。肖像权受到侵害时，肖像权人有权维护自己的合法权利。

侵犯肖像的权行为方式主要包括：（1）丑化、污损或者利用信息技术手段伪造等方式侵害他人的肖像权。不管是丑化、污损还是伪造的行为，都可能具有相当的恶意。因此，只要是未经权利人同意，都构成侵害肖像权。（2）未经肖像权人同意，制作、使用、公开肖像权人的肖像。这些权利都是专属肖像权人的权利，没有得到授权实施该行为，都是侵权行为。（3）未经肖像权人同意，肖像作品权利人的发表、复制、发行等行为。虽然肖像作品的权利人有著作权，但是要后于肖像权。未经权利人同意，肖像作品的权利人不得擅自作出发表、复制、发行等行为。

我国民法典还规定了肖像权的合理使用，即不经过肖像权人的同意可以实施下列行为：（1）为个人学习、艺术欣赏等在必要范围使用已经公开的肖像。

如果是未公开的肖像或者超出本条限定的范围，则构成侵害肖像权。（2）为新闻报道，不可避免的使用。这一使用行为是因为新闻报道具有舆论监督的作用，所以为了公共利益，可以不经过权利人同意直接使用其肖像。（3）为了履职，国家机关在必要范围内公开、使用。例如发布通缉令。（4）为了展示特定环境不可避免的使用，例如拍摄荷花池，不可避免地会拍到游客。（5）为了公共利益或肖像权人的合法利益而使用。例如，为了寻回失踪儿童而合理使用其肖像。

婚姻家庭编：
用法律维护家人合法权益

51. 婚前患有重大疾病未告知，婚后其配偶能否申请撤销婚姻？

生活小案例

小李和小韩相亲认识，相恋半年后领证结婚。小韩婚前患有精神分裂症，他联合自己家人对小李隐瞒此事。婚后，小韩受父亲离世的影响和刺激，精神分裂症复发，并在发病时殴打小李，导致小李多处受伤。此时才得知真相的小李无法接受此事，遂去法院申请撤销婚姻，法院能否支持？

案件分析

本案的争议焦点在于当事人患有重大疾病未告知，婚姻是否可撤销。根据民法典的规定，一方患有重大疾病的，应当在结婚登记前如实告知另一方；不如实告知的，另一方可以向人民法院请求撤销婚姻。本案中，小韩婚前患有精神分裂症，属于重大疾病，应当如实告知小李。但是，他却联合自己的家人对小李隐瞒该事实，侵犯了其配偶的知情权，属于可撤销婚姻的法定事由。所以，小李可以此为由诉至法院，请求人民法院撤销该婚姻。

关联法条

《中华人民共和国民法典》

第一千零五十三条 一方患有重大疾病的，应当在结婚登记前如实告知另一方；不如实告知的，另一方可以向人民法院请求撤销婚姻。

请求撤销婚姻的，应当自知道或者应当知道撤销事由之日起一年内提出。

第一千零五十四条 无效的或者被撤销的婚姻自始没有法律约束力，当事人不具有夫妻的权利和义务。同居期间所得的财产，由当事人协议处理；协议不成的，由人民法院根据照顾无过错方的原则判决。对重婚导致的无效婚姻的财产处理，不得侵害合法婚姻当事人的财产权益。当事人所生的子女，适用本法关于父母子女的规定。

婚姻无效或者被撤销的，无过错方有权请求损害赔偿。

法条释义

以上条文是民法典对隐瞒疾病的可撤销婚姻以及婚姻无效和被撤销的法律后果的规定。

因一方隐瞒疾病而申请撤销婚姻的，需要具备以下几个条件：（1）一方婚前患有重大疾病。何为重大疾病，民法典没有规定。根据有关法律和司法解释的规定，重大疾病主要包括严重遗传性疾病、传染性疾病、有关精神方面的疾病。因而，并不是所有的疾病都属于此类情况。（2）一方故意隐瞒患有重大疾病的事实。（3）必须向人民法院提出撤销婚姻的请求。（4）自知道或者应当知道一方故意隐瞒婚前患有重大疾病之日起一年内提出。

婚姻一旦被依法撤销，自始没有法律约束力，当事人不具有夫妻的权利和义务。同时，无过错方有权请求对方损害赔偿。

52. 以夫妻名义共同生活的同居关系，受法律保护吗？

生活小案例

胡先生意外车祸身亡，留下巨额遗产，引来两位“妻子”分割。小丽拿出了当初二人去民政局登记的结婚证，证明其配偶身份。小玲拿来了二人的结婚照，证明二人曾在老家举行过婚礼仪式，且有二人同居多年的生活照证明。到底哪位“妻子”和胡先生的婚姻关系受法律保护呢？

案件分析

本案的争议焦点在于同居关系是否受法律保护。同居关系不具有婚姻的效力，不受法律保护，同居关系的双方不具有夫妻间的权利义务关系，不能以夫妻名义向对方主张财产分配权、扶养权和继承权。根据民法典的规定，完成结婚登记，即确立婚姻关系。未办理结婚登记的，应当补办登记。据此可知，在我国，婚姻关系的成立与否取决于是否登记。

本案中，小丽拿出了结婚证，能够证明其与胡先生存在合法的婚姻关系；而小玲虽然拿出结婚照，也在老家举行过婚礼仪式，但因未进行婚姻登记而不存在婚姻关系。事实上，小玲和胡先生属于同居关系，不受法律保护。所以，小丽作为胡先生的配偶依法享有继承权，胡先生的遗产应该由妻子小丽继承。

关联法条

《中华人民共和国民法典》

第一千零四十九条 要求结婚的男女双方应当亲自到婚姻登记机关申请结婚登记。符合本法规定的，予以登记，发给结婚证。完成结婚登记，即确立婚姻关系。未办理结婚登记的，应当补办登记。

法条释义

以上条文是民法典对结婚登记的规定。

我国结婚实行登记制，即结婚必须履行的法定程序是结婚登记。男女在登记结婚并取得结婚证后，无论是否同居生活，无论是否举行结婚仪式，都具有法律上的夫妻身份关系，其婚姻受到国家的承认和法律的保护。如一方或双方反悔，须按照离婚程序解除婚姻关系。反之，如果男女双方仅举行结婚仪式或同居生活，但没有办理结婚登记的，其婚姻不具有法律效力。

53. 婚后投资取得的收益，属于夫妻共同财产吗？

生活小案例

小孙和小赵依法登记结婚，婚后小孙喜欢上了研究古董。起初夫妻二人感情很好，可日子久了，因小孙经常用家庭积蓄投资古董，且无暇照顾家事，二人发生激烈争执，小赵决定离婚。小赵向法院提出离婚，在法院作出离婚判决之前，小孙低价买入的一只清代瓷瓶在拍卖会上以150万元人民币的价格成交。那么，这笔收益该如何处理？

案件分析

本案的争议焦点在于婚后投资取得的收益是否属于夫妻共同财产。根据民法典的规定，夫妻在婚姻关系存续期间所得的投资收益属于夫妻共同所有。

本案中，小孙的这只清代瓷瓶拍卖后的价款属于小孙的投资收益，又因所获150万元收益的成交时间点在法院未作出准予离婚判决之前，正是小孙和小赵的婚姻存续期间。因此，这笔收益属于小孙和小赵的夫妻共同财产，所增值的收益部分也属于夫妻共同财产。

关联法条

《中华人民共和国民法典》

第一千零六十二条 夫妻在婚姻关系存续期间所得的下列财产，为夫妻的共同财产，归夫妻共同所有：

（一）工资、奖金、劳务报酬；

（二）生产、经营、投资的收益；

（三）知识产权的收益；

（四）继承或者受赠的财产，但是本法第一千零六十三条第三项规定的除外；

（五）其他应当归共同所有的财产。

夫妻对共同财产，有平等的处理权。

第一千零六十三条 下列财产为夫妻一方的个人财产：

（一）一方的婚前财产；

（二）一方因受到人身损害获得的赔偿或者补偿；

（三）遗嘱或者赠与合同中确定只归一方的财产；

（四）一方专用的生活用品；

（五）其他应当归一方的财产。

第一千零六十五条 男女双方可以约定婚姻关系存续期间所得的财产以及婚前财产归各自所有、共同所有或者部分各自所有、部分共同所有。约定应当采用书面形式。没有约定或者约定不明确的，适用本法第一千零六十二条、第一千零六十三条的规定。

夫妻对婚姻关系存续期间所得的财产以及婚前财产的约定，对双方具有法律约束力。

夫妻对婚姻关系存续期间所得的财产约定归各自所有，夫或者妻一方对外所负的债务，相对人知道该约定的，以夫或者妻一方的个人财产清偿。

法条释义

以上条文是民法典关于夫妻财产制度的规定。

根据民法典的规定，我国夫妻财产制有两种：

（1）夫妻法定财产制。夫妻法定财产制，是指依照法律的直接规定适用夫妻财产关系的夫妻财产制度，适用于夫妻之间没有对财产制进行约定或者约定无效的情形。夫妻法定财产制主要分为两种：①是夫妻共同财产制；②是夫妻个人所有财产制。

（2）夫妻约定财产制。夫妻约定财产制，是指夫妻以契约形式决定婚姻关系存续期间所得财产所有关系的夫妻财产制度。夫妻财产可以约定的内容：婚姻存续期间内所得财产以及婚前财产归各自所有、共同所有或者部分各自所有、部分共同所有；如果没有约定或者约定内容不明确的，可以参照夫妻共同财产的范围和夫妻个人所有财产范围来处理。夫妻财产约定应当采用书面形式。

夫妻财产约定的效力：对双方具有法律约束力；如果夫妻对婚姻关系存续期间所得的财产约定归各自

所有的，一方对外所负的债务，相对人知道该约定的，以夫或者妻一方的个人财产清偿。

从民法典的规定来看，我国采用的是夫妻法定财产制和夫妻约定财产制并行的办法，并遵循“有约定按约定，无约定按法定”的原则。

54. 婚后一方举债超出家庭生活支出，属于夫妻共同债务吗？

生活小案例

小刘为帮朋友解决大额资金周转的问题，向小李以个人名义借款150万元。因朋友破产以及二人关系决裂，导致借款到期后小刘未还款。多次催促无果后，小李找到了小刘的妻子小张索要。小张声称自己对小刘借款之事毫不知情，不愿承担还款之责。小刘向小李借款的150万元是小张与小刘的夫妻共同债务吗？

案件分析

本案的争议焦点在于小刘向小李所借的 150 万元是否属于夫妻共同债务。根据民法典的规定，对于夫妻一方在婚姻关系存续期间以个人名义超出家庭日常生活需要所负的债务，不属于夫妻共同债务。本案中，小刘的债务本金为 150 万元，超出了日常生活开支的范围。小李作为债权人未能证明 150 万元的债务用于小刘、小张的共同生活开销，事后小张也没有追认这笔债务。因此，该债务不属于夫妻共同债务，小张无须承担偿还责任。

关联法条

《中华人民共和国民法典》

第一千零六十四条 夫妻双方共同签名或者夫妻一方事后追认等共同意思表示所负的债务，以及夫妻一方在婚姻关系存续期间以个人名义为家庭日常生活需要所负的债务，属于夫妻共同债务。

夫妻一方在婚姻关系存续期间以个人名义超出家庭日常生活需要所负的债务，不属于夫妻共同债务；但是，债权人能够证明该债务用于夫妻共同生活、共同生产经营或者基于夫妻双方共同意思表示的除外。

法条释义

本条是民法典对夫妻共同债务的规定。

夫妻共同债务，是指为满足夫妻共同生活需要所负的债务。认定夫妻共同债务的具体标准是：（1）夫妻双方共同确认或者夫妻一方确认，另一方事后追认等通过共同意思表示所负的债务。夫妻双方可以约定债务是双方债务或者是个人债务。如果举债时，没有夫妻共同约定，而举债之后配偶追认的，视为夫妻共同债务。（2）夫妻一方在婚姻关系存续期间以个人名义为家庭日常生活需要所负债务。如采买生活用品、医药费支出等，亦为夫妻共同债务。

夫妻一方在婚姻关系存续期间以个人名义超出家庭日常生活需要所负的债务，不属于夫妻共同债务。以下债务为夫妻一方的个人债务：（1）双方约定由个人负担的债务，但以逃避债务为目的的除外；（2）一方未经对方同意，擅自资助与其没有扶养义务的亲朋所负的债务；（3）一方未经对方同意，独自筹资从事经营活动，其收入未用于共同生活所负的债务；（4）一方在婚前所负的债务；（5）一方为满足私欲而挥霍所欠的债务；（6）夫妻分居期间所负的债务；（7）其他应由个人承担的债务。

55. 夫妻双方如何申请协议离婚？

生活小案例

小杨和小芳在朋友聚会上相识，甜蜜地交往一年后去民政局办理了结婚登记。婚后小芳发现丈夫小杨对她的照顾不如以前殷勤了，有些心灰意冷，想要和小杨协议离婚。小杨得知小芳的想法后，也得小芳平日的“公主病”太多，不想继续迁就，也同意协议离婚。两人应当如何申请协议离婚？

案件分析

本案涉及协议离婚的程序内容。根据民法典的规定，小杨和小芳若想协议离婚，双方应持各自身份证、户口本、结婚证、离婚协议书等材料亲自到婚姻登记机关提交申请，婚姻登记机关查明双方确实是自愿离婚，并已经对子女抚养、财产以及债务处理等事项协商一致的，予以登记，发给离婚证，婚姻关系即解除。

关联法条

《中华人民共和国民法典》

第一千零七十六条 夫妻双方自愿离婚的，应当签订书面离婚协议，并亲自到婚姻登记机关申请离婚登记。

离婚协议应当载明双方自愿离婚的意思表示和对子女抚养、财产以及债务处理等事项协商一致的意见。

第一千零七十八条 婚姻登记机关查明双方确实是自愿离婚，并已经对子女抚养、财产以及债务处理等事项协商一致的，予以登记，发给离婚证。

第一千零八十条 完成离婚登记，或者离婚判决书、调解书生效，即解除婚姻关系。

法条释义

以上条文是民法典对离婚方式、登记离婚程序和离婚判决标准的规定。根据民法典的规定，离婚方式有两种：

（1）协议离婚。协议离婚是双方自愿离婚，是指婚姻关系因双方当事人的合意而解除的离婚方式。协议离婚的程序：①申请。当事人申请自愿离婚的，必须双方亲自到一方户口所在地的婚姻登记机关申请离婚登记。②审查。婚姻登记机关应当对当事人出具的有关材料进行严格审查。③登记。婚姻登记机关经过审查后，确定当事人确属自愿离婚，并且已经对子女抚养、财产、债务等问题达成一致处理意见的，经过冷静期后，当事人申请离婚登记的，应当予以离婚登记，发离婚证，正式解除双方当事人之间的婚姻关系。

（2）诉讼离婚。诉讼离婚是夫妻双方就是否离婚或者财产的分割、债务的分担、子女的抚养等问题无法达成一致的意见，而向人民法院起诉，人民法院经过审理后，通过调解或判决解除婚姻关系的一种离婚制度。诉讼离婚是解除夫妻关系最常见的手段。为维护婚姻的稳定，人民法院审理离婚案件，应当先进行调解；如果感情确已破裂，调解无效的，应当准予离婚。需要注意的是，在原婚姻法的基础上，民法典新增一类应予离婚的情形，即“经人民法院判决不准离婚后，双方又分居满一年，一方再次提起离婚诉讼的，应当准予离婚”。

56. 不离婚可以请求分割夫妻共同财产吗？

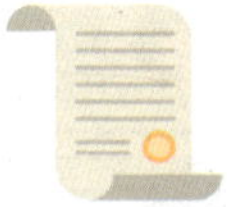
生活小案例

丈夫用夫妻共有的50万元存款购买了理财产品，因理财产品可以提前取现，妻子总担心丈夫偷偷花掉。后来妻子发现丈夫在外面赌博输掉11万元，还购买了一辆价值15万元的汽车赠与他人。妻子表示夫妻感情已破裂，因此，委托律师对丈夫提起离婚诉讼并要求分割夫妻共同财产。而丈夫在诉讼中答辩称感情未破裂，仍有和好可能，不同意离婚。法院也判决不准予离婚，妻子心急如焚，这种情况能否请求分割财产？

案件分析

本案的争议焦点在于婚姻关系存续期间能否请求分割夫妻共同财产。根据民法典的规定，在婚姻关系存续期间，夫妻共同财产一般不能分割；但在一方当事人故意毁损夫妻共同财产，导致另一方合法财产受损的情况下，允许婚内分割夫妻共同财产。

本案中，丈夫不同意离婚，法院也因为夫妻仍有和好可能，判决不准予离婚。但是，丈夫“赌博输掉 11 万元，购买了一辆价值 15 万元的汽车赠与他人”等行为却严重损害了夫妻共同财产利益。所以，妻子可以依法向人民法院请求分割夫妻共同财产，以维护自己的合法权益。

关联法条

《中华人民共和国民法典》

第一千零六十六条 婚姻关系存续期间，有下列情形之一的，夫妻一方可以向人民法院请求分割共同财产：

（一）一方有隐藏、转移、变卖、毁损、挥霍夫妻共同财产或者伪造夫妻共同债务等严重损害夫妻共同财产利益的行为；

（二）一方负有法定扶养义务的人患重大疾病需要医治，另一方不同意支付相关医疗费用。

法条释义

本条是民法典对婚姻关系存续期间分割夫妻共同财产的规定。

为了维护婚姻关系的稳定性，在婚姻关系存续期间，原则上是不允许分割夫妻共同财产的。但考虑到特殊情形，为保护婚姻当事人的合法权益，法律允许在婚内分割夫妻共同财产。根据民法典的规定，在婚姻关系存续期间，有下列情形之一的，夫妻一方可以向人民法院请求分割共同财产：（1）一方有隐藏、转移、变卖、毁损、挥霍夫妻共同财产或者伪造夫妻共同债务等严重损害夫妻共同财产利益的行为。隐藏，是指采用欺骗的手段将夫妻共同财产隐匿致变成一方财产。转移，是指将夫妻共同财产移至别处。变卖，是指将共同财产出卖后，变成一方财产。毁损，是指故意破坏夫妻共同财产。挥霍，是指恶意消耗夫妻共同财产。（2）一方负有法定扶养义务的人患重大疾病需要医治，另一方不同意支付相关医疗费用。这是对夫妻间扶养义务的阻碍。这种情况下，法院应当准许分割夫妻共同财产。

57. 什么是离婚冷静期？离婚冷静期过后怎么办？

生活小案例

小刚和小柔因有共同爱好而结识，两人迅速坠入爱河，并决定在相识的第21天“闪婚”。婚后两人产生矛盾，都有离婚的准备。此时离婚冷静期已经施行，二人该如何协议离婚？离婚冷静期过后该怎么办？

案件分析

本案的争议焦点在于当事人登记离婚冷静期的规定。本案中，小刚和小柔自愿离婚，可以到婚姻登记机关申请离婚。符合离婚条件的，暂时不发离婚证，而是要度过 30 日的离婚冷静期。自登记机关收到离婚登记申请之日起 30 日内，任何一方后悔离婚的，都可以撤回离婚登记申请。离婚冷静期届满后 30 日内，双方依然决定离婚的，应当亲自到婚姻登记机关申请发给离婚证；发给离婚证时婚姻关系解除。

关联法条

《中华人民共和国民法典》

第一千零七十七条 自婚姻登记机关收到离婚登记申请之日起三十日内，任何一方不愿意离婚的，可以向婚姻登记机关撤回离婚登记申请。

前款规定期限届满后三十日内，双方应当亲自到婚姻登记机关申请发给离婚证；未申请的，视为撤回离婚登记申请。

第一千零七十八条 婚姻登记机关查明双方确实是自愿离婚，并已经对子女抚养、财产以及债务处理等事项协商一致的，予以登记，发给离婚证。

法条释义

以上条文是民法典对离婚冷静期的规定。

离婚冷静期又称离婚反省期，是指夫妻离婚时，法律强制规定双方暂时分开考虑清楚后再决定是否离婚。设置离婚冷静期的目的是让当事人不要作出冲动、草率的离婚决定，旨在抑制社会逐年上涨的高离婚率，构建和谐社会、和谐家庭。

根据民法典的规定，离婚冷静期的适用，应遵守下列规则：（1）仅适用于协议离婚。双方自愿离婚的，应到婚姻登记机关申请离婚，符合离婚条件的，婚姻登记机关暂时不发给离婚证，不马上解除婚姻关系。（2）离婚冷静期的期限是30日。自婚姻登记机关收到离婚登记申请之日起30日内，任何一方不愿意离婚的，都可以向婚姻登记机关撤回离婚登记申请。（3）冷静期届满后30日内，双方应当亲自到婚姻登记机关申请发给离婚证，婚姻登记机关应当发给离婚证，即解除婚姻关系。（4）冷静期届满后30日内，当事人未到婚姻登记机构申请发给离婚证的，视为撤回离婚登记申请，不发生离婚的后果。需要注意的是，冷静期内夫妻关系没有解除，所以夫妻之间的权利义务关系并没有发生改变。

58. 离婚后，哺乳期的子女应由谁来抚养？

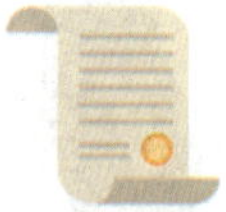

生活小案例

张某和王某因一场宴会结识，不久两人坠入爱河，并决定“闪婚”。婚后丈夫王某在家里是“巨婴”模式的存在，经常沉迷游戏无法自拔。妻子张某自从生下宝宝后，更是一个人应对所有家务，感觉身心疲惫。于是在宝宝第20个月的时候，张某和王某准备离婚。但两人都想要宝宝的抚养权，20个月的宝宝应由谁来抚养？

案件分析

本案的争议焦点在于离婚后子女抚养权的归属。根据民法典的规定，不满两周岁的子女，以随哺乳的母亲抚养为原则。本案中，张某和王某离婚虽不能消除父母子女之间的关系，但抚养方式发生了变化。因考虑到不满两岁的子女哺乳的问题，应以母亲直接抚养为原则。因他们的孩子为20个月，不满两周岁，所以应由母亲张某抚养，父亲王某应当负担部分或者全部抚养费。

关联法条

《中华人民共和国民法典》

第一千零八十四条 父母与子女间的关系，不因父母离婚而消除。离婚后，子女无论由父或者母直接抚养，仍是父母双方的子女。

离婚后，父母对于子女仍有抚养、教育、保护的权利和义务。

离婚后，不满两周岁的子女，以由母亲直接抚养为原则。已满两周岁的子女，父母双方对抚养问题协议不成的，由人民法院根据双方的具体情况，按照最有利于未成年子女的原则判决。子女已满八周岁的，应当尊重其真实意愿。

第一千零八十五条 离婚后，子女由一方直接抚养的，另一方应当负担部分或者全部抚养费。负担费用的多少和期限的长短，由双方协议；协议不成的，由人民法院判决。

前款规定的协议或者判决，不妨碍子女在必要时向父母任何一方提出超过协议或者判决原定数额的合理要求。

法条释义

以上条文是民法典对离婚后子女抚养、未成年子女抚养费的规定。

离婚后子女抚养的规则是：（1）不满两周岁的子女，考虑到哺乳期一般为两年，以母亲哺乳抚养为原则。（2）两周岁以上的未成年子女的抚养和优先抚养条件：在保障子女合法权益的前提下，结合父母双方的抚养能力和抚养条件等具体情况，法院以有利于子女身心健康为前提，处理离婚后子女抚养归属的问题。

离婚后，父母对子女都有抚养的义务。子女由一方直接抚养的，另一方应当负担部分或者全部抚养费。给付子女抚养费有三种方式：（1）定期给付和一次性给付；（2）以物折抵；（3）协议免除。

59. 婚内丈夫出轨，妻子可以多分割财产吗？

生活小案例

王某和张某结婚六年，育有两个儿子。王某在婚姻存续期间与其他女人有同居关系，张某知悉此事后对王某进行多次劝阻均无果，遂向法院提起离婚诉讼。双方婚内共同财产有房屋一套、小轿车一辆。因王某婚内存在过错，张某想离婚时多分财产，有法律依据吗？

案件分析

本案的争议焦点在于无过错方是否有权请求损害赔偿。根据民法典的规定，夫或妻一方因婚内与他人同居的过错情形导致离婚的，无过错方可以向过错方请求离婚损害赔偿。

本案中，王某的行为符合离婚损害赔偿责任的构成要件：第一，王某与张某尚未离婚，就与婚外第三人有同居关系；第二，王某的这种行为侵害了张某的配偶权，导致离婚。因此，过错方王某成为承担损害赔偿的主体，张某有权利请求离婚损害赔偿，多分割婚内财产。

关联法条

《中华人民共和国民法典》

第一千零九十一条 有下列情形之一，导致离婚的，无过错方有权请求损害赔偿：

（一）重婚；

（二）与他人同居；

（三）实施家庭暴力；

（四）虐待、遗弃家庭成员；

（五）有其他重大过错。

法条释义

本条是民法典对离婚过错损害赔偿的规定。

离婚过错损害赔偿，是指配偶一方因过错实施法律规定的违法行为，导致婚姻关系破裂，离婚时由过错方向无过错方承担侵权损害赔偿责任。离婚损害赔偿的要件包括以下四个方面：

（1）行为人有过错，所谓“过错”是导致离婚的过错行为；

（2）有损害事实。即基于过错行为给配偶方造成了损害；

（3）过错行为与损害事实之间有因果关系，即过错行为导致了损害事实的发生；

（4）离婚损害赔偿请求权人为五过错方。

60. 离婚时，能否请求家务劳动补偿？

生活小案例

小慧为了让自己的丈夫小潘在工作中心无旁骛，甘愿辞职在家育儿和照顾老人。随着事业的不断攀升，小潘也越来越嫌弃家中的“黄脸婆”。小潘决定离婚的消息让小慧伤心不已，有什么办法可以补偿小慧这些年操持家务的付出呢？

案件分析

本案的争议焦点在于离婚时的家务补偿问题。根据民法典的规定，夫妻一方因抚育子女、照料老人、协助另一方工作等负担较多义务的，离婚时有权向另一方请求补偿，另一方应当给予补偿。本案中，小慧为了照顾家庭，放弃了自己的事业，对家庭的投入和付出都很大，停工多年再复工的压力和困难也比较多。离婚时，如果对补偿有协议约定的，可以参照协议分割。如果没有协议，法院会对家庭付出较多义务的一方予以照顾。因此，小慧可以请求小潘对自己进行经济补偿。

关联法条

《中华人民共和国民法典》

第一千零八十八条 夫妻一方因抚育子女、照料老年人、协助另一方工作等负担较多义务的，离婚时有权向另一方请求补偿，另一方应当给予补偿。具体办法由双方协议；协议不成的，由人民法院判决。

法条释义

本条是民法典对离婚时家务补偿的规定。

家务补偿是指在婚姻关系存续期间，一方在家务方面付出较多义务的，在离婚时有权请求另一方给予一定经济补偿的制度。家务劳动补偿是离婚制度中一项独立的制度，其性质既不同于离婚时共同财产的分割，也不同于离婚时的损害赔偿，是否行使补偿请求权，由请求权人自行决定。

这项制度的设立对于提升家务劳动的社会价值，保护对家庭贡献较多一方的合法权益，具有重要意义。

61. 三十五岁的单身男性可以收养未成年的女童吗？

生活小案例

王先生 35 周岁，事业有成，并无结婚打算。由于经常和本市福利院有工作接触，自己又非常喜欢小孩子，现在想收养一名 3 周岁的孤儿女童。王先生符合收养条件吗？

案件分析

本案的争议焦点在于王先生是否具备收养人的资格。本案中，35周岁的未婚青年王先生虽然事业有成，也非常喜欢小孩子，但是，根据民法典的规定，无配偶者收养异性子女的，收养人与被收养人的年龄应当相差40周岁以上。所以，现阶段的王先生不符合收养女童的年龄条件，不能收养该女童。

关联法条

《中华人民共和国民法典》

第一千零九十八条 收养人应当同时具备下列条件：

（一）无子女或者只有一名子女；

（二）有抚养、教育和保护被收养人的能力；

（三）未患有在医学上认为不应当收养子女的疾病；

（四）无不利于被收养人健康成长的违法犯罪记录；

（五）年满三十周岁。

第一千零九十九条 收养三代以内旁系同辈血亲的子女，可以不受本法第一千零九十三条第三项、第一千零九十四条第三项和第一千一百零二条规定的限制。

华侨收养三代以内旁系同辈血亲的子女，还可以不受本法第一千零九十八条第一项规定的限制。

第一千一百条 无子女的收养人可以收养两名子女；有子女的收养人只能收养一名子女。

收养孤儿、残疾未成年人或者儿童福利机构抚养的查找不到生父母的未成年人，可以不受前款和本法第一千零九十八条第一项规定的限制。

第一千一百零一条 有配偶者收养子女，应当夫妻共同收养。

第一千一百零二条 无配偶者收养异性子女的，收养人与被收养人的年龄应当相差四十周岁以上。

法条释义

以上条文是民法典对收养人资格的相关法律规定。

根据民法典的规定，下列未成年人可以成为被收养人，被他人依法收养：

（1）丧失父母的孤儿。此处是指失去父母的未满十八周岁的未成年人，由地方县级以上民政部门依据有关规定和条件认定。

（2）查找不到生父母的未成年人。

（3）生父母有特殊困难无力抚养的子女。如父母患有重大疾病、没有经济能力抚养子女等情况，可以将子女送养。

收养人需要具备一定的条件才可以收养被收养人。根据民法典的规定，通常情况下，收养人应同时具备下列条件：

（1）无子女或者只有一名子女。

（2）有抚养、教育和保护被收养人的能力。要从经济状况、品德思想、教育背景等多方面因素考虑收养人的能力。

（3）未患有在医学上认为不应当收养子女的疾病。收养人不能患有危害被收养人健康的传染性疾病或者精神性疾病。

（4）无不利于被收养人健康成长的违法犯罪

记录。

（5）年满30周岁。收养人须满30周岁，是对有配偶者双方和无配偶者的共同要求。

收养人除需具备上述条件外，法律有特殊规定的，应当依照特别规定。例如，无配偶者收养异性子女的，收养人与被收养人的年龄应当相差40周岁以上；华侨收养三代以内旁系同辈血亲的子女，不受“无子女或者只有一名子女”的限制。

62．怀疑孩子不是亲生的，该怎么办？

生活小案例

小东和小楠恋爱同居，后因小楠怀孕，两人在老家结婚，不久后小楠生了个漂亮的女儿。小东发现女儿头发是黄色的，而小东和小楠的头发均是黑色的，小东总觉得除了头发，女儿与自己长得也不像，便认定女儿不是自己亲生，天天嚷着要去做亲子鉴定。小东的困扰，该怎么解决？

案件分析

本案的争议焦点在于小东是否有确认亲子关系的权利。根据民法典的规定，对亲子关系有异议且有正当理由的，父母任意一方均可以向人民法院提起诉讼，请求确认或者否认亲子关系。本案中，小东否认女儿是自己亲生的行为，属于否认亲子关系。小东和小楠在婚姻存续期间生育的女儿推定为夫妻的婚生子女，如果小东有异议，应该先做亲自鉴定来证明女儿是不是自己亲生，如果鉴定证明女儿不是自己亲生，可以通过诉讼请求法院否认父女关系。如果法院判决小东与女儿之间不存在父女关系，小东可以拒绝养育女儿。

关联法条

《中华人民共和国民法典》

第一千零七十三条 对亲子关系有异议且有正当理由的，父或者母可以向人民法院提起诉讼，请求确认或者否认亲子关系。

对亲子关系有异议且有正当理由的，成年子女可以向人民法院提起诉讼，请求确认亲子关系。

法条释义

本条是民法典对亲子关系确认的法律规定。

亲子关系，是指父母与子女间的权利义务关系。对亲子关系的异议分为两种情况：（1）否认亲子关系，即对婚生子女的否认，是指当事人享有否认婚生子女为自己亲生子女的诉讼请求权。（2）确认亲子关系，即对非婚生子女的认领，例如生父对非婚生子女的承认，认领子女为自己子女的情况。

民法典对亲子关系一般通过司法判决的效力进行

确定，除上述法律规定之外，对于亲子关系的认定还设置了一个“准入门槛”，就是要“有正当理由”。只有获得亲子关系鉴定证明，孩子母亲自认的书面证明、录音、录像等，才可以启动对亲子关系的确认之诉。

继承编：
遗产遗赠应如何分配

63. 保险金能继承吗？

生活小案例

司机孙某（未婚）经常以自家车帮人送货。某日，孙某在运送货物时因操作不当，在铁路道口与火车相撞，当场死亡，并负事故全部责任。事后发现，孙某生前在保险公司除投保了车损险外，还投保了人身意外伤害险，并指定其母亲为受益人。因孙某死亡而产生的两份保险金，孙某的母亲是否都能继承？

案件分析

本案主要涉及保险金是否属于遗产的问题。根据民法典的规定，遗产是指自然人死亡时遗留的个人合法财产。所以，孙某的母亲作为法定继承人只能继承孙某死亡时遗留的个人合法财产。

本案中，保险金是否属于遗产，应区分情况进行认定：（1）孙某投保的车损险，系财产保险。根据相关司法解释的规定，财产保险金属于被保险人的遗产，可以依法继承。因此，在孙某没有订立遗嘱的情形下，孙某的母亲可以以第一顺位继承人的身份进行继承。但同时，孙某的母亲在继承遗产的范围内，也要清偿孙某生前所欠的债务。（2）孙某投保了人身意外伤害险，并指定了受益人，属于人身险。根据相关法律和司法解释的规定，指定了受益人的人身保险金应付给受益人，不属于遗产。因此，孙某的母亲可以受益人胡身份，而不是以继承人的身份获得该保险金。因该保险金不属于遗产，孙某的母亲也不需要以该保险金偿还孙某生前所欠的债务。

关联法条

《中华人民共和国民法典》

第一千一百二十二条 遗产是自然人死亡时遗留的个人合法财产。

依照法律规定或者根据其性质不得继承的遗产，不得继承。

《中华人民共和国保险法》

第四十二条 被保险人死亡后，有下列情形之一的，保险金作为被保险人的遗产，由保险人依照《中华人民共和国继承法》[①]的规定履行给付保险金的义务：

① 随着民法典的颁布实施，相关规定见民法典“继承编”。——编者注

（一）没有指定受益人，或者受益人指定不明无法确定的；

（二）受益人先于被保险人死亡，没有其他受益人的；

（三）受益人依法丧失受益权或者放弃受益权，没有其他受益人的。

受益人与被保险人在同一事件中死亡，且不能确定死亡先后顺序的，推定受益人死亡在先。

法条释义

以上是关于遗产的范围的规定。

需要注意的是，保险金是否属于遗产？对此，依据相关法律和司法解释的规定，保险金是否属于遗产取决于保险的类型以及被保险人是否指定了受益人：

（1）财产险的保险金可以作为遗产进行继承。因为财产险不存在指定受益人的问题，所以财产险的保险金属于被保险人财产可以进行继承。（2）人身险的保险金如何处理则取决于是否指定受益人。如果指定了受益人，当保险事故发生后，就直接赔付给受益人，不属于被保险人的财产，自然就不存在是否继承的问题。若未指定受益人，当被保险人死亡后，其人身保险金应作为遗产处理，可以用来清偿债务或者赔偿。

64. 哪些人享有继承权？

生活小案例

李乙（男）是李甲的次子、赵某（女）的丈夫，某日在煤矿上班时不幸死亡。后经查实，李乙与赵某婚后生育一女李丙。赵某之前与前夫张甲生育一子张乙。赵某与李乙结婚后，张乙没有与其共同生活，一直随其祖父生活。本案中，谁有权继承李乙的遗产？

案件分析

本案主要涉及法定继承人的范围问题。由于本案死者李乙未设立遗嘱，所以适用法定继承。依据民法典的规定，配偶、子女（包括有扶养关系的继子女）、父母属于法定的第一顺序继承人。继承开始后，由第一顺序继承人继承。因此，本案中，妻子赵某、女儿李丙、父亲李甲均是第一顺序继承人，享有继承权；而张乙并没有继承权，因为张乙与李乙虽然为继父子关系，但是却没有共同生活，没有形成扶养关系，故张乙不是李乙的法定继承人，不能继承其遗产。

综上所述，李乙的遗产，应当由妻子赵某、女儿李丙、父亲李甲三人依法继承。

关联法条

《中华人民共和国民法典》

第一千一百二十七条 遗产按照下列顺序继承：

（一）第一顺序：配偶、子女、父母；

（二）第二顺序：兄弟姐妹、祖父母、外祖父母。

继承开始后，由第一顺序继承人继承，第二顺序继承人不继承；没有第一顺序继承人继承的，由第二顺序继承人继承。

本编所称子女，包括婚生子女、非婚生子女、养子女和有扶养关系的继子女。

本编所称父母，包括生父母、养父母和有扶养关系的继父母。

本编所称兄弟姐妹，包括同父母的兄弟姐妹、同父异母或者同母异父的兄弟姐妹、养兄弟姐妹、有扶养关系的继兄弟姐妹。

第一千一百二十九条 丧偶儿媳对公婆，丧偶女婿对岳父母，尽了主要赡养义务的，作为第一顺序继承人。

法条释义

以上条文是民法典关于法定继承人的范围及继承顺序的规定。

继承权，是指公民依照法律的规定或者被继承人生前立下的合法有效的遗嘱承受被继承人遗产的权利。依据民法典的规定，男女都享有平等的继承权。继承权平等表现在：女儿与儿子继承权平等；非婚生子女与婚生子女继承权平等；养子女与亲生子女继承权平等；儿媳与女婿继承权平等；同一顺位继承人继承权平等。

法定继承，是指在没有遗嘱的情况下，由法律直接规定继承人范围、继承顺序、遗产分配原则的一种继承方式。对于法定继承，需要注意以下两个问题：（1）关于法定继承人范围的规定具有法定性与强行性。只有法律确定的主体才具有法定继承权，其他人可能继承遗产，但并不是基于法定继承人的身份。依据民法典的规定，法定继承人包括：第一顺序继承人：配偶、子女、父母、尽了主要赡养义务的丧偶儿媳和丧偶女婿；第二顺序继承人：兄弟姐妹、祖父母、外祖父母。（2）法定继承具有顺位性。法定继承人继承遗产时，按照以下顺位进行：有第一顺位继承人的，由第一顺位继承人继承遗产，第二顺位继承人没有继承权；没有第一顺位继承人时才由第二顺位继承人继承。

65. 胁迫被继承人修改遗嘱，修改后的遗嘱有效吗？

生活小案例

王某（女）中年丧偶，育有两子李某文与李某武。王某老年患有脑血栓，行动不便，一直由儿子李某武照顾，李某文从母亲患病一直未行照顾之责。某日，王某立下自书遗嘱将所有财产均交付给儿子李某武。李某文得知母亲已经立下遗嘱且未给自己留有财产后，多次找到母亲说：“我活不了，你们谁也别想好好活，我就看他有没有这个命来继承你的财产。”多次如此后，王某心生惧意，遂变更遗嘱：将两套房屋归李某武，存款和车子归李某文。几日之后，王某心力交瘁之下，病情恶化，撒手人寰。李某文能要求按照修改后的遗嘱继承王某的遗产吗？

案件分析

本案主要涉及遗嘱无效的情况。本案中，被继承人王某生前设立了遗嘱，所以其遗产应当按照遗嘱继承。虽然王某后来修改了遗嘱，但是第二份遗嘱是王某在受到李某文胁迫后不得已做的变更，违背其真实意思。根据民法典规定，遗嘱人受到欺诈、胁迫而订立的遗嘱是无效遗嘱。所以，第二份遗嘱对第一份遗嘱的变更是无效的。同时，王某立下的第一份遗嘱并不存在无效的情形。因此，王某的遗产应该依据第一份遗嘱，由李某武继承。

关联法条

《中华人民共和国民法典》

第一千一百四十三条 无民事行为能力人或者限制民事行为能力人所立的遗嘱无效。

遗嘱必须表示遗嘱人的真实意思，受欺诈、胁迫所立的遗嘱无效。

伪造的遗嘱无效。

遗嘱被篡改的，篡改的内容无效。

法条释义

本条是民法典关于遗嘱无效的规定。

遗嘱无效，是指遗嘱因不符合法律的规定而不能发生法律效力。遗嘱无效的后果是不能依照无效遗嘱处分遗产。依据相关法律和司法解释的规定，有下列情形之一的，遗嘱无效或部分无效：（1）无民事行为能力人或者限制民事行为能力人所设立的遗嘱；（2）受胁迫、受欺诈所设立的遗嘱；（3）伪造的遗嘱；（4）遗嘱被篡改的，篡改的内容无效，但是不影响未被篡改部分的法律效力；（5）遗嘱中处分了不属于遗嘱人自己财产的部分无效，但是遗嘱人死亡前取得该财产权利的视为有效；（6）代理订立的遗嘱；（7）遗嘱非法处分应该给缺乏劳动能力又无生活来源的继承人留有的份额，该部分遗嘱内容无效。

66. 口头放弃继承遗产有效吗？

生活小案例

元某育有三子一女，均对元某孝顺有加。长子常年做生意，经营良好，把父亲元某接来共同居住。元某弥留之际将几个儿女和两位律师叫到病床前，嘱咐将其财产的三分之二留给生活相对困苦的小儿子，其余的未作任何处理。元某死后，长子口头声明自己那份遗产不要了，都留给其余的人均分。但是在遗产最后分割之前，长子与小儿子因为元某丧葬一事发生争执，长子遂决定要回自己应得的那份遗产，可以吗？

案件分析

本案主要涉及继承的放弃问题。根据民法典的规定，继承开始后，按照法定继承办理；有遗嘱的，按照遗嘱继承办理。本案中，被继承人元某在弥留之际订立遗嘱将其财产的三分之二留给小儿子，该遗嘱合法有效；对于遗嘱未处分的三分之一财产，应按照法定继承办理，即由元某的三子一女共同继承。然而，在遗产处理前，长子口头放弃了继承。对于该行为，根据民法典的规定，该放弃继承的行为是无效的，因为放弃继承的意思表示要在遗产处理前以书面形式作出。因此，长子有权反悔并按照法律规定继承遗产。

关联法条

《中华人民共和国民法典》

第一千一百二十四条 继承开始后，继承人放弃继承的，应当在遗产处理前，以书面形式作出放弃继承的表示；没有表示的，视为接受继承。

受遗赠人应当在知道受遗赠后六十日内，作出接受或者放弃受遗赠的表示；到期没有表示的，视为放弃受遗赠。

法条释义

本条是民法典关于继承的接受和放弃的规定。

从民法典的规定可知，继承的接受和放弃应作出特定的意思表示：继承人放弃继承的，必须在遗产处理前以书面形式作出放弃继承的意思表示。放弃继承的意思表示，原则上由继承人本人作出，他人不得代理。

67. 为什么杀害配偶后还能分得对方遗产？

生活小案例

亢某（女）与李某（男）婚后育有一女。某晚，二人睡前因琐事争吵几句，半夜李某竟然将妻子残忍杀害。事后案发，公安机关经过立案侦查、多次司法鉴定，确定李某是精神病患者，因争吵导致犯病，才出现杀人行为，案发时李某是无行为能力人。随后，李某被送到市精神病院进行治疗。事后，亢某的父母要求继承女儿的遗产，同时认为李某杀害亢某应丧失继承权。李某继承权是否丧失？

案件分析

本案涉及继承权的丧失问题。依据民法典的规定，继承人故意杀害被继承人的，丧失继承权。本案中，继承人李某确实存在杀害被继承人亢某的行为，但是李某杀人时是无行为能力人，不能辨认和控制自己的行为，其行为不构成犯罪。因此，李某的行为不属于故意杀害被继承人，不应丧失继承权。所以，亢某的遗产应由其父母、女儿和配偶李某继承。但是，如果是完全民事行为能力人，作出故意杀害配偶的恶劣行为，不仅不能继承遗产，更会遭到法律严厉的制裁。

关联法条

《中华人民共和国民法典》

第一千一百二十五条 继承人有下列行为之一的，丧失继承权：

（一）故意杀害被继承人；

（二）为争夺遗产而杀害其他继承人；

（三）遗弃被继承人，或者虐待被继承人情节严重；

（四）伪造、篡改、隐匿或者销毁遗嘱，情节严重；

（五）以欺诈、胁迫手段迫使或者妨碍被继承人设立、变更或者撤回遗嘱，情节严重。

继承人有前款第三项至第五项行为，确有悔改表现，被继承人表示宽恕或者事后在遗嘱中将其列为继承人的，该继承人不丧失继承权。

受遗赠人有本条第一款规定行为的，丧失受遗赠权。

法条释义

本条是民法典关于继承权的丧失和恢复的规定。

继承权的丧失，是指继承人有法律禁止的一种或者多种行为时，丧失继承遗产的资格。依据民法典的规定，继承人有下列行为之一的，丧失继承权：

（1）故意杀害被继承人。需要满足以下条件：①实施杀害行为的人必须是继承人。继承人包括法定继承人和遗嘱继承人。②继承人实施了杀害被继承人的行为。至于杀害的目的，在所不问。③须存在杀害被继承人的故意。如果行为人在杀害被继承人时处于无意识状态，或者其他丧失自主意识的情况，则不影响继承权。继承人如果因正当防卫而杀害被继承人，一般也不会丧失继承权。

（2）为了争夺遗产杀害其他继承人。如果不是为了遗产而杀人，则不会导致继承权的丧失。

（3）伪造、篡改、隐匿或者销毁遗嘱，情节严重的。需要注意的是，继承人伪造、篡改、隐匿或者销毁被继承人的遗嘱，只有情节严重的，才会丧失继承权。

（4）遗弃被继承人，或者虐待被继承人情节严重的。需要注意的是，只要继承人遗弃被继承人的就会丧失继承权，而虐待被继承人须情节严重的，才丧失继承权。

（5）以欺诈、胁迫手段迫使或者妨碍被继承人设立、变更或者撤回遗嘱，情节严重的。

本条还规定了继承权的相对丧失。上文中除了故意杀害被继承人或者为了争夺遗产而杀害其他继承人以外，发生其他的情形，如果继承人确有悔改表现，被继承人表示宽恕或者事后在遗嘱中将其列为继承人的，该继承人还是可以继承被继承人遗产的。对继承人的“宽恕制度”保障了被继承人的遗嘱自由，尊重了被继承人的个人意愿，更加重视被继承人的意思自治。

68. 被继承人的侄子、侄女（外甥、外甥女）是否享有继承权？

生活小案例

于某（女）与李某（男）为夫妻关系。某晚，二人在驱车赶往超市的路上发生车祸死亡，经鉴定也无法得知谁先死亡。现查明，二人未生育子女，于某的父母均在世，而李某年幼时就父母双亡，只有一个哥哥李甲。但是李甲也于去年病重身亡，留有一子李乙。于某和李某的遗产应该如何分配？

案件分析

本案主要涉及被继承人的死亡推定和代位继承问题。根据民法典的规定，继承从被继承人死亡时开始；相互有继承关系的数人在同一事件中死亡，难以确定死亡时间，都有其他继承人并且辈份相同的，推定同时死亡，相互不发生继承。被继承人的兄弟姐妹先于被继承人死亡的，由被继承人的兄弟姐妹的子女代位继承。本案中，无法确定于某和李某的死亡先后顺序，二人辈份相同且均有继承人，应推定二人同时死亡，互不发生继承，遗产由各自的继承人继承。因此，于某的遗产应由其父母继承，而李某的遗产应由其已经死亡的哥哥李甲的儿子李乙代位继承。

关联法条

《中华人民共和国民法典》

第一千一百二十一条 继承从被继承人死亡时开始。

相互有继承关系的数人在同一事件中死亡，难以确定死亡时间的，推定没有其他继承人的人先死亡。都有其他继承人，辈份不同的，推定长辈先死亡；辈份相同的，推定同时死亡，相互不发生继承。

第一千一百二十八条 被继承人的子女先于被继承人死亡的，由被继承人的子女的直系晚辈血亲代位继承。

被继承人的兄弟姐妹先于被继承人死亡的，由被继承人的兄弟姐妹的子女代位继承。

代位继承人一般只能继承被代位继承人有权继承的遗产份额。

法条释义

以上条文是民法典关于继承开始的时间、死亡先后的推定和代位继承的规定。

根据民法典的规定，继承从被继承人死亡时开始。对于相互有继承关系的数人在同一事件中死亡，难以确定死亡时间的，应严格按照以下顺序推定其死亡：（1）没有其他继承人的人先死亡。所谓“没有其他顺序继承人的人”，是指除了在同一事件中死亡的相互有继承关系的人之外，此人不再有其他的继承人。（2）如果每个人都有其他继承人，则推定长辈先死亡。晚辈继承长辈的遗产，然后晚辈再死亡。（3）如果每个人都有其他继承人，且辈份相同（如夫妻），则推定同时死亡，彼此不能继承，由他们各自的继承人继承。

代位继承是指继承人先于被继承人死亡的，由继承人的直系晚辈血亲代替被继承人的继承人继承遗产的制度。能够代位继承的份额是被代位继承人有权分得的部分。根据民法典的规定，代位继承分为两种：（1）被继承人的子女的直系晚辈血亲代位继承。（2）旁系血亲的代位继承。即如果没有第一顺位继承人，第二顺位的继承人中的兄弟姐妹又先于被继承人死亡的，由被继承人的兄弟姐妹的子女代位继承。所以，代位继承人必须是被代位人的直系晚辈血亲。因此，这也意味着，被继承人的侄子、侄女（外甥、外甥女）在特定情况下也是享有继承权的。民法典的新规定，扩大了继承人的范围，有利于保护我国公民私人财产，同时也鼓励晚辈照顾旁系的老人，有助于社会的和谐稳定，弘扬良好的社会风尚。

69. 养老院能否取得老人的遗产？

生活小案例

老张是一名孤寡老人，中年丧妻，晚年丧子，以致最后膝下无儿无女，也没有可以托付晚年的亲戚朋友。随着身体机能的丧失，老张不得不考虑自己的身后事。在此情况下，老张决定入住养老院。经过考察，老张觉得养老院的负责人心地善良，随后便与该养老院签订协议，协议中约定：养老院负责照料老张的老年生活，而老张去世后则将其所有的财产留给养老院。养老院能否依法取得老人的遗产吗？

案件分析

本案涉及遗赠扶养协议的受赠人资格问题。根据民法典的规定，自然人可以与继承人以外的组织或者个人签订遗赠扶养协议。所以，养老机构也可以成为受遗赠的对象。本案中，老张与养老院基于合意签订合法的遗赠扶养协议。协议规定：养老院负责照料老张的老年生活，在老张去世后养老院取得老张的所有财产。所以，养老院有权接受老张的遗赠。

关联法条

《中华人民共和国民法典》

第一千一百五十八条 自然人可以与继承人以外的组织或者个人签订遗赠扶养协议。按照协议，该组织或者个人承担该自然人生养死葬的义务，享有受遗赠的权利。

法条释义

本条是民法典关于遗赠扶养协议的规定。

遗赠扶养协议，是指遗赠人和扶养人之间订立的，扶养人承担遗赠人生养死葬的义务，遗赠人的财产于其死后转归扶养人所有的协议。遗赠扶养协议是遗赠人生前与对方签订，只有在遗赠方和扶养方双方自愿协商一致的基础上才能成立。而扶养人只能等到遗赠人死亡后才能取得遗产，生前不得提出取得财产的要求。同时，我国相关法律要求，当事人应当向公证机关提交遗赠扶养协议。

民法典在原继承法的基础上扩大了扶养人的范围，明确自然人可以与继承人以外的组织或者个人签订遗赠扶养协议。这就意味着，享有受遗赠的权利、承担自然人生养死葬的义务的扶养人，不仅包括原本的集体所有制组织，也可以是其他符合民法典规定的相关组织，如法人、非法人组织等各种不同类型的养老机构也可以成为受遗赠的对象。

遗赠扶养协议一旦生效，双方均必须遵守，切实履行。任何一方都不能随意变更或解除。在遗赠扶养协议中，双方都存在相应的权利义务。遗赠人不得将协议中财产另行处分给他人，遗赠人无正当理由不遵守协议，如果导致双方协议被解除的，应补偿扶养人已经支付的供养费用。当然，如果双方合意或者扶养人丧失扶养能力，遗赠人可以要求终止遗赠扶养协议。

70. 如何订立遗嘱才有效？

生活小案例

张先生有三名子女，分别是张一、张二、张三。张先生重疾缠身后感觉时日无多，决意安排一下身后之事，遂找来两名好友，在两人的见证之下，以录像方式立下遗嘱。录像中，张先生表示在自己生病期间张一始终尽心照料，遂决定把自己的一套房产留给张一，存款 20 万元则留给张二和张三，同时两位见证人在录像中说明立遗嘱的日期和自己的身份信息，将录像交由其中一人保存。不久，张先生去世。在分割遗产时，张二和张三认为录像形式的遗嘱并非有效遗嘱，遗产应该按法定继承方式分割。他们的主张能否成立？

案件分析

本案主要涉及如何有效订立遗嘱的问题。根据民法典的规定，订立遗嘱的方式有：自书遗嘱、代书遗嘱、录音录像遗嘱、口头遗嘱、公证遗嘱和打印遗嘱，并对每种遗嘱的法定形式要件予以了明确规定。以录音录像形式立的遗嘱，应当有两个以上见证人在场见证；遗嘱人和见证人应当在录音录像中记录其姓名或者肖像，以及年、月、日。

本案中，有两名见证人见证，同时在录像中表明了自己的身份和时间。所以，该录像遗嘱的订立形式是合法有效的。因此，张二和张三的主张不能成立，张某的遗产应该按照录像遗嘱的内容进行继承。

关联法条

《中华人民共和国民法典》

第一千一百三十四条　自书遗嘱由遗嘱人亲笔书写，签名，注明年、月、日。

第一千一百三十五条　代书遗嘱应当有两个以上见证人在场见证，由其中一人代书，并由遗嘱人、代书人和其他见证人签名，注明年、月、日。

第一千一百三十六条　打印遗嘱应当有两个以上见证人在场见证。遗嘱人和见证人应当在遗嘱每一页签名，注明年、月、日。

第一千一百三十七条　以录音录像形式立的遗嘱，应当有两个以上见证人在场见证。遗嘱人和见证人应当在录音录像中记录其姓名或者肖像，以及年、月、日。

第一千一百三十八条　遗嘱人在危急情况下，可以立口头遗嘱。口头遗嘱应当有两个以上见证人在场见证。危急情况消除后，遗嘱人能[illegible]面或者录音录像形式立遗嘱的，所立的口头遗嘱无效。

第一千一百三十九条 公证遗嘱由遗嘱人经公证机构办理。

第一千一百四十条 下列人员不能作为遗嘱见证人：

（一）无民事行为能力人、限制民事行为能力人以及其他不具有见证能力的人；

（二）继承人、受遗赠人；

（三）与继承人、受遗赠人有利害关系的人。

第一千一百四十一条 遗嘱应当为缺乏劳动能力又没有生活来源的继承人保留必要的遗产份额。

法条释义

以上条文是民法典关于订立遗嘱形式的规定。

遗嘱行为是要式法律行为，遗嘱人不依照法定的方式订立遗嘱，不能发生效力。所以，民法典对各种遗嘱的订立条件都有明确的规定：（1）自书遗嘱。自书遗嘱要由遗嘱人亲笔书写并签名，不需要见证人。只要遗嘱人亲笔书写自己的意思表示即可，对遗嘱人没有特别的要求。该意思表示必须是对其死后财产处分的正式意思的表达，如果只是在日记或者信件中表达了一定的分配财产的意思，不能认定为是自书遗嘱。（2）代书遗嘱、打印遗嘱、录音录像遗嘱。以上三种遗嘱都要求有见证人在场，并且要在遗嘱上签名，注明年、月、日。同时录音录像遗嘱还要遗嘱人、见证人将有关视听资料封存，并签名、注明日期。（3）口头遗嘱。口头遗嘱需要满足以下几个条件：①必须有两个以上的见证人在场见证；②遗嘱人在紧急情况下，不能以其他方式设立遗嘱；③不存在紧急情况解除后，遗嘱人能够利用其他形式订立遗嘱的情形。（4）公证遗嘱。公证遗嘱是指通过法律规定的程序、形式订立的经过公证的遗嘱。公证遗嘱是最严格的遗嘱，比其他形式的遗嘱更能保障意思的真实性。公证遗嘱需要由遗嘱人亲自申办，在公证员面前亲自书写或者口授，合法的公证员依法作出公证。如果公证人违反回避规定，公证遗嘱不能产生公证的法律效力。

订立遗嘱除了符合以上形式上的要求外，还必须符合以下几个实质要件：（1）遗嘱人在订立遗嘱时应该具有完全民事行为能力。如果是无民事行为能力人所立的遗嘱，即使其本人日后恢复了行为能力，仍属无效遗嘱。但是遗嘱人立遗嘱时有行为能力，后来丧失了行为能力，不影响遗嘱的效力。需要注意的是，聋、哑、盲等有生理缺陷但是精神没有问题的成年人，属于完全行为能力人，他们有权订立遗嘱。（2）遗嘱的内容合法。（3）遗嘱人对遗嘱所处分的财产必须是有处分权的个人财产，不得处分非本人的财产。（4）遗嘱必须是遗嘱人真实的意思表示。遗嘱人受到欺诈、胁迫订立的遗嘱无效。

71. 存在多份遗嘱时，哪份有效？

生活小案例

李大爷育有两子一女，父慈子孝，老人生活富足。某日，李大爷订立一份公证遗嘱，将其遗产的30%留给长子，其余部分由女儿和小儿子均分。长子却认为，女儿不应分得遗产，遂与老人发生争执，将李大爷气病住院。李大爷生病期间，不见长子身影，老人遂又订立一份自书遗嘱，将遗产留给女儿和小儿子。老人缠绵病榻多日，回顾一生感触颇多，临终之际叫来儿女，当着众位医生、护士的面宣布，其个人财产由三个子女均分，随后安详离去。李大爷的遗产应该按照哪份遗嘱执行？

案件分析

本案涉及多份遗嘱如何适用的问题。本案中，李大爷生前一共订立了三份遗嘱，分别是公证遗嘱、自书遗嘱、口头遗嘱，且每一份遗嘱的内容均不相同。根据民法典的规定，遗嘱人可以撤回、变更自己所立的遗嘱。立有数份遗嘱，内容相抵触的，以最后的遗嘱为准。因此，李大爷订立的最后一份口头遗嘱是有效的，之前订立的遗嘱因与这份口头遗嘱相抵触而无效。所以，李大爷的遗产应该按照口头遗嘱执行。

关联法条

《中华人民共和国民法典》

第一千一百四十二条 遗嘱人可以撤回、变更自己所立的遗嘱。

立遗嘱后，遗嘱人实施与遗嘱内容相反的民事法律行为的，视为对遗嘱相关内容的撤回。

立有数份遗嘱，内容相抵触的，以最后的遗嘱为准。

法条释义

本条是民法典关于遗嘱撤回、变更和遗嘱效力冲突的规定。

遗嘱撤回，是指遗嘱人订立了遗嘱之后，又通过其他的方式取消了原来订立的遗嘱。遗嘱变更，是指遗嘱人通过有效的方式对之前所订立的内容进行修改。

遗嘱人可以在订立遗嘱后的任意时间，基于任意的理由进行遗嘱的变更或者撤销。但是，要满足一定的要件：（1）遗嘱人具有完全民事行为能力。无民事行为能力人或者限制民事行为能力人作出的变更或者撤销行为是无效的。（2）须是遗嘱人的真实意思表示。（3）遗嘱人须依照法定的形式和程序作出有效的意思表示。该意思表示，既可以通过明确的意思表示撤回或变更遗嘱，也可以通过订立数份内容相抵触的遗嘱予以撤回或变更；既可以通过遗嘱人生前的行为与遗嘱内容相抵触的方式撤回或变更遗嘱，也可以通过遗嘱人故意销毁遗嘱等推定的方式撤回或变更遗嘱。

此外需要注意的是，遗嘱人订立了数份遗嘱，内容相抵触的，以设立在后的遗嘱效力优先。这一规定改变了原本公证遗嘱效力优先的规定，切实尊重遗嘱人的真实意愿，满足人民群众处理遗产的现实需要。

72. 法定继承、遗嘱继承、遗赠扶养协议，哪个效力优先？

生活小案例

张大爷妻子早亡，留下两个年幼的儿子张甲和张乙。长子张甲先成家，随后便对父亲不再理会。而次子张乙则一直与张大爷一同生活，照顾张大爷的起居。现在张大爷因为次子张乙对自己孝顺有加，遂立下自书遗嘱将房屋和存款留给次子张乙，遗嘱交由次子张乙保管。谁知次子张乙拿到遗嘱后就变了一个人，也开始不愿意照顾年迈的父亲，把老人视为累赘，只是偶尔看看老人。

现在张大爷自己独居，无人照顾，但是邻居王某倒是个热心肠，经常照顾他。张大爷非常感动，后悔自己将财产留给次子张乙。随后张大爷与王某协商后签订了一份遗赠扶养协议，将自己的房屋留给邻居王某，王某承担老人的生养死葬，而且经过了公证。张大爷的遗产应该由谁继承？

案件分析

本案主要涉及不同的继承方式之间的顺序问题。本案中，张大爷定有自书遗嘱，将房屋和存款留给小儿子；随后，其与王某协商后签订了一份遗赠扶养协议，将自己的房屋留给邻居王某，王某承担老人的生养死葬，而且经过了公证。以上遗嘱和遗赠扶养协议不存在无效情形，应当按照其内容来处理张大爷的遗产。对此，根据民法典的规定，继承开始后，按照法定继承办理；有遗嘱的，按照遗嘱继承或者遗赠办理；有遗赠扶养协议的，按照协议办理。所以，张大爷的遗产首先应按照遗赠扶养协议办理，将房屋分给王某；然后按照自书遗嘱办理，但因遗赠抚养协议的存在而改变了原自书遗嘱中房屋的继承，故小儿子只能继承存款；最后，如果张大爷还有其他财产的，应按照法定继承办理，由两个儿子依法继承。

关联法条

《中华人民共和国民法典》

第一千一百二十三条 继承开始后，按照法定继承办理；有遗嘱的，按照遗嘱继承或者遗赠办理；有遗赠扶养协议的，按照协议办理。

法条释义

本条是民法典关于遗嘱继承优先原则的规定。

遗嘱在先原则，是指在继承开始后，首先看是否有有效遗嘱，先适用遗嘱继承，不能适用遗嘱继承时才按照法定继承办理。遗嘱在先原则包括两个方面：（1）遗嘱继承优先于法定继承。当被继承人留有有效遗嘱的，按照被继承人的遗嘱进行继承。（2）遗赠扶养协议优先于遗嘱。这是因为遗赠扶养协议约定的是义务人负责被继承人的生养死葬，被继承人因此赠与其遗产为代价，所以排斥遗嘱继承的效力。由此可见，在同一继承事件中，如果同时存在法定继承、遗嘱继承以及遗赠扶养协议，遗赠扶养协议优先于遗嘱继承，遗嘱继承优先于法定继承。

需要注意的是，对于以下几种情况，虽然被继承人立有遗嘱，但是遗产中的有关部分仍应按照法定继承办理：（1）遗嘱继承人放弃继承或者受遗赠人放弃受遗赠的；（2）遗嘱继承人丧失继承权的；（3）遗嘱继承人、受遗赠人先于遗嘱人死亡的；（4）遗嘱无效部分所涉及的遗产；（5）遗嘱未涉及的遗产，可直接按照法定继承处理。

73. 遗产无人继承又无人受遗赠的，该如何处理？

生活小案例

市民李大爷是个可怜人。作为家中的独子，其年幼时父母双亡，中年丧偶，未成家的独子三年前因为一场车祸去世。现在李大爷年纪大了，身边没有兄弟姐妹，自己也没有后人，觉得自己生活不便，就住进了养老院。某日，李大爷突发脑溢血，撒手而去。现留有财产若干，应该如何处理呢？

案件分析

本案主要涉及无人继承遗产的归属问题。本案中，李大爷没有配偶、父母、子女，也没有兄弟姐妹，故李大爷没有法定继承人。同时，李大爷生前没有订立任何遗嘱或者与任何组织、个人订立遗赠扶养协议。所以，李大爷去世后留下的遗产属于无人继承也无人受遗赠的遗产。根据民法典的规定，无人继承又无人受遗赠的遗产，归国家所有，用于公益事业；死者生前是集体所有制组织成员的，归所在集体所有制组织所有。由于市民李大爷不是集体所有制组织的成员，所以其遗产归国家所有，用于公益事业。

关联法条

《中华人民共和国民法典》

第一千一百六十条 无人继承又无人受遗赠的遗产，归国家所有，用于公益事业；死者生前是集体所有制组织成员的，归所在集体所有制组织所有。

法条释义

本条是民法典关于无人继承遗产归属的规定。

无人继承又无人受遗赠的遗产，应当归国家所有，用于公益事业；如果死者生前是集体所有制组织成员的，则归所在集体所有制组织所有。此外，根据我国相关法律的规定，在处理无人继承遗产时，如果有继承人以外的、依靠被继承人扶养的缺乏劳动能力又没有生活来源的人，或者继承人以外的对被继承人扶养较多的人，可以分给他们适当的遗产。

归国家所有的遗产，一般发生在以下三种情形：（1）自然人死亡时，未对自己的财产作出任何的处分，又没有法定继承人；（2）自然人死亡时，有法定继承人或者被继承人之前作出过遗赠的意思表示，但是继承人均丧失继承权或是表示放弃继承，受遗赠人拒绝接受遗赠；（3）自然人死亡时，没有法定继承人，而其订立的遗嘱、遗赠扶养协议仅处分了部分的遗产，对于一些财产并未涉及，未作处分的部分财产便为无人继承遗产。

按照民法典的规定，无人继承的遗产应用于公益事业，这体现了“国不与民争利”的思想，实现了遗产的物尽其用，有助于促进公益事业的发展。

侵权责任编：

民事权益受损后的责任归属

74. 体育比赛中被撞身亡，责任由谁来承担？

生活小案例

小王今年 25 岁，自愿报名参加本市举办的短跑比赛。比赛过程中小王因躲闪不及被队员小李撞倒，随行医护人员进行紧急抢救，最终小王因头部遭到严重撞击、伤势严重，不幸去世，小李则受了轻微伤。对于小王的死亡，小李需要承担责任吗？

案件分析

本案涉及自甘风险问题。根据民法典的规定，自愿参加具有一定风险的文体活动时，因其他参加者的行为受到损害的，不能要求其他参加者承担责任。在本案中，25 岁的小王具备完全民事行为能力，自愿报名参加比赛，应该认识到这是一个存在风险的体育活动，在比赛过程中避免不了存在一定程度的碰撞和摩擦，甚至造成伤害。在比赛过程中，小李因躲闪不及造成小王死亡，对此，小李不存在故意或重大过失。综上可见，小王参加比赛并造成自身伤亡，属于自甘风险。根据民法典的规定，对于小王的死亡，小李不需要承担责任。

关联法条

《中华人民共和国民法典》

第一千一百七十六条 自愿参加具有一定风险的文体活动，因其他参加者的行为受到损害的，受害人不得请求其他参加者承担侵权责任；但是，其他参加者对损害的发生有故意或者重大过失的除外。

活动组织者的责任适用本法第一千一百九十八条至一千二百零一条的规定。

法条释义

本条是民法典对自甘风险的规定。

自甘风险，是指受害人明知参加的文体活动具有使自己遭受损害的固有风险，仍自愿参加，并因该风险实现而遭受损害。自甘风险的构成要件如下：（1）文体活动本身具有一定的风险成分；（2）受害人已经意识到了这种危险的存在，并且自愿参加；（3）受害人在参加活动过程中因其他参加者行为受到损害；（4）活动组织者和侵权人没有故意或者过失。

本条第二款是关于活动组织者的责任的规定。活动组织者的责任，是指这类危险活动的组织者，如果存在故意或者重大过失导致参加者受到损害的，那么他们就违反了安全保障义务，就应该承担相应的责任；或者学校组织未成年人参加活动，造成未成年人人身伤害的也需要承担责任。具体分为两种情况：（1）由于活动组织者的故意或者重大过失，造成受害人损害的，活动组织者应当承担侵权责任。（3）由于活动组织者的故意或者重大过失，导致受害人因第三人的行为造成损害的，组织者承担相应的补偿责任，之后可向造成损害的第三人追偿。

属于自甘风险的情况还有很多，如篮球比赛、搏击比赛、击剑比赛等。我们在参加这种具有一定风险的文体活动时，一定要保护好自己的人身安全，作好充足的准备，参加正规的举办方举办的文体活动，尽量规避风险伤害。

75. 租户常年不交房租，房东可以扣留租户的财物吗？

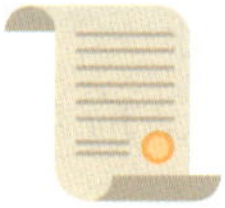

生活小案例

刘女士有一套房子常年出租，近年来把房子租给小王，按月收取租金。刘女士因信任未留其身份证复印件。第一年还好，房租按月缴纳。从第二年开始，小王以各种理由拖欠房租。一天刘女士去找小王，才发现早已人去楼空，显然小王已经搬走了。这时刘女士看到桌子上有一台笔记本电脑，原来小王搬走的时候太匆忙，把自己的电脑忘在了桌子上。刘女士情急之下就扣留了小王的电脑，然后马上到派出所报案。本案中，刘女士扣留小王电脑的行为合法吗？

案件分析

本案涉及自助行为。根据民法典的规定，当合法权益受到侵害时，如果不立即采取措施将使其合法权益受到难以弥补的损害的，受害人可以在保护自己合法权益的必要范围内采取扣留侵权人的财物等合理措施。

在本案中，刘女士此刻如果不扣留小王的电脑，以后就很难挽回自己的损失。小王已经搬走，情况比较紧急；一年的房租已经远远超过这台笔记本电脑的价值，属于必要的范围内；在扣留电脑以后，刘女士立刻报案，请求有关国家机关进行处理。综上可见，刘女士的行为符合自助行为的构成要件，属于维护自己权益的合法行为。但是，如果因刘女士的保管不当导致电脑损坏，小王在支付全部房租以后有权请求女士予以赔偿。

关联法条

《中华人民共和国民法典》

第一千一百七十七条 合法权益受到侵害，情况紧迫且不能及时获得国家机关保护，不立即采取措施将使其合法权益受到难以弥补的损害的，受害人可以在保护自己合法权益的必要范围内采取扣留侵权人的财物等合理措施；但是，应当立即请求有关国家机关处理。

受害人采取的措施不当造成他人损害的，应当承担侵权责任。

法条释义

本条是民法典对自助行为的规定。

自助行为是指权利被侵害的人，依靠自己的力量来保全自己的权利或恢复原状的行为。自助行为的构成要件如下：（1）行为人的合法权益受到了侵害；（2）情况十分紧急，不能立即请求国家机关进行保护；（3）如果不立即采取一些措施，损失将没有办法弥补；（4）采取的行为一定要在合理的范围内。

需要注意的是，行为人在采取自助措施后应立即请求国家机关依法处理。如果行为人的权益得到了保障以后，应立即解除这些自助措施。如果因行为人采取的措施不当造成他人损害的，应当进行赔偿。

自助行为是民法典赋予权利人维护合法权利的一种手段，权利人必须依法行使该权利。在生活中，自助行为还有很多，如高铁上自己行李被他人拿错，然后将他人行李暂时扣留；如不让吃“霸王餐”的顾客离开，等等。

76. 丈夫被撞身亡后，妻子可以要求肇事者进行人身损害赔偿吗？

生活小案例

小孙今年30岁，去年刚刚和爱人小张领证结婚。几天前小孙在下夜班回来的路上，被迎面驶来的汽车撞倒，送到医院后抢救无效死亡。后经调查，肇事司机负事故全部责任。在医院抢救过程中总共花费医疗费用20000元，肇事司机已经主动支付；丧葬费用30000元，由小张自己支付。小张可以请求肇事司机承担人身损害赔偿吗？

案件分析

本案涉及被侵权人死亡时请求权主体确定以及人身损害赔偿范围的问题。根据民法典的规定，被侵权人死亡的，其近亲属有权请求侵权人承担侵权责任，其中近亲属包括配偶、子女、父母。本案中，小孙的妻子小张可以请求侵权人也就是肇事司机承担侵权责任，进行一定数额的民事赔偿。赔偿范围包括医疗费、丧葬费和死亡赔偿金等。本案中，医疗费用 20000 元，侵权人已经全部承担，这一部分不能再次请求支付；30000 元的丧葬费用和死亡赔偿金未支付，可以请求侵权人进行赔偿。

关联法条

《中华人民共和国民法典》

第一千一百七十九条 侵害他人造成人身损害的，应当赔偿医疗费、护理费、交通费、营养费、住院伙食补助费等为治疗和康复支出的合理费用，以及因误工减少的收入。造成残疾的，还应当赔偿辅助器具费和残疾赔偿金；造成死亡的，还应当赔偿丧葬费和死亡赔偿金。

第一千一百八十一条 被侵权人死亡的，其近亲属有权请求侵权人承担侵权责任。被侵权人为组织，该组织分立、合并的，承继权利的组织有权请求侵权人承担侵权责任。

被侵权人死亡的，支付被侵权人医疗费、丧葬费等合理费用的人有权请求侵权人赔偿费用，但是侵权人已经支付该费用的除外。

法条释义

以上条文是民法典对人身损害赔偿范围和被侵权人死亡时请求权主体确定的规定。

人身损害赔偿，是指民事主体的生命权、健康权、身体权受到不法侵害，造成伤残或者死亡的后果，要求侵权人以财产赔偿等方法进行救济和保护的侵权法律制度。人身损害赔偿的规定是对生命权、健康权、身体权的保护。在损害赔偿范围方面，如果侵权人给被侵权人造成了人身伤害，如脑外伤、骨折、脾破裂等，应当赔偿医疗费、护理费、交通费、营养费、住院伙食补助费等为治疗和康复支出的合理费用以及因误工减少的收入；如果经残疾鉴定，被侵权人已经被认定为残疾的，还应赔偿辅助器具费和残疾赔偿金；如果造成被侵权人死亡的，还应赔偿丧葬费和死亡赔偿金。其中，残疾赔偿金根据受害人丧失劳动能力程度或者伤残等级，按照受诉法院所在地上一年度城镇居民人均可支配收入或者农村居民人均纯收入标准，自定残之日起按二十年计算。但六十周岁以上的，年龄每增加一岁减少一年；七十五周岁以上的，按五年计算。死亡赔偿金按照受诉法院所在地上一年度城镇居民人均可支配收入或者农村居民人均纯收入标准，按二十年计算。因同一侵权行为造成多人死亡的，可以以相同数额确定死亡赔偿金。

77. 父亲骨灰被扬撒，儿子可以主张精神损害赔偿吗？

生活小案例

小李和父亲老李两人相依为命。老李去世后，小李一直把父亲的骨灰带在身边，因为他觉得这样父亲会一直陪着他。一天，邻居小张因为琐事和小李发生争吵。一言不合，小张就开始砸东西，甚至明知是小李父亲的骨灰，也没有放过，老李的骨灰被撒得满地都是，小李很伤心。对于小张的行为，小李可以主张精神损害赔偿吗？

案件分析

本案涉及侵害自然人具有人身意义的特定物能否请求精神损害赔偿的问题。本案中，侵权人小张不断打砸受害人小李的财物，侵害了小李的财产权。对此，受害人小李有权对侵权人小张请求损害赔偿，但不得请求精神损害赔偿。但是，在打砸的物品中，“骨灰”承载着小李对父亲的思念等情感，属于具有人身意义的特定物；而老李的骨灰被撒得满地都是，也给小李造成了严重的精神损害，小李很是伤心。根据民法典的规定，因故意或者重大过失侵害自然人具有人身意义的特定物造成严重精神损害的，被侵权人有权请求精神损害赔偿。因此，对于小张扬撒小李父亲骨灰的侵权行为，小李可以主张精神损害赔偿。

关联法条

《中华人民共和国民法典》

第一千一百八十三条 侵害自然人人身权益造成严重精神损害的，被侵权人有权请求精神损害赔偿。

因故意或者重大过失侵害自然人具有人身意义的特定物造成严重精神损害的，被侵权人有权请求精神损害赔偿。

法条释义

本条是民法典对精神损害赔偿责任的规定。

精神损害赔偿，是指侵权人因侵犯自然人合法权益致使其受到精神上的痛苦所应承担的民事责任。依据民法典的规定，以下两种情形可以请求精神损害赔偿：

（1）侵害自然人人身权益造成严重精神损害的。人身权益包括：生命权、身体权、健康权、姓名权、肖像权、名誉权、隐私权、个人信息权、配偶权、亲权、亲属权以及自然人的人身利益。

（2）因故意或者重大过失侵害自然人具有人身意义的特定物造成严重精神损害的。所谓具有人身意义的特定物，是指包含人身利益因素的特定的物，如没有底片珍藏了数十年的结婚照、祖传物品、定情信物等。

78. 精神病人在大街上打伤儿童，责任由谁来承担？

生活小案例

由于精神病人小张（25周岁，未婚）的父母疏于看管，导致小张将王某六岁的儿子打伤。对于王某儿子受到的损害，谁应该承担责任？

案件分析

本案涉及被监护人侵权的，由监护人承担侵权责任的问题。本案中，25 周岁的小张是完全不能辨认自己行为的精神病人，属于无民事行为能力人，因其未结婚，所以应由其父母作为其监护人。由于父母看管不慎，导致小张将王某的儿子打伤。对此，根据民法典的规定，无民事行为能力人造成他人损害的，由监护人承担侵权责任。因此，王某儿子所受的损害应当由小张的父母承担侵权责任。

关联法条

《中华人民共和国民法典》

第一千一百八十八条 无民事行为能力人、限制民事行为能力人造成他人损害的，由监护人承担侵权责任。监护人尽到监护职责的，可以减轻其侵权责任。

有财产的无民事行为能力人、限制民事行为能力人造成他人损害的，从本人财产中支付赔偿费用；不足部分，由监护人赔偿。

法条释义

本条是民法典对监护责任的规定。

监护责任，是指监护人在被监护人致人损害时，依法应承担的民事责任。监护人承担监护责任的构成要件包括：（1）无民事行为能力人或者限制民事行为能力人存在违法行为；（2）监护人具有不作为的情形；（3）监护人有过失；（4）加害行为人的行为和损害事实的发生之间具有因果关系；（5）监护人的疏于监督和损害事实的发生具有因果关系。

无民事行为能力人、限制民事行为能力人造成他人损害的，由监护人承担侵权责任。如果监护人尽到了监护职责，可以适当减轻责任。无民事行为能力人和限制民事行为能力人有自己的财产，可以用他们的财产来进行赔偿，如果不足以赔偿的，由监护人进行补充。假如本案中的精神病人在精神正常的时候有工作，在银行有五万元的存款，就可以用这五万元来承担责任，如支付医疗费、护理费、营养费等。如果这五万元不足以赔偿，剩下的部分由精神病人的监护人来承担。同时，未成年人也可能因为接受赠与等原因而获得财产，从未成年加害人的财产中支付赔偿费用的，不得对未成年人的生活和教育产生严重不利影响。

79. 委托邻居帮忙看管小孩，看管期间小孩将他人打伤，责任由谁来承担？

生活小案例

王姐到城里卖菜，5岁的儿子二娃无人看管，于是委托邻居张婶帮忙看管二娃，张婶满口答应。等王姐走后张婶也回了自己家，让二娃自己到街上玩。二娃在街上玩耍的时候遇到了四岁的翠花，翠花手中拿着新买的玩具，二娃很想玩，可是翠花不借，在抢夺过程中二娃将翠花推倒，导致翠花身体多处受伤。对于翠花的受伤，谁应该承担责任？

案件分析

本案涉及委托监护责任的承担问题。根据民法典的规定，父母是未成年子女的监护人，对未成年子女负有抚养、教育和保护的义务，应当履行监护职责；父母也可以将监护职责委托给他人。本案中，王姐是五岁儿子的监护人，因进城卖菜将儿子委托给邻居张婶帮忙看管，与张婶之间形成委托监护关系。张婶作为委托监护人，理应尽到监护人的职责。但是，张婶自己回了家，让二娃自己到街上玩，进而导致二娃将翠花推倒，翠花身体多处受伤，这是其未尽到监护责任造成的，具有过错。因此，根据民法典规定，王姐作为监护人应承担侵权责任；张婶作为受托人存在过错，也应承担相应的责任。

关联法条

《中华人民共和国民法典》

第一千一百八十九条 无民事行为能力人、限制民事行为能力人造成他人损害，监护人将监护职责委托给他人的，监护人应当承担侵权责任；受托人有过错的，承担相应的责任。

法条释义

本条是民法典对委托监护责任的规定。

委托监护，是指监护人将监护职责部分或全部委托给他人。委托监护责任，是指在委托监护中监护人和受托人需要承担的责任。委托监护责任的构成要件包括：（1）存在委托监护的行为；（2）行为人是在委托监护人的监护下；（3）被监护人的行为造成了他人的损害；（4）推定监护人存在过失，由监护人承担责任，如果被侵权人证明委托监护人存在过失的，委托监护人也需要承担责任。

监护人将无民事行为能力人和限制民事行为能力人委托他人进行监护，委托监护过程中造成他人损害的，责任由监护人承担；如果受托人存在过错的，受托人也需要承担责任。

80．梦游、醉酒、吸毒期间把他人打伤，需要承担责任吗？

生活小案例

小李一直有梦游的习惯，而且还经常在睡梦中作出一些危险行为。在高中的时候小李就曾梦游拿起水果刀将同学砍伤。上大学以后小李隐瞒病情，在一次梦游中又用水果刀将下铺的室友砍伤。对于室友所受人身伤害，小李需要承担责任吗？

案件分析

本案涉及丧失意识侵权的问题。小李梦游属于暂时没有意识或者失去控制，是一种病理现象。小李自己隐瞒病情，导致了意外的发生，存在过错。根据民法典的规定，完全民事行为能力人对自己的行为暂时没有意识或者失去控制造成他人损害有过错的，应当承担侵权责任。如果小李没有过错，那么也要对受害人进行一定的经济补偿，但是这个经济补偿要考虑到行为人的经济状况。本案中小李是一个在校大学生，自身没有什么经济来源，所以经济补偿就会少一些。

如果将案件改为小李醉酒将室友砍伤，或者小李吸毒产生幻觉将室友砍伤，结果存在差别。根据民法典规定，完全民事行为能力人因醉酒、滥用麻醉药品或者精神药品对自己的行为暂时没有意识或者失去控制造成他人损害的，应当承担侵权责任。不论其是否具有过错，只要是醉酒或者滥用精神药物（如吸毒）状态下将他人伤害，都要承担侵权责任。

关联法条

《中华人民共和国民法典》

第一千一百九十条 完全民事行为能力人对自己的行为暂时没有意识或者失去控制造成他人损害有过错的，应当承担侵权责任；没有过错的，根据行为人的经济状况对受害人适当补偿。

完全民事行为能力人因醉酒、滥用麻醉药品或者精神药品对自己的行为暂时没有意识或者失去控制造成他人损害的，应当承担侵权责任。

法条释义

本条是民法典对暂时丧失意识损害责任的规定。

暂时丧失意识损害责任，是指完全民事行为能力人对于因过错引起暂时意识丧失，或者因醉酒或者滥用麻醉、精神药品暂时丧失意识，造成他人损害，所应当承担的特殊侵权责任。暂时丧失意识损害责任的构成要件包括：（1）侵权人是完全民事行为能力人；（2）对被侵权人造成了实际损害；（3）造成损害时，侵权人丧失意识；（4）丧失意识是由侵权人自己造成的。

完全民事行为能力人丧失意识致人损害的，其责任应区分不同情形：（1）存在过错的，应当承担侵权责任；（2）没有过错的，应当对受害人适当补偿；（3）因醉酒、滥用麻醉药品或者精神药品（如毒品）对自己的行为暂时没有意识或者失去控制造成他人损害的，不论是否具有过错，都应该承担侵权责任。

81. 保险公司理赔人员将发票丢失，导致不能理赔，保险公司需要承担责任吗？

生活小案例

小刘是保险公司的工作人员，主要从事理赔工作。按照理赔规则，医疗险的理赔必须提供发票。一天客户将发票交给了小刘，小刘忙着开会，把发票妥善地放到自己的工位上就去开会了。回来的时候小刘发现发票不见了，到处找都没找到。对于发票的丢失，保险公司需要承担责任吗？

案件分析

本案涉及用人单位责任问题。根据民法典的规定，用人单位的工作人员因执行工作任务造成他人损害的，由用人单位承担侵权责任。用人单位承担侵权责任后，可以向有故意或者重大过失的工作人员追偿。本案中，小刘为保险公司的正式员工，并且丢失发票的行为是发生在工作时间，小刘属于在执行工作任务，因此造成他人的财产损害，应当由保险公司承担责任。而小刘将发票“妥善”地放到了自己的工位上，不存在故意和重大过失，故保险公司也不能向小刘追偿。

关联法条

《中华人民共和国民法典》

第一千一百九十一条 用人单位的工作人员因执行工作任务造成他人损害的，由用人单位承担侵权责任。用人单位承担侵权责任后，可以向有故意或者重大过失的工作人员追偿。

劳务派遣期间，被派遣的工作人员因执行工作任务造成他人损害的，由接受劳务派遣的用工单位承担侵权责任；劳务派遣单位有过错的，承担相应的责任。

法条释义

本条是民法典对用人单位责任和劳务派遣单位、劳务用工单位责任的规定。

用人单位责任，是指用人单位的工作人员在工作过程中造成他人损害，由用人单位作为赔偿责任主体，为其工作人员致害的行为承担损害赔偿责任的特殊侵权责任。用人单位承担侵权责任，需要具备以下几个条件：（1）工作人员存在违法行为；（2）有损害事实的发生；（3）工作人员的行为和损害结果之间有因果关系；（4）用人单位存在过错，过错的内容主要是指用人单位在选任、监督、管理其工作人员上的过错。在存在劳动关系的情况下，劳动者在执行工作任务期间造成了他人损害的，由单位承担责任。如果工作人员存在故意或重大过失的，单位可以向劳动者追偿。

劳务派遣是指由劳务派遣机构与派遣劳工订立劳动合同，把劳动者派向其他用工单位，再由该用工单位向派遣机构支付一笔服务费用的一种用工形式。在劳务派遣关系中，劳动者虽然和劳务派遣机构签订劳动合同，但是在用工单位实际用工，劳动者也实际在为用工单位进行劳动，因此在这种情况下，被派遣的工作人员因执行工作任务造成他人损害的，由接受劳务派遣的用工单位承担侵权责任。如果劳务派遣单位有过错的，也应承担相应的责任。

82. 个人隐私在网站被泄露，可以通知网站删除吗？

生活小案例

小胡在浏览网站的时候无意中发现自己的照片、身份证号码、联系方式、家庭住址等个人信息被泄露。小胡回忆很有可能是自己在网购的时候将这些信息泄露了。发生这种情况，小胡可以通知网站删除相关信息吗？网站对此有没有责任？

案件分析

本案涉及网络侵权责任的问题。在网上对小胡的个人信息肆意散播，构成了对小胡隐私权的侵犯，已经对小胡的生活造成了不良影响。根据民法典的规定，权利人（即小胡）有权通知网络服务提供者也就是某网站采取删除、屏蔽、断开链接等必要措施。但是小胡在通知网站方面的同时，也要提供初步证据及权利人的真实身份信息，这样有助于网站方面进行核实。

关联法条

《中华人民共和国民法典》

第一千一百九十五条 网络用户利用网络服务实施侵权行为的，权利人有权通知网络服务提供者采取删除、屏蔽、断开链接等必要措施。通知应当包括构成侵权的初步证据及权利人的真实身份信息。

网络服务提供者接到通知后，应当及时将该通知转送相关网络用户，并根据构成侵权的初步证据和服务类型采取必要措施；未及时采取必要措施的，对损害的扩大部分与该网络用户承担连带责任。

权利人因错误通知造成网络用户或者网络服务提供者损害的，应当承担侵权责任。法律另有规定的，依照其规定。

第一千一百九十六条 网络用户接到转送的通知后，可以向网络服务提供者提交不存在侵权行为的声明。声明应当包括不存在侵权行为的初步证据及网络用户的真实身份信息。

网络服务提供者接到声明后，应当将该声明转送发出通知的权利人，并告知其可以向有关部门投诉或

者向人民法院提起诉讼。网络服务提供者在转送声明到达权利人后的合理期限内，未收到权利人已经投诉或者提起诉讼通知的，应当及时终止所采取的措施。

法条释义

以上条文是民法典对网络侵权责任“避风港原则”中的“通知规则”和“反通知规则”的规定。

“避风港原则”最先适用于著作权领域，由于网络上具有大量的信息，网络服务提供者不能及时有效地进行全面的审查，因而通过设立“通知一移除”规则，为网络服务提供者规定一些免责情形，从而达到各方权益上的平衡，现已成为国际上通用的互联网版权纠纷处理原则。我国民法典在网络侵权案件中适用了“避风港原则”，并作出了比较详细的规定。网络侵权中的“避风港原则”分为“通知规则”和“反通知规则”两个方面。

“通知规则”，是指网络用户认为自己权益受到损害的，有权通知网络服务提供者，对网络用户在该网站上发布的信息采取删除、屏蔽、断开链接等必要措施，消除侵权信息及其影响。及时满足以上条件，应当认定网络服务提供者无过错，不成立共同侵权，网络服务提供者不承担责任。

“反通知规则”，是指网络服务提供者收到权利人的“侵权通知”后，网络用户向网络服务提供者提交了不存在侵权行为的“声明”（即“反通知”），经过合理期限以后，网络服务提供者终止所采取的删除、屏蔽、断开链接等措施。满足以上条件应当认定网络服务提供者无过错，不成立共同侵权，网络服务提供者不承担责任。“反通知规则”的具体内容包括：

（1）网络服务提供者收到权利人的“侵权通知”后，网络用户向网络服务提供者提交了不存在侵权行为的“声明”；（2）网络服务提供者将该声明“转送”给发出侵权通知的权利人；（3）在权利人收到声明后的合理期限内，网络服务提供者未收到权利人已经投诉或者提起诉讼的通知；（4）网络服务提供者终止所采取的删除、屏蔽、断开链接等措施；（5）即使事后的诉讼认定网络用户侵权，也应当认定网络服务提供者无过错，不成立共同侵权，网络服务提供者不承担责任。

83. 因洗手间地面湿滑造成人员受伤，电影院需要承担责任吗？

生活小案例

小周在电影院观影期间去了次洗手间，由于洗手间地面湿滑，保洁人员没有及时清理，也没有摆放警示标识，导致小周不慎摔伤。对于小周的受伤，电影院需要承担责任吗？

案件分析

本案涉及安全保障义务人的责任问题。根据民法典的规定，娱乐场所经营者、管理者如果没有尽到相应的义务，造成他人损害，需要承担责任。本案中，影院方面没有尽到相应的义务：地面湿滑，没有及时清理，也没有警示标识，没有对顾客进行充分的提醒。正是因为电影院没有尽到相应的安全保障义务，才造成了小周不慎摔伤。因此，对于小周的摔伤，电影院需要承担侵权责任。

关联法条

《中华人民共和国民法典》

第一千一百九十八条 宾馆、商场、银行、车站、机场、体育场馆、娱乐场所等经营场所、公共场所的经营者、管理者或者群众性活动的组织者，未尽到安全保障义务，造成他人损害的，应当承担侵权责任。

因第三人的行为造成他人损害的，由第三人承担侵权责任；经营者、管理者或者组织者未尽到安全保障义务的，承担相应的补充责任。经营者、管理者或者组织者承担补充责任后，可以向第三人追偿。

法条释义

本条是民法典对安全保障义务人侵权责任的规定。

安全保障义务人侵权责任，是指经营者、管理者或者组织者对经营场所、公共场所、群众性活动场所未尽到安全保障义务，造成他人损害，应当承担的赔偿责任。所谓群众性活动，是指法人或其他组织面向社会公众举办的活动，包括体育比赛、演唱会、音乐会、展览、游园、庙会、花会、焰火晚会等，以及人才招聘会、现场开奖的彩票销售等活动。每场次预计参加人数达到一千人以上的活动为大型群众性活动。所谓安全保障义务，是指经营者在经营场所对消费者、潜在的消费者或者其他进入服务场所的人的人身、财产安全依法承担的安全保障义务。违反安全保障义务的侵权责任主要存在四种情形：（1）设施、设备违反安全保障义务；（2）服务管理违反安全保障义务；（3）对儿童违反安全保障义务；（4）防范制止侵权行为违反安全保障义务。

不论是特定场所的经营者还是群众性活动的组织者，没有尽到安全保障义务，给他人造成损害的，都需要承担侵权责任。但是，如果是第三人的行为造成他人损害的，由第三人承担侵权责任；经营者或者活动组织者没有尽到安全保障义务的，应承担相应的补充责任，并且事后可以向第三人追偿。

84. 学生在校被打伤，学校需要承担责任吗？

生活小案例

东东今年 8 岁，上小学二年级。东东多次在学校的洗手间被校外的社会青年小李（已满 18 周岁）欺负，小李向东东要钱，东东每次都会把零花钱给他。在一次要钱的过程中，小李推搡东东，导致东东头撞到了窗台上，当场昏迷。经过一个月的治疗，东东康复出院。对于东东的受伤，应当由谁承担责任？

案件分析

本案涉及校园伤害事故中第三人责任问题。根据民法典的规定，无民事行为能力人在幼儿园、学校或者其他教育机构学习、生活期间，受到幼儿园、学校或者其他教育机构以外的第三人人身损害的，由第三人承担侵权责任。本案中，东东 8 岁，属于无民事行为能力人；伤害东东的为校外人员；东东是在学校学习和生活期间遭受伤害的。综上可见，对于东东的受伤，小李需要承担责任。而校外人员可以随意地进出校园，可见学校未尽到管理职责，因此学校也需要承担相应的补充责任。学校承担补充责任后，可以向小李追偿。

关联法条

《中华人民共和国民法典》

第一千一百九十九条 无民事行为能力人在幼儿园、学校或者其他教育机构学习、生活期间受到人身损害的，幼儿园、学校或者其他教育机构应当承担侵权责任；但是，能够证明尽到教育、管理职责的，不承担侵权责任。

第一千二百条 限制民事行为能力人在学校或者其他教育机构学习、生活期间受到人身损害，学校或者其他教育机构未尽到教育、管理职责的，应当承担侵权责任。

第一千二百零一条 无民事行为能力人或者限制民事行为能力人在幼儿园、学校或者其他教育机构学习、生活期间，受到幼儿园、学校或者其他教育机构以外的第三人人身损害的，由第三人承担侵权责任；幼儿园、学校或者其他教育机构未尽到管理职责的，承担相应的补充责任。幼儿园、学校或者其他教育机构承担补充责任后，可以向第三人追偿。

法条释义

以上条文是民法典对教育机构责任和校园伤害事故中第三人责任的规定。

对于校园伤害事故，其责任的承担应区分不同情况：（1）无民事行为能力人在教育机构受到人身损害的，教育机构应承担责任，但是可以证明自己尽到了教育和管理职责的，就不需要承担责任。（2）限制民事行为能力人在教育机构受到人身损害的，教育机构只有在没有尽到教育职责或管理职责的情况下，才需要承担责任。（3）因为第三人的侵权行为导致生活在幼儿园、学校或者其他教育机构的无民事行为能力人或者限制民事行为能力人受到损害的，责任由第三人来承担。幼儿园、学校或者其他教育机构未尽到管理职责的，承担相应的补充责任。承担完补充责任以后可以向第三人追偿。其中，第三人是指幼儿园、学校或者其他教育机构以外的人员，也就是幼儿园、学校或者其他教育机构的教师及其他工作人员以外的人员。

85. 网购的手机突然爆炸，导致购买者受伤，谁应该承担责任？

生活小案例

小李网购了一部手机，还不到一个月，手机在一次充电过程中发生爆炸，导致小李受伤。事后查明，小李按照用户手册指导进行充电，使用原装充电设备，并且在充电过程中没有使用手机。对于小李的受伤，应该由谁承担责任？

案件分析

本案涉及产品责任问题。本案中，小李的使用操作是规范的，手机爆炸的原因是产品存在缺陷，最终导致小李受伤。根据民法典的规定，因产品存在缺陷造成他人损害的，被侵权人可以向产品的生产者请求赔偿，也可以向产品的销售者请求赔偿。因此，小李既可以向手机的生产者请求赔偿，也可以向手机的网络经销商请求赔偿。

关联法条

《中华人民共和国民法典》

第一千二百零二条 因产品存在缺陷造成他人损害的，生产者应当承担侵权责任。

第一千二百零三条 因产品存在缺陷造成他人损害的，被侵权人可以向产品的生产者请求赔偿，也可以向产品的销售者请求赔偿。

产品缺陷由生产者造成的，销售者赔偿后，有权向生产者追偿。因销售者的过错使产品存在缺陷的，生产者赔偿后，有权向销售者追偿。

法条释义

以上条文是民法典对产品责任的规定。

产品责任，是指由于产品有缺陷，造成了产品的消费者、使用者或其他第三者的人身伤害或财产损失，依法应由生产者或销售者分别或共同负责赔偿的一种法律责任。所谓产品缺陷，一般包括制造缺陷、设计缺陷、警示缺陷等。

因产品存在缺陷造成他人损害的，被侵权人可以要求生产者承担责任。为了便于被侵权人主张自己的权利，被侵权人也可以向产品的销售者请求赔偿。如果产品责任是由生产者造成的，销售者对被侵权人赔偿后，有权向生产者进行追偿。如果因销售者的过错导致产品存在缺陷的，生产者对被侵权人赔偿后，有权向销售者进行追偿。

86. 把车借给他人，发生交通事故，车主需要承担责任吗？

生活小案例

小李和小刘二人是好朋友，五一假期小刘准备自驾游，于是向小李借了汽车（该车承保了交强险和第三者责任商业险）。小刘在返程的路上发生交通事故，导致对方车辆严重受损，经交通事故责任认定，小刘一方负事故全部责任。事故造成的损害应该由汽车所有人小李承担责任，还是应该由实际使用人小刘承担责任呢？

案件分析

本案涉及机动车交通事故责任问题。本案中，机动车所有人小李将车借给了小刘使用，而小刘在使用汽车过程中发生了交通事故，并负事故全部责任。根据民法典的规定，借用他人车辆发生交通事故，属于机动车一方责任的，由实际使用人承担责任，所以在本案中小刘应该承担责任。如果机动车所有人有过错的，如明知对方没有驾驶证依然出借，这种情况由机动车所有人承担责任。需要注意，该车辆承保了交强险和第三者责任商业险，对该车承保交强险、第三者责任商业险的保险人支付保险金的义务不因机动车保有人与使用人的分离而受影响，由保险人依序对受害人支付保险金。只有在交强险与商业险不足以弥补损害时，才由机动车使用人小刘承担责任。

关联法条

《中华人民共和国民法典》

第一千二百零九条 因租赁、借用等情形机动车所有人、管理人与使用人不是同一人时，发生交通事故造成损害，属于该机动车一方责任的，由机动车使用人承担赔偿责任；机动车所有人、管理人对损害的发生有过错的，承担相应的赔偿责任。

法条释义

本条是民法典对机动车出租、出借后发生交通事故的责任认定问题的规定。

原则上，承保交强险和第三者责任商业险的机动车，发生交通事故以后责任承担具有一定顺序：首先，由对该车承保机动车强制保险的保险人在限额范围内向受害人支付保险金；其次，由对该车承保机动车商业保险的保险人依照保险合同的约定向受害人支付保险金；最后，剩余部分由机动车所有人承担责任。如果机动车出租、出借后发生交通事故，导致机动车所有人、管理人、使用人不一致，最后需要承担责任的，由机动车使用人承担。

租赁、借用机动车发生交通事故造成损害，属于该机动车一方责任的，由机动车使用人承担赔偿责任；如果机动车所有人、管理人对损害的发生有过错的，也应承担相应的赔偿责任。下列情形之一的，可以认定为机动车所有人、管理人对损害的发生具有过错：（1）知道或者应当知道机动车存在缺陷，且该缺陷是交通事故发生原因之一；（2）知道或者应当知道驾驶人无驾驶资格或者未取得相应驾驶资格；（3）知道或者应当知道驾驶人因饮酒、服用国家管制的精神药品或者麻醉药物，或患有妨碍安全驾驶机动车的疾病等依法不能驾驶机动车；（4）其他应当认定机动车所有人或者管理人有过错的。

87. 无偿搭乘顺风车发生交通事故，司机需要承担责任吗？

生活小案例

五一假期期间，小张准备去郊区游玩，正好邻居小赵也准备自驾去郊区，于是小张搭乘小赵的顺风车一同前往郊区。不料在路上发生交通事故，导致小张受伤。经交通事故责任认定，小赵一方需要承担全部责任。那么对于小张的受伤，小赵需要承担责任吗？

案件分析

本案涉及无偿搭乘他人车辆发生交通事故后的责任承担问题。本案中，小赵出于好心，无偿让小张搭乘自己的车辆，这是一种助人为乐行为，是中华民族的传统美德，值得肯定。但是，该无偿搭乘行为却因交通事故导致小张受伤，并且小赵对本次交通事故负全部责任。对于小张的受伤，根据民法典的规定，非营运机动车发生交通事故造成无偿搭乘人损害，属于该机动车一方责任的，应当减轻其赔偿责任。因此，小张的受伤应由小赵承担赔偿责任，但赔偿应当予以减轻。

关联法条

《中华人民共和国民法典》

第一千二百一十七条　非营运机动车发生交通事故造成无偿搭乘人损害，属于该机动车一方责任的，应当减轻其赔偿责任，但是机动车使用人有故意或者重大过失的除外。

法条释义

本条是民法典对机动车交通事故责任认定中好意同乘的规定。

好意同乘赔偿规则，是指无偿搭乘他人的机动车在运行中发生交通事故，造成无偿搭乘人的损害，属于该机动车一方责任的，减轻机动车一方赔偿责任的规则。非营运机动车发生交通事故造成无偿搭乘人损害，机动车使用人需要承担责任，但是应当减轻机动车使用人的赔偿责任。如果是机动车使用人故意或者有重大过失导致交通事故发生，从而导致无偿搭乘人发生损害的，不应当减轻机动车使用人的责任。

88. 可以随意去医院调取他人的病历吗？

生活小案例

小何最近经常接到一些医疗器材销售机构和医疗康复机构的推销电话，他们向小何推销医疗器材和康复治疗。在通话过程中，这些机构可以清晰地说出不久前小何在医院的治疗情况，包括病情、年龄、家庭住址、化验报告、治疗过程等信息。小何经过追问得知，在没有经过小何允许的情况下，这些机构到医院调取了小何的病历材料。医院的这种行为是否侵犯了小何的合法权益？

案件分析

本案涉及泄露患者隐私和个人信息问题。本案中，小何没有向医疗器材销售机构和医疗康复机构提供过自己就诊的病历材料，也没有允许医院向这类机构提供上述病历。根据民法典规定，医疗机构及其医务人员应当对患者的隐私和个人信息保密，泄露信息或者未经患者允许公开病历资料的，需要承担侵权责任。综上可见，医院的这种行为侵犯了小何的合法权益，应该承担侵权责任。

关联法条

《中华人民共和国民法典》

第一千二百二十六条 医疗机构及其医务人员应当对患者的隐私和个人信息保密。泄露患者的隐私和个人信息，或者未经患者同意公开其病历资料的，应当承担侵权责任。

法条释义

本条是民法典对患者的隐私和个人信息保护的规定。

医疗机构（如医院、诊所、康复中心等）和医务人员（医生、护士等）有义务保护患者的隐私和个人信息，如果泄露患者的隐私和个人信息或者未经患者允许公开患者的病历资料，应该承担相应的责任。

本条的规定具有重大意义。首先，民法典特别注重对个人隐私的保护和对个人信息的保护，在总则部分和人格权编都有相应的规定。其次，现实生活中存在大量的贩卖患者个人信息的行为，严重损害了患者的合法权益。因此，本条在原来规定对患者隐私保护的基础上，增加了对患者个人信息保护的规定。

民法典对医疗损害责任中患者的隐私和个人信息保护的规定，与民法典人格权编中人格权请求权发生竞合。《民法典》第九百九十五条规定，人格权受到侵害的，受害人有权依照本法和其他法律的规定请求行为人承担民事责任。受害人的停止侵害、排除妨碍、消除危险、消除影响、恢复名誉、赔礼道歉请求权，不适用诉讼时效的规定。侵权行为发生后，患者既可以依照《民法典》第一千二百二十六条的规定，要求医疗机构进行损害赔偿，也可以依照《民法典》第九百九十五条规定，请求医疗机构承担其他的民事责任。本条为特别法，依照本条规定请求医疗机构承担侵权责任更为恰当。

89. 患者家属不满医院治疗方案，在医院烧纸钱、拉条幅，这种行为合法吗？

生活小案例

小王突发疾病在医院病逝，家属认为医院进行了很多不必要的检查，并且在救治的过程中处置不当，最终导致了小王的死亡。家属不能接受小王病逝的事实，多次到医院寻求说法，医院也对整个救治过程和检查项目进行了说明，后经医学、医疗专家进行鉴定，不存在过度检查和相关医疗事故。家属为索取高额赔偿在医院大厅焚烧纸钱、拉横幅，严重影响了医院的正常运营。小王家属的这种行为合法吗？

案件分析

本案涉及保护医疗机构及其医务人员合法权益的问题。根据民法典的规定，医疗机构及其医务人员不得违反诊疗规范实施不必要的检查。本案中，小王的家属认为医院作了很多不必要的检查，且存在治疗方法不当。事后经医学、医疗专家进行鉴定，医院不存在过度检查。因此，医院不需要承担相应的责任。家属在医院焚烧纸钱、拉横幅等行为严重影响了医院的正常秩序，影响了其他患者的就诊和医务人员的救治工作。根据民法典的规定，干扰医疗秩序，妨碍医务人员工作、生活，侵害医务人员合法权益的，应当依法承担法律责任。综上可见，小王家属的行为不符合法律规定，应当承担相应的责任。

关联法条

《中华人民共和国民法典》

第一千二百二十八条 医疗机构及其医务人员的合法权益受法律保护。

干扰医疗秩序，妨碍医务人员工作、生活，侵害医务人员合法权益的，应当依法承担法律责任。

法条释义

本条是民法典对维护医疗机构及其医务人员合法权益的规定。

面对近年来频发的伤医事件，民法典为充分保障医务人员的合法权益，规定医疗机构及其医务人员的合法权益受法律保护，并明确干扰医疗秩序，妨碍医务人员工作、生活，侵害医务人员合法权益的人员需要承担相应的法律责任。具体来讲，“医闹”的行为人触犯了何种法律，就应当承担何种法律责任，包括民事责任、行政责任和刑事责任，使他们的行为受到处罚，使医疗机构和医务人员的合法权益得到切实保障。

90. 家门前的护城河被污染，臭气熏天，居民应向谁追责？

生活小案例

小杨家门前是一条护城河，低矮的河床写满了历史。几年前河水清澈，人们在河边垂钓，在河边柳树下乘凉。现如今这样的场景已经不复存在，河水不再清澈，并伴有难闻的气味，用“臭气熏天”来形容也不为过。河水的污染是由上游的一个化工厂排放污水造成的，刺鼻的气味和化学物质的排放也导致小杨和一些村民患上了肺病。与化工厂多次沟通无果，小杨和其他村民不知该怎么保障自身权益。

案件分析

本案涉及污染环境、破坏生态致损的侵权责任问题。根据民法典的规定，因污染环境、破坏生态造成他人损害的，侵权人应当承担侵权责任。小杨家附近的化工厂没有按照要求对污水进行处理后再排放，直接对河水造成了污染，不仅影响到周边村民的正常生活，还造成小杨等村民的人身损害。对此，小杨等村民有权向人民法院提起诉讼，要求化工厂承担如停止侵害、进行损害赔偿的侵权责任。同时，小杨等村民还可以向环境行政机关提出控告，制止化工厂污染环境、破坏生态的违法行为，并要求其对被污染、破坏的生态环境进行修复。根据民法典的规定，违反国家规定造成生态环境损害，生态环境能够修复的，国家规定的机关或者法律规定的组织，如生态环境保护部门、环保公益组织，有权请求侵权人在合理期限内承担修复责任。侵权人在期限内未修复的，国家规定的机关或者法律规定的组织可以自行或者委托他人进行修复，所需费用由侵权人负担。

关联法条

《中华人民共和国民法典》

第一千二百二十九条　因污染环境、破坏生态造成他人损害的，侵权人应当承担侵权责任。

第一千二百三十四条　违反国家规定造成生态环境损害，生态环境能够修复的，国家规定的机关或者法律规定的组织有权请求侵权人在合理期限内承担修复责任。侵权人在期限内未修复的，国家规定的机关或者法律规定的组织可以自行或者委托他人进行修复，所需费用由侵权人负担。

法条释义

以上条文是民法典对环境污染和生态破坏责任的规定。

因污染环境、破坏生态造成他人损害的，侵权人应当承担侵权责任，侵权人不能以自己无过错而主张免责。环境污染和生态环境破坏责任的构成要件包括：（1）行为人实施了污染环境或者破坏生态环境的加害行为；（2）造成环境污染致人人身、财产损害或者破坏生态环境的加害行为；（3）加害行为与损害后果间有因果关系。成立环境污染和生态破坏侵权的，根据赔偿权利人的诉讼请求以及具体案情，加害人应当承担以下侵权责任：停止侵害、排除妨碍、消除危险、恢复原状、赔礼道歉等。造成人身损害或者财产损害的，还须承担侵权损害赔偿责任。

需要注意的是，生态环境损害修复责任属于“恢复原状”的具体适用。恢复原状，是指将损坏的财物恢复到原来的状态。恢复原状是承担民事责任的一种方式，这种责任形式也适用于环境污染和生态环境破坏的情况。生态环境损害修复责任具体包括：（1）将被污染或破坏的环境恢复到原来的状态，即应当治理或修复被污染或破坏的环境；（2）对因污染或破坏环境而造成的国家、集体或者他人财产的损害予以修复。适用恢复原状这种责任形式的条件是，恢复原状要有可能性和必要性，否则，应选用其他民事责任形式。

91. 遗失雷管被他人拾到后发生爆炸，责任由谁来承担？

生活小案例

小张从事石头开采工作，在平时的工作中需要大量的雷管，某天他由于疏忽将雷管遗失。小李拾到小张遗失的雷管，以为是普通铁管，准备当废品卖掉。小李将雷管拿到家以后，雷管发生爆炸，导致小李及家人受伤。对于小李及家人所受的伤害，小张需要承担责任吗？

案件分析

本案涉及高度危险责任问题。本案中的小张由于疏忽使雷管遗失，最终导致小李及其家人受伤。雷管属于高度危险物，根据民法典的规定，遗失高度危险物造成他人损害的，由所有人承担侵权责任。综上可见，对于小李及其家人的受伤，小张需要承担侵权责任。

关联法条

《中华人民共和国民法典》

第一千二百四十一条 遗失、抛弃高度危险物造成他人损害的，由所有人承担侵权责任。所有人将高度危险物交由他人管理的，由管理人承担侵权责任；所有人有过错的，与管理人承担连带责任。

法条释义

本条是民法典对遗失、抛弃高度危险物致害责任的规定。

高度危险物致害责任，是指自然人、法人或者非法人组织所有、占有、管理的危险物被遗失、被抛弃后造成他人损害，应当承担的侵权责任，包括遗失高度危险物、抛弃高度危险物和将高度危险物交由他人管理三种情形。在这三种情形下造成损害的，总体上适用无过错责任原则，即遗失、抛弃高度危险物造成他人损害的，由所有人承担侵权责任；所有人将高度危险物交由他人管理的，由管理人承担侵权责任。例外情况下适用过错责任原则，如明知管理人不具有管理能力，依然委托他人管理的，所有人与管理人承担连带责任。

民法典中关于高度危险物致害责任的规定明确了责任主体，有效保障了被侵权人的合法权益，同时对保管危险物质的单位或者个人也具有一定的警示作用，一定程度上减少了遗失或抛弃高度危险物造成他人损害的案件发生。

92. 饲养的宠物及公园的动物伤害他人，都应该由谁来承担责任？

生活小案例

小刘最近很不幸，前两天刚被邻居家的宠物狗咬伤，今天去动物园游玩的时候又被猴子抓伤。小刘很郁闷，他想知道被宠物狗咬伤和被动物园的猴子抓伤都应该由谁来承担责任。

案件分析

本案涉及饲养动物致人损害问题。小刘被邻居家的宠物狗咬伤，邻居需要承担责任。根据民法典的规定，饲养的动物造成他人损害的，动物饲养人或者管理人应当承担侵权责任。本案中，邻居是动物的饲养人，对于小刘的损害，邻居需要承担责任。另外，按照民法典的规定，能够证明损害是因被侵权人故意或者重大过失造成的，动物饲养人或管理者可以不承担或者减轻责任。本案中小刘不存在故意行为或者重大过失行为，因此不能减轻或者免除邻居的责任。

本案中，小刘在动物园游玩的时候被猴子抓伤，动物园需要承担责任。根据民法典的规定，动物园的动物造成他人损害的，动物园应当承担侵权责任。如果动物园能够证明尽到了监护职责，则动物园不需要承担责任。

关联法条

《中华人民共和国民法典》

第一千二百四十五条 饲养的动物造成他人损害的，动物饲养人或者管理人应当承担侵权责任；但是，能够证明损害是因被侵权人故意或者重大过失造成的，可以不承担或者减轻责任。

第一千二百四十六条 违反管理规定，未对动物采取安全措施造成他人损害的，动物饲养人或者管理人应当承担侵权责任；但是，能够证明损害是因被侵权人故意造成的，可以减轻责任。

第一千二百四十七条 禁止饲养的烈性犬等危险动物造成他人损害的，动物饲养人或者管理人应当承担侵权责任。

第一千二百四十八条 动物园的动物造成他人损

害的，动物园应当承担侵权责任；但是，能够证明尽到管理职责的，不承担侵权责任。

第一千二百四十九条 遗弃、逃逸的动物在遗弃、逃逸期间造成他人损害的，由动物原饲养人或者管理人承担侵权责任。

第一千二百五十条 因第三人的过错致使动物造成他人损害的，被侵权人可以向动物饲养人或者管理人请求赔偿，也可以向第三人请求赔偿。动物饲养人或者管理人赔偿后，有权向第三人追偿。

第一千二百五十一条 饲养动物应当遵守法律法规，尊重社会公德，不得妨碍他人生活。

法条释义

以上条文是民法典对饲养动物致人损害责任承担的规定。

饲养动物致人损害，是指由人工喂养、放养和管理的动物，或者说，为某人所占有或控制的动物造成他人损害。饲养的动物不包括微生物（细菌、病毒），也不包括野生动物。培养、保管的微生物致人损害的，一般属于占有或使用高度危险物致人损害责任。

饲养动物造成他人损害的，动物的饲养人或者管理人应当承担无过错责任；法律有特殊规定的，按照规定处理：

（1）受害人“挑逗”动物，对损害的发生具有故意或者重大过失的，可以减轻饲养人或者管理人的责任。

（2）违反管理规定，未对动物采取安全措施造成他人损害的，只有在受害人有过错时，才可以减轻动物饲养人或者管理人的责任。

（3）动物园饲养的动物致人损害的，动物园只有能够证明自身尽到管理职责时，才不承担侵权责任。

（4）饲养的动物在遗弃、逃逸期间致人损害的，由原饲养人或者管理人承担责任，如果动物中途被他人饲养，则由新的饲养人承担责任。

（5）饲养的动物因第三人的过错致人损害的，受害人可以向动物饲养人或者管理人请求赔偿，也可以向第三人请求赔偿。动物饲养人或者管理人赔偿后，有权向第三人全额追偿。

93. 大风天气导致阳台上的花盆掉落砸伤他人，花盆所有人需要承担责任吗？

生活小案例

小刘走到单元楼门口时，大风天气导致二楼邻居老赵家阳台上的花盆坠落，小刘不幸被砸伤。经过两周的治疗后小刘康复出院，治疗费用共计一万元。小刘可以要求老赵承担赔偿责任吗？

案件分析

本案涉及悬挂物致人损害问题。本案中，大风天气导致花盆坠落，可以推定老赵家的花盆固定不牢靠，导致小刘不幸被砸伤。根据民法典的规定，建筑物、构筑物或者其他设施及其搁置物、悬挂物发生脱落、坠落造成他人损害，所有人、管理人或者使用人不能证明自己没有过错的，应当承担侵权责任。因此，作为花盆的所有人，邻居老赵需要承担赔偿责任。

关联法条

《中华人民共和国民法典》

第一千二百五十三条 建筑物、构筑物或者其他设施及其搁置物、悬挂物发生脱落、坠落造成他人损害，所有人、管理人或者使用人不能证明自己没有过错的，应当承担侵权责任。所有人、管理人或者使用人赔偿后，有其他责任人的，有权向其他责任人追偿。

第一千二百五十四条 禁止从建筑物中抛掷物品。从建筑物中抛掷物品或者从建筑物上坠落的物品造成他人损害的，由侵权人依法承担侵权责任；经调查难以确定具体侵权人的，除能够证明自己不是侵权人的外，由可能加害的建筑物使用人给予补偿。可能加害的建筑物使用人补偿后，有权向侵权人追偿。

物业服务企业等建筑物管理人应当采取必要的安全保障措施防止前款规定情形的发生；未采取必要的安全保障措施的，应当依法承担未履行安全保障义务的侵权责任。

发生本条第一款规定的情形的，公安等机关应当依法及时调查，查清责任人。

法条释义

以上条文是民法典对悬挂物致人损害责任以及“高空抛物”致人损害责任的规定。

悬挂物致人损害的，其所有人、管理人或者使用人应该承担相应的责任，如果能够证明自己没有过错，则不需要承担责任。所有人、管理人或者使用人赔偿后，有其他责任人的，有权向其他责任人追偿。悬挂物致人损害责任的构成要件包括：（1）因建筑物、构筑物或者其他设施及其搁置物、悬挂物造成损害；（2）方式为脱落或者坠落；（3）造成了他人的人身伤害或财产损失；（4）不动产及其搁置物、悬挂物的所有人、管理人或者使用人不能证明自己不存在过失的，推定所有人、管理人或者使用人存在过失。

日常生活中和悬挂物致人损害案件类似，并且多发的案件就是“高空抛物”致人损害案件。“高空抛物”致人损害的，由侵权人承担责任。不能确定侵权人的，基于公平责任原则，由可能加害的建筑物使用人给予补偿，如果能够证明自己不是侵权人的（如该户居民常年不在家，无人居住），可以不进行补偿。如果事后发现了侵权人，可以向其追偿。物业等建筑物管理人应当采取必要的安全保障措施防止类似情况的发生，未采取必要的安全保障措施，损害发生后需要承担相应的侵权责任。明确物业等建筑物管理人的责任，有利于充分保障被侵权人的合法权益。在维护良好的邻里关系的同时，我们还应注意自身的行为不要侵犯到他人的合法权益。

附录：

中华人民共和国民法典

（2020 年 5 月 28 日第十三届全国人民代表大会
第三次会议通过，自 2021 年 1 月 1 日起施行）

目　录

第一编　总　则

第一章　基本规定

第一条　为了保护民事主体的合法权益，调整民事关系，维护社会和经济秩序，适应中国特色社会主义发展要求，弘扬社会主义核心价值观，根据宪法，制定本法。

第二条　民法调整平等主体的自然人、法人和非法人组织之间的人身关系和财产关系。

第三条　民事主体的人身权利、财产权利以及其他合法权益受法律保护，任何组织或者个人不得侵犯。

第四条　民事主体在民事活动中的法律地位一律平等。

第五条　民事主体从事民事活动，应当遵循自愿原则，按照自己的意思设立、变更、终止民事法律关系。

第六条　民事主体从事民事活动，应当遵循公平原则，合理确定各方的权利和义务。

第七条　民事主体从事民事活动，应当遵循诚信原则，秉持诚实，恪守承诺。

第八条　民事主体从事民事活动，不得违反法律，不得违背公序良俗。

第九条　民事主体从事民事活动，应当有利于节约资源、保护生态环境。

第十条　处理民事纠纷，应当依照法律；法律没有规定的，可以适用习惯，但是不得违背公序良俗。

第十一条　其他法律对民事关系有特别规定的，依照其规定。

第十二条　中华人民共和国领域内的民事活动，适用中华人民共和国法律。法律另有规定的，依照其规定。

第二章 自 然 人

第一节 民事权利能力和民事行为能力

第十三条 自然人从出生时起到死亡时止，具有民事权利能力，依法享有民事权利，承担民事义务。

第十四条 自然人的民事权利能力一律平等。

第十五条 自然人的出生时间和死亡时间，以出生证明、死亡证明记载的时间为准；没有出生证明、死亡证明的，以户籍登记或者其他有效身份登记记载的时间为准。有其他证据足以推翻以上记载时间的，以该证据证明的时间为准。

第十六条 涉及遗产继承、接受赠与等胎儿利益保护的，胎儿视为具有民事权利能力。但是，胎儿娩出时为死体的，其民事权利能力自始不存在。

第十七条 十八周岁以上的自然人为成年人。不满十八周岁的自然人为未成年人。

第十八条 成年人为完全民事行为能力人，可以独立实施民事法律行为。

十六周岁以上的未成年人，以自己的劳动收入为主要生活来源的，视为完全民事行为能力人。

第十九条 八周岁以上的未成年人为限制民事行为能力人，实施民事法律行为由其法定代理人代理或者经其法定代理人同意、追认；但是，可以独立实施纯获利益的民事法律行为或者与其年龄、智力相适应的民事法律行为。

第二十条 不满八周岁的未成年人为无民事行为能力人，由其法定代理人代理实施民事法律行为。

第二十一条 不能辨认自己行为的成年人为无民事行为能力人，

由其法定代理人代理实施民事法律行为。

八周岁以上的未成年人不能辨认自己行为的，适用前款规定。

第二十二条 不能完全辨认自己行为的成年人为限制民事行为能力人，实施民事法律行为由其法定代理人代理或者经其法定代理人同意、追认；但是，可以独立实施纯获利益的民事法律行为或者与其智力、精神健康状况相适应的民事法律行为。

第二十三条 无民事行为能力人、限制民事行为能力人的监护人是其法定代理人。

第二十四条 不能辨认或者不能完全辨认自己行为的成年人，其利害关系人或者有关组织，可以向人民法院申请认定该成年人为无民事行为能力人或者限制民事行为能力人。

被人民法院认定为无民事行为能力人或者限制民事行为能力人的，经本人、利害关系人或者有关组织申请，人民法院可以根据其智力、精神健康恢复的状况，认定该成年人恢复为限制民事行为能力人或者完全民事行为能力人。

本条规定的有关组织包括：居民委员会、村民委员会、学校、医疗机构、妇女联合会、残疾人联合会、依法设立的老年人组织、民政部门等。

第二十五条 自然人以户籍登记或者其他有效身份登记记载的居所为住所；经常居所与住所不一致的，经常居所视为住所。

第二节 监 护

第二十六条 父母对未成年子女负有抚养、教育和保护的义务。

成年子女对父母负有赡养、扶助和保护的义务。

第二十七条 父母是未成年子女的监护人。

未成年人的父母已经死亡或者没有监护能力的，由下列有监护能力的人按顺序担任监护人：

（一）祖父母、外祖父母；

（二）兄、姐；

（三）其他愿意担任监护人的个人或者组织，但是须经未成年人住所地的居民委员会、村民委员会或者民政部门同意。

第二十八条 无民事行为能力或者限制民事行为能力的成年人，由下列有监护能力的人按顺序担任监护人：

（一）配偶；

（二）父母、子女；

（三）其他近亲属；

（四）其他愿意担任监护人的个人或者组织，但是须经被监护人住所地的居民委员会、村民委员会或者民政部门同意。

第二十九条 被监护人的父母担任监护人的，可以通过遗嘱指定监护人。

第三十条 依法具有监护资格的人之间可以协议确定监护人。协议确定监护人应当尊重被监护人的真实意愿。

第三十一条 对监护人的确定有争议的，由被监护人住所地的居民委员会、村民委员会或者民政部门指定监护人，有关当事人对指定不服的，可以向人民法院申请指定监护人；有关当事人也可以直接向人民法院申请指定监护人。

居民委员会、村民委员会、民政部门或者人民法院应当尊重被监护人的真实意愿，按照最有利于被监护人的原则在依法具有监护资格的人中指定监护人。

依据本条第一款规定指定监护人前，被监护人的人身权利、财产权利以及其他合法权益处于无人保护状态的，由被监护人住所地的居民委员会、村民委员会、法律规定的有关组织或者民政部门担任临时监护人。

监护人被指定后，不得擅自变更；擅自变更的，不免除被指定的监护人的责任。

第三十二条 没有依法具有监护资格的人的，监护人由民政部门担任，也可以由具备履行监护职责条件的被监护人住所地的居民委员会、村民委员会担任。

第三十三条 具有完全民事行为能力的成年人，可以与其近亲属、其他愿意担任监护人的个人或者组织事先协商，以书面形式确定自己的监护人，在自己丧失或者部分丧失民事行为能力时，由该监护人履行监护职责。

第三十四条 监护人的职责是代理被监护人实施民事法律行为，保护被监护人的人身权利、财产权利以及其他合法权益等。

监护人依法履行监护职责产生的权利，受法律保护。

监护人不履行监护职责或者侵害被监护人合法权益的，应当承担法律责任。

因发生突发事件等紧急情况，监护人暂时无法履行监护职责，被监护人的生活处于无人照料状态的，被监护人住所地的居民委员会、村民委员会或者民政部门应当为被监护人安排必要的临时生活照料措施。

第三十五条 监护人应当按照最有利于被监护人的原则履行监护职责。监护人除为维护被监护人利益外，不得处分被监护人的财产。

未成年人的监护人履行监护职责，在作出与被监护人利益有关的决定时，应当根据被监护人的年龄和智力状况，尊重被监护人的真实意愿。

成年人的监护人履行监护职责，应当最大程度地尊重被监护人的真实意愿，保障并协助被监护人实施与其智力、精神健康状况相适应的民事法律行为。对被监护人有能力独立处理的事务，监护人不得干涉。

第三十六条 监护人有下列情形之一的，人民法院根据有关个人或者组织的申请，撤销其监护人资格，安排必要的临时监护措施，并按照最有利于被监护人的原则依法指定监护人：

（一）实施严重损害被监护人身心健康的行为；

（二）怠于履行监护职责，或者无法履行监护职责且拒绝将监护职责部分或者全部委托给他人，导致被监护人处于危困状态；

（三）实施严重侵害被监护人合法权益的其他行为。

本条规定的有关个人、组织包括：其他依法具有监护资格的人，居民委员会、村民委员会、学校、医疗机构、妇女联合会、残疾人联合会、未成年人保护组织、依法设立的老年人组织、民政部门等。

前款规定的个人和民政部门以外的组织未及时向人民法院申请撤销监护人资格的，民政部门应当向人民法院申请。

第三十七条 依法负担被监护人抚养费、赡养费、扶养费的父母、子女、配偶等，被人民法院撤销监护人资格后，应当继续履行负担的义务。

第三十八条 被监护人的父母或者子女被人民法院撤销监护人资格后，除对被监护人实施故意犯罪的外，确有悔改表现的，经其申请，人民法院可以在尊重被监护人真实意愿的前提下，视情况恢复其监护人资格，人民法院指定的监护人与被监护人的监护关系同时终止。

第三十九条 有下列情形之一的，监护关系终止：

（一）被监护人取得或者恢复完全民事行为能力；

（二）监护人丧失监护能力；

（三）被监护人或者监护人死亡；

（四）人民法院认定监护关系终止的其他情形。

监护关系终止后，被监护人仍然需要监护的，应当依法另行确定监护人。

第三节　宣告失踪和宣告死亡

第四十条 自然人下落不明满二年的，利害关系人可以向人民法院申请宣告该自然人为失踪人。

第四十一条 自然人下落不明的时间自其失去音讯之日起计算。战争期间下落不明的，下落不明的时间自战争结束之日或者有关机关确定的下落不明之日起计算。

第四十二条 失踪人的财产由其配偶、成年子女、父母或者其他愿意担任财产代管人的人代管。

代管有争议，没有前款规定的人，或者前款规定的人无代管能力的，由人民法院指定的人代管。

第四十三条 财产代管人应当妥善管理失踪人的财产，维护其财产权益。

失踪人所欠税款、债务和应付的其他费用，由财产代管人从失踪人的财产中支付。

财产代管人因故意或者重大过失造成失踪人财产损失的，应当承担赔偿责任。

第四十四条 财产代管人不履行代管职责、侵害失踪人财产权益或者丧失代管能力的，失踪人的利害关系人可以向人民法院申请变更财产代管人。

财产代管人有正当理由的，可以向人民法院申请变更财产代管人。

人民法院变更财产代管人的，变更后的财产代管人有权请求原财产代管人及时移交有关财产并报告财产代管情况。

第四十五条 失踪人重新出现，经本人或者利害关系人申请，人民法院应当撤销失踪宣告。

失踪人重新出现，有权请求财产代管人及时移交有关财产并报告财产代管情况。

第四十六条 自然人有下列情形之一的，利害关系人可以向人民法院申请宣告该自然人死亡：

（一）下落不明满四年；

（二）因意外事件，下落不明满二年。

因意外事件下落不明，经有关机关证明该自然人不可能生存的，申请宣告死亡不受二年时间的限制。

第四十七条 对同一自然人，有的利害关系人申请宣告死亡，有的利害关系人申请宣告失踪，符合本法规定的宣告死亡条件的，人民法院应当宣告死亡。

第四十八条 被宣告死亡的人，人民法院宣告死亡的判决作出之日视为其死亡的日期；因意外事件下落不明宣告死亡的，意外事件发生之日视为其死亡的日期。

第四十九条 自然人被宣告死亡但是并未死亡的，不影响该自然人在被宣告死亡期间实施的民事法律行为的效力。

第五十条 被宣告死亡的人重新出现，经本人或者利害关系人申请，人民法院应当撤销死亡宣告。

第五十一条 被宣告死亡的人的婚姻关系，自死亡宣告之日起消除。死亡宣告被撤销的，婚姻关系自撤销死亡宣告之日起自行恢复。但是，其配偶再婚或者向婚姻登记机关书面声明不愿意恢复的除外。

第五十二条 被宣告死亡的人在被宣告死亡期间，其子女被他人依法收养的，在死亡宣告被撤销后，不得以未经本人同意为由主张收养行为无效。

第五十三条 被撤销死亡宣告的人有权请求依照本法第六编取得其财产的民事主体返还财产；无法返还的，应当给予适当补偿。

利害关系人隐瞒真实情况，致使他人被宣告死亡而取得其财产的，除应当返还财产外，还应当对由此造成的损失承担赔偿责任。

第四节 个体工商户和农村承包经营户

第五十四条 自然人从事工商业经营，经依法登记，为个体工商户。个体工商户可以起字号。

第五十五条 农村集体经济组织的成员，依法取得农村土地承包经营权，从事家庭承包经营的，为农村承包经营户。

第五十六条 个体工商户的债务，个人经营的，以个人财产承担；家庭经营的，以家庭财产承担；无法区分的，以家庭财产承担。

农村承包经营户的债务，以从事农村土地承包经营的农户财产承担；事实上由农户部分成员经营的，以该部分成员的财产承担。

第三章 法 人

第一节 一般规定

第五十七条 法人是具有民事权利能力和民事行为能力，依法独立享有民事权利和承担民事义务的组织。

第五十八条 法人应当依法成立。

法人应当有自己的名称、组织机构、住所、财产或者经费。法人成立的具体条件和程序，依照法律、行政法规的规定。

设立法人，法律、行政法规规定须经有关机关批准的，依照其规定。

第五十九条 法人的民事权利能力和民事行为能力，从法人成立时产生，到法人终止时消灭。

第六十条 法人以其全部财产独立承担民事责任。

第六十一条 依照法律或者法人章程的规定，代表法人从事民事活动的负责人，为法人的法定代表人。

法定代表人以法人名义从事的民事活动，其法律后果由法人承受。

法人章程或者法人权力机构对法定代表人代表权的限制，不得对抗善意相对人。

第六十二条 法定代表人因执行职务造成他人损害的，由法人承担民事责任。

法人承担民事责任后，依照法律或者法人章程的规定，可以向有过错的法定代表人追偿。

第六十三条 法人以其主要办事机构所在地为住所。依法需要办理法人登记的，应当将主要办事机构所在地登记为住所。

第六十四条 法人存续期间登记事项发生变化的，应当依法向登记机关申请变更登记。

第六十五条 法人的实际情况与登记的事项不一致的，不得对抗善意相对人。

第六十六条 登记机关应当依法及时公示法人登记的有关信息。

第六十七条 法人合并的，其权利和义务由合并后的法人享有和承担。

法人分立的，其权利和义务由分立后的法人享有连带债权，承担连带债务，但是债权人和债务人另有约定的除外。

第六十八条 有下列原因之一并依法完成清算、注销登记的，法人终止：

（一）法人解散；

（二）法人被宣告破产；

（三）法律规定的其他原因。

法人终止，法律、行政法规规定须经有关机关批准的，依照其规定。

第六十九条 有下列情形之一的，法人解散：

（一）法人章程规定的存续期间届满或者法人章程规定的其他解散事由出现；

（二）法人的权力机构决议解散；

（三）因法人合并或者分立需要解散；

（四）法人依法被吊销营业执照、登记证书，被责令关闭或者被撤销；

（五）法律规定的其他情形。

第七十条 法人解散的，除合并或者分立的情形外，清算义务人应当及时组成清算组进行清算。

法人的董事、理事等执行机构或者决策机构的成员为清算义务人。法律、行政法规另有规定的，依照其规定。

清算义务人未及时履行清算义务，造成损害的，应当承担民事责任；主管机关或者利害关系人可以申请人民法院指定有关人员组成清算组进行清算。

第七十一条 法人的清算程序和清算组职权，依照有关法律的规定；没有规定的，参照适用公司法律的有关规定。

第七十二条 清算期间法人存续，但是不得从事与清算无关的活动。

法人清算后的剩余财产，按照法人章程的规定或者法人权力机构的决议处理。法律另有规定的，依照其规定。

清算结束并完成法人注销登记时，法人终止；依法不需要办理法人登记的，清算结束时，法人终止。

第七十三条 法人被宣告破产的，依法进行破产清算并完成法人注销登记时，法人终止。

第七十四条 法人可以依法设立分支机构。法律、行政法规规定分支机构应当登记的，依照其规定。

分支机构以自己的名义从事民事活动，产生的民事责任由法人承担；也可以先以该分支机构管理的财产承担，不足以承担的，由法人承担。

第七十五条 设立人为设立法人从事的民事活动，其法律后果由法人承受；法人未成立的，其法律后果由设立人承受，设立人为二人以上的，享有连带债权，承担连带债务。

设立人为设立法人以自己的名义从事民事活动产生的民事责任，第三人有权选择请求法人或者设立人承担。

第二节　营利法人

第七十六条　以取得利润并分配给股东等出资人为目的成立的法人，为营利法人。

营利法人包括有限责任公司、股份有限公司和其他企业法人等。

第七十七条　营利法人经依法登记成立。

第七十八条　依法设立的营利法人，由登记机关发给营利法人营业执照。营业执照签发日期为营利法人的成立日期。

第七十九条　设立营利法人应当依法制定法人章程。

第八十条　营利法人应当设权力机构。

权力机构行使修改法人章程，选举或者更换执行机构、监督机构成员，以及法人章程规定的其他职权。

第八十一条　营利法人应当设执行机构。

执行机构行使召集权力机构会议，决定法人的经营计划和投资方案，决定法人内部管理机构的设置，以及法人章程规定的其他职权。

执行机构为董事会或者执行董事的，董事长、执行董事或者经理按照法人章程的规定担任法定代表人；未设董事会或者执行董事的，法人章程规定的主要负责人为其执行机构和法定代表人。

第八十二条　营利法人设监事会或者监事等监督机构的，监督机构依法行使检查法人财务，监督执行机构成员、高级管理人员执行法人职务的行为，以及法人章程规定的其他职权。

第八十三条　营利法人的出资人不得滥用出资人权利损害法人或者其他出资人的利益；滥用出资人权利造成法人或者其他出资人损失的，应当依法承担民事责任。

营利法人的出资人不得滥用法人独立地位和出资人有限责任损害法人债权人的利益；滥用法人独立地位和出资人有限责任，逃避债务，严重损害法人债权人的利益的，应当对法人债务承担连带责任。

第八十四条 营利法人的控股出资人、实际控制人、董事、监事、高级管理人员不得利用其关联关系损害法人的利益；利用关联关系造成法人损失的，应当承担赔偿责任。

第八十五条 营利法人的权力机构、执行机构作出决议的会议召集程序、表决方式违反法律、行政法规、法人章程，或者决议内容违反法人章程的，营利法人的出资人可以请求人民法院撤销该决议。但是，营利法人依据该决议与善意相对人形成的民事法律关系不受影响。

第八十六条 营利法人从事经营活动，应当遵守商业道德，维护交易安全，接受政府和社会的监督，承担社会责任。

第三节 非营利法人

第八十七条 为公益目的或者其他非营利目的成立，不向出资人、设立人或者会员分配所取得利润的法人，为非营利法人。

非营利法人包括事业单位、社会团体、基金会、社会服务机构等。

第八十八条 具备法人条件，为适应经济社会发展需要，提供公益服务设立的事业单位，经依法登记成立，取得事业单位法人资格；依法不需要办理法人登记的，从成立之日起，具有事业单位法人资格。

第八十九条 事业单位法人设理事会的，除法律另有规定外，理事会为其决策机构。事业单位法人的法定代表人依照法律、行政法规或者法人章程的规定产生。

第九十条 具备法人条件，基于会员共同意愿，为公益目的或者会员共同利益等非营利目的设立的社会团体，经依法登记成立，取得社会团体法人资格；依法不需要办理法人登记的，从成立之日起，具有社会团体法人资格。

第九十一条 设立社会团体法人应当依法制定法人章程。

社会团体法人应当设会员大会或者会员代表大会等权力机构。

社会团体法人应当设理事会等执行机构。理事长或者会长等负责人按照法人章程的规定担任法定代表人。

第九十二条 具备法人条件，为公益目的以捐助财产设立的基金会、社会服务机构等，经依法登记成立，取得捐助法人资格。

依法设立的宗教活动场所，具备法人条件的，可以申请法人登记，取得捐助法人资格。法律、行政法规对宗教活动场所有规定的，依照其规定。

第九十三条 设立捐助法人应当依法制定法人章程。

捐助法人应当设理事会、民主管理组织等决策机构，并设执行机构。理事长等负责人按照法人章程的规定担任法定代表人。

捐助法人应当设监事会等监督机构。

第九十四条 捐助人有权向捐助法人查询捐助财产的使用、管理情况，并提出意见和建议，捐助法人应当及时、如实答复。

捐助法人的决策机构、执行机构或者法定代表人作出决定的程序违反法律、行政法规、法人章程，或者决定内容违反法人章程的，捐助人等利害关系人或者主管机关可以请求人民法院撤销该决定。但是，捐助法人依据该决定与善意相对人形成的民事法律关系不受影响。

第九十五条 为公益目的成立的非营利法人终止时，不得向出资人、设立人或者会员分配剩余财产。剩余财产应当按照法人章程的规定或者权力机构的决议用于公益目的；无法按照法人章程的规定或者权力机构的决议处理的，由主管机关主持转给宗旨相同或者相近的法人，并向社会公告。

第四节 特别法人

第九十六条 本节规定的机关法人、农村集体经济组织法人、城镇农村的合作经济组织法人、基层群众性自治组织法人，为特别法人。

第九十七条 有独立经费的机关和承担行政职能的法定机构从成立之日起，具有机关法人资格，可以从事为履行职能所需要的民事活动。

第九十八条 机关法人被撤销的，法人终止，其民事权利和义务由继任的机关法人享有和承担；没有继任的机关法人的，由作出撤销决定的机关法人享有和承担。

第九十九条 农村集体经济组织依法取得法人资格。

法律、行政法规对农村集体经济组织有规定的，依照其规定。

第一百条 城镇农村的合作经济组织依法取得法人资格。

法律、行政法规对城镇农村的合作经济组织有规定的，依照其规定。

第一百零一条 居民委员会、村民委员会具有基层群众性自治组织法人资格，可以从事为履行职能所需要的民事活动。

未设立村集体经济组织的，村民委员会可以依法代行村集体经济组织的职能。

第四章 非法人组织

第一百零二条 非法人组织是不具有法人资格，但是能够依法以自己的名义从事民事活动的组织。

非法人组织包括个人独资企业、合伙企业、不具有法人资格的专业服务机构等。

第一百零三条 非法人组织应当依照法律的规定登记。

设立非法人组织，法律、行政法规规定须经有关机关批准的，依照其规定。

第一百零四条 非法人组织的财产不足以清偿债务的，其出资人或者设立人承担无限责任。法律另有规定的，依照其规定。

第一百零五条 非法人组织可以确定一人或者数人代表该组织从事民事活动。

第一百零六条 有下列情形之一的，非法人组织解散：

（一）章程规定的存续期间届满或者章程规定的其他解散事由出现；

（二）出资人或者设立人决定解散；

（三）法律规定的其他情形。

第一百零七条 非法人组织解散的，应当依法进行清算。

第一百零八条 非法人组织除适用本章规定外，参照适用本编第三章第一节的有关规定。

第五章 民事权利

第一百零九条 自然人的人身自由、人格尊严受法律保护。

第一百一十条 自然人享有生命权、身体权、健康权、姓名权、肖像权、名誉权、荣誉权、隐私权、婚姻自主权等权利。

法人、非法人组织享有名称权、名誉权和荣誉权。

第一百一十一条 自然人的个人信息受法律保护。任何组织或者个人需要获取他人个人信息的，应当依法取得并确保信息安全，不得非法收集、使用、加工、传输他人个人信息，不得非法买卖、提供或者公开他人个人信息。

第一百一十二条 自然人因婚姻家庭关系等产生的人身权利受法律保护。

第一百一十三条 民事主体的财产权利受法律平等保护。

第一百一十四条 民事主体依法享有物权。

物权是权利人依法对特定的物享有直接支配和排他的权利，包括所有权、用益物权和担保物权。

第一百一十五条 物包括不动产和动产。法律规定权利作为物权客体的，依照其规定。

第一百一十六条 物权的种类和内容，由法律规定。

第一百一十七条 为了公共利益的需要，依照法律规定的权限和程序征收、征用不动产或者动产的，应当给予公平、合理的补偿。

第一百一十八条 民事主体依法享有债权。

债权是因合同、侵权行为、无因管理、不当得利以及法律的其他规定，权利人请求特定义务人为或者不为一定行为的权利。

第一百一十九条 依法成立的合同，对当事人具有法律约束力。

第一百二十条 民事权益受到侵害的，被侵权人有权请求侵权人承担侵权责任。

第一百二十一条 没有法定的或者约定的义务，为避免他人利益受损失而进行管理的人，有权请求受益人偿还由此支出的必要费用。

第一百二十二条 因他人没有法律根据，取得不当利益，受损失的人有权请求其返还不当利益。

第一百二十三条 民事主体依法享有知识产权。

知识产权是权利人依法就下列客体享有的专有的权利：

（一）作品；

（二）发明、实用新型、外观设计；

（三）商标；

（四）地理标志；

（五）商业秘密；

（六）集成电路布图设计；

（七）植物新品种；

（八）法律规定的其他客体。

第一百二十四条 自然人依法享有继承权。

自然人合法的私有财产，可以依法继承。

第一百二十五条 民事主体依法享有股权和其他投资性权利。

第一百二十六条 民事主体享有法律规定的其他民事权利和利益。

第一百二十七条 法律对数据、网络虚拟财产的保护有规定的，依照其规定。

第一百二十八条 法律对未成年人、老年人、残疾人、妇女、消费者等的民事权利保护有特别规定的，依照其规定。

第一百二十九条 民事权利可以依据民事法律行为、事实行为、法律规定的事件或者法律规定的其他方式取得。

第一百三十条 民事主体按照自己的意愿依法行使民事权利，不受干涉。

第一百三十一条 民事主体行使权利时，应当履行法律规定的和当事人约定的义务。

第一百三十二条 民事主体不得滥用民事权利损害国家利益、社会公共利益或者他人合法权益。

第六章 民事法律行为

第一节 一般规定

第一百三十三条 民事法律行为是民事主体通过意思表示设立、变更、终止民事法律关系的行为。

第一百三十四条 民事法律行为可以基于双方或者多方的意思表示一致成立，也可以基于单方的意思表示成立。

法人、非法人组织依照法律或者章程规定的议事方式和表决程序作出决议的，该决议行为成立。

第一百三十五条 民事法律行为可以采用书面形式、口头形式或者其他形式；法律、行政法规规定或者当事人约定采用特定形式的，应当采用特定形式。

第一百三十六条 民事法律行为自成立时生效，但是法律另有规定或者当事人另有约定的除外。

行为人非依法律规定或者未经对方同意，不得擅自变更或者解除民事法律行为。

第二节　意思表示

第一百三十七条　以对话方式作出的意思表示，相对人知道其内容时生效。

以非对话方式作出的意思表示，到达相对人时生效。以非对话方式作出的采用数据电文形式的意思表示，相对人指定特定系统接收数据电文的，该数据电文进入该特定系统时生效；未指定特定系统的，相对人知道或者应当知道该数据电文进入其系统时生效。当事人对采用数据电文形式的意思表示的生效时间另有约定的，按照其约定。

第一百三十八条　无相对人的意思表示，表示完成时生效。法律另有规定的，依照其规定。

第一百三十九条　以公告方式作出的意思表示，公告发布时生效。

第一百四十条　行为人可以明示或者默示作出意思表示。

沉默只有在有法律规定、当事人约定或者符合当事人之间的交易习惯时，才可以视为意思表示。

第一百四十一条　行为人可以撤回意思表示。撤回意思表示的通知应当在意思表示到达相对人前或者与意思表示同时到达相对人。

第一百四十二条　有相对人的意思表示的解释，应当按照所使用的词句，结合相关条款、行为的性质和目的、习惯以及诚信原则，确定意思表示的含义。

无相对人的意思表示的解释，不能完全拘泥于所使用的词句，而应当结合相关条款、行为的性质和目的、习惯以及诚信原则，确定行为人的真实意思。

第三节　民事法律行为的效力

第一百四十三条　具备下列条件的民事法律行为有效：

（一）行为人具有相应的民事行为能力；

（二）意思表示真实；

（三）不违反法律、行政法规的强制性规定，不违背公序良俗。

第一百四十四条 无民事行为能力人实施的民事法律行为无效。

第一百四十五条 限制民事行为能力人实施的纯获利益的民事法律行为或者与其年龄、智力、精神健康状况相适应的民事法律行为有效；实施的其他民事法律行为经法定代理人同意或者追认后有效。

相对人可以催告法定代理人自收到通知之日起三十日内予以追认。法定代理人未作表示的，视为拒绝追认。民事法律行为被追认前，善意相对人有撤销的权利。撤销应当以通知的方式作出。

第一百四十六条 行为人与相对人以虚假的意思表示实施的民事法律行为无效。

以虚假的意思表示隐藏的民事法律行为的效力，依照有关法律规定处理。

第一百四十七条 基于重大误解实施的民事法律行为，行为人有权请求人民法院或者仲裁机构予以撤销。

第一百四十八条 一方以欺诈手段，使对方在违背真实意思的情况下实施的民事法律行为，受欺诈方有权请求人民法院或者仲裁机构予以撤销。

第一百四十九条 第三人实施欺诈行为，使一方在违背真实意思的情况下实施的民事法律行为，对方知道或者应当知道该欺诈行为的，受欺诈方有权请求人民法院或者仲裁机构予以撤销。

第一百五十条 一方或者第三人以胁迫手段，使对方在违背真实意思的情况下实施的民事法律行为，受胁迫方有权请求人民法院或者仲裁机构予以撤销。

第一百五十一条 一方利用对方处于危困状态、缺乏判断能力等情形，致使民事法律行为成立时显失公平的，受损害方有权请求人民法院或者仲裁机构予以撤销。

第一百五十二条 有下列情形之一的，撤销权消灭：

（一）当事人自知道或者应当知道撤销事由之日起一年内、重大误解的当事人自知道或者应当知道撤销事由之日起九十日内没有行使撤销权；

（二）当事人受胁迫，自胁迫行为终止之日起一年内没有行使撤销权；

（三）当事人知道撤销事由后明确表示或者以自己的行为表明放弃撤销权。

当事人自民事法律行为发生之日起五年内没有行使撤销权的，撤销权消灭。

第一百五十三条 违反法律、行政法规的强制性规定的民事法律行为无效。但是，该强制性规定不导致该民事法律行为无效的除外。

违背公序良俗的民事法律行为无效。

第一百五十四条 行为人与相对人恶意串通，损害他人合法权益的民事法律行为无效。

第一百五十五条 无效的或者被撤销的民事法律行为自始没有法律约束力。

第一百五十六条 民事法律行为部分无效，不影响其他部分效力的，其他部分仍然有效。

第一百五十七条 民事法律行为无效、被撤销或者确定不发生效力后，行为人因该行为取得的财产，应当予以返还；不能返还或者没有必要返还的，应当折价补偿。有过错的一方应当赔偿对方由此所受到的损失；各方都有过错的，应当各自承担相应的责任。法律另有规定的，依照其规定。

第四节　民事法律行为的附条件和附期限

第一百五十八条 民事法律行为可以附条件，但是根据其性质不得附条件的除外。附生效条件的民事法律行为，自条件成就时生效。附解除条件的民事法律行为，自条件成就时失效。

第一百五十九条 附条件的民事法律行为，当事人为自己的利益不正当地阻止条件成就的，视为条件已经成就；不正当地促成条件成就的，视为条件不成就。

第一百六十条 民事法律行为可以附期限，但是根据其性质不得附期限的除外。附生效期限的民事法律行为，自期限届至时生效。附终止期限的民事法律行为，自期限届满时失效。

第七章 代 理

第一节 一般规定

第一百六十一条 民事主体可以通过代理人实施民事法律行为。

依照法律规定、当事人约定或者民事法律行为的性质，应当由本人亲自实施的民事法律行为，不得代理。

第一百六十二条 代理人在代理权限内，以被代理人名义实施的民事法律行为，对被代理人发生效力。

第一百六十三条 代理包括委托代理和法定代理。

委托代理人按照被代理人的委托行使代理权。法定代理人依照法律的规定行使代理权。

第一百六十四条 代理人不履行或者不完全履行职责，造成被代理人损害的，应当承担民事责任。

代理人和相对人恶意串通，损害被代理人合法权益的，代理人和相对人应当承担连带责任。

第二节 委托代理

第一百六十五条 委托代理授权采用书面形式的，授权委托书应当载明代理人的姓名或者名称、代理事项、权限和期限，并由被代理人签名或者盖章。

第一百六十六条 数人为同一代理事项的代理人的，应当共同行使代理权，但是当事人另有约定的除外。

第一百六十七条 代理人知道或者应当知道代理事项违法仍然实施代理行为，或者被代理人知道或者应当知道代理人的代理行为违法未作反对表示的，被代理人和代理人应当承担连带责任。

第一百六十八条 代理人不得以被代理人的名义与自己实施民事法律行为，但是被代理人同意或者追认的除外。

代理人不得以被代理人的名义与自己同时代理的其他人实施民事法律行为，但是被代理的双方同意或者追认的除外。

第一百六十九条 代理人需要转委托第三人代理的，应当取得被代理人的同意或者追认。

转委托代理经被代理人同意或者追认的，被代理人可以就代理事务直接指示转委托的第三人，代理人仅就第三人的选任以及对第三人的指示承担责任。

转委托代理未经被代理人同意或者追认的，代理人应当对转委托的第三人的行为承担责任；但是，在紧急情况下代理人为了维护被代理人的利益需要转委托第三人代理的除外。

第一百七十条 执行法人或者非法人组织工作任务的人员，就其职权范围内的事项，以法人或者非法人组织的名义实施的民事法律行为，对法人或者非法人组织发生效力。

法人或者非法人组织对执行其工作任务的人员职权范围的限制，不得对抗善意相对人。

第一百七十一条 行为人没有代理权、超越代理权或者代理权终止后，仍然实施代理行为，未经被代理人追认的，对被代理人不发生效力。

相对人可以催告被代理人自收到通知之日起三十日内予以追认。被代理人未作表示的，视为拒绝追认。行为人实施的行为被追认前，善意相对人有撤销的权利。撤销应当以通知的方式作出。

行为人实施的行为未被追认的，善意相对人有权请求行为人履行债务或者就其受到的损害请求行为人赔偿。但是，赔偿的范围不得超过被代理人追认时相对人所能获得的利益。

相对人知道或者应当知道行为人无权代理的，相对人和行为人按照各自的过错承担责任。

第一百七十二条 行为人没有代理权、超越代理权或者代理权终止后，仍然实施代理行为，相对人有理由相信行为人有代理权的，代理行为有效。

第三节 代理终止

第一百七十三条 有下列情形之一的，委托代理终止：

（一）代理期限届满或者代理事务完成；

（二）被代理人取消委托或者代理人辞去委托；

（三）代理人丧失民事行为能力；

（四）代理人或者被代理人死亡；

（五）作为代理人或者被代理人的法人、非法人组织终止。

第一百七十四条 被代理人死亡后，有下列情形之一的，委托代理人实施的代理行为有效：

（一）代理人不知道且不应当知道被代理人死亡；

（二）被代理人的继承人予以承认；

（三）授权中明确代理权在代理事务完成时终止；

（四）被代理人死亡前已经实施，为了被代理人的继承人的利益继续代理。

作为被代理人的法人、非法人组织终止的，参照适用前款规定。

第一百七十五条 有下列情形之一的，法定代理终止：

（一）被代理人取得或者恢复完全民事行为能力；

（二）代理人丧失民事行为能力；

（三）代理人或者被代理人死亡；

（四）法律规定的其他情形。

第八章 民事责任

第一百七十六条 民事主体依照法律规定或者按照当事人约定，履行民事义务，承担民事责任。

第一百七十七条 二人以上依法承担按份责任，能够确定责任大小的，各自承担相应的责任；难以确定责任大小的，平均承担责任。

第一百七十八条 二人以上依法承担连带责任的，权利人有权请求部分或者全部连带责任人承担责任。

连带责任人的责任份额根据各自责任大小确定；难以确定责任大小的，平均承担责任。实际承担责任超过自己责任份额的连带责任人，有权向其他连带责任人追偿。

连带责任，由法律规定或者当事人约定。

第一百七十九条 承担民事责任的方式主要有：

（一）停止侵害；

（二）排除妨碍；

（三）消除危险；

（四）返还财产；

（五）恢复原状；

（六）修理、重作、更换；

（七）继续履行；

（八）赔偿损失；

（九）支付违约金；

（十）消除影响、恢复名誉；

（十一）赔礼道歉。

法律规定惩罚性赔偿的，依照其规定。

本条规定的承担民事责任的方式，可以单独适用，也可以合并适用。

第一百八十条 因不可抗力不能履行民事义务的，不承担民事责任。法律另有规定的，依照其规定。

不可抗力是不能预见、不能避免且不能克服的客观情况。

第一百八十一条 因正当防卫造成损害的，不承担民事责任。

正当防卫超过必要的限度，造成不应有的损害的，正当防卫人应当承担适当的民事责任。

第一百八十二条 因紧急避险造成损害的，由引起险情发生的人承担民事责任。

危险由自然原因引起的，紧急避险人不承担民事责任，可以给予适当补偿。

紧急避险采取措施不当或者超过必要的限度，造成不应有的损害的，紧急避险人应当承担适当的民事责任。

第一百八十三条 因保护他人民事权益使自己受到损害的，由侵权人承担民事责任，受益人可以给予适当补偿。没有侵权人、侵权人逃逸或者无力承担民事责任，受害人请求补偿的，受益人应当给予适当补偿。

第一百八十四条 因自愿实施紧急救助行为造成受助人损害的，救助人不承担民事责任。

第一百八十五条 侵害英雄烈士等的姓名、肖像、名誉、荣誉，损害社会公共利益的，应当承担民事责任。

第一百八十六条 因当事人一方的违约行为，损害对方人身权益、财产权益的，受损害方有权选择请求其承担违约责任或者侵权责任。

第一百八十七条 民事主体因同一行为应当承担民事责任、行政责任和刑事责任的，承担行政责任或者刑事责任不影响承担民事责任；民事主体的财产不足以支付的，优先用于承担民事责任。

第九章 诉讼时效

第一百八十八条 向人民法院请求保护民事权利的诉讼时效期间为三年。法律另有规定的，依照其规定。

诉讼时效期间自权利人知道或者应当知道权利受到损害以及义务人之日起计算。法律另有规定的，依照其规定。但是，自权利受到损害之日起超过二十年的，人民法院不予保护，有特殊情况的，人民法院可以根据权利人的申请决定延长。

第一百八十九条 当事人约定同一债务分期履行的，诉讼时效期间自最后一期履行期限届满之日起计算。

第一百九十条 无民事行为能力人或者限制民事行为能力人对其法定代理人的请求权的诉讼时效期间，自该法定代理终止之日起计算。

第一百九十一条 未成年人遭受性侵害的损害赔偿请求权的诉讼时效期间，自受害人年满十八周岁之日起计算。

第一百九十二条 诉讼时效期间届满的，义务人可以提出不履行义务的抗辩。

诉讼时效期间届满后，义务人同意履行的，不得以诉讼时效期间届满为由抗辩；义务人已经自愿履行的，不得请求返还。

第一百九十三条 人民法院不得主动适用诉讼时效的规定。

第一百九十四条 在诉讼时效期间的最后六个月内，因下列障碍，不能行使请求权的，诉讼时效中止：

（一）不可抗力；

（二）无民事行为能力人或者限制民事行为能力人没有法定代理人，或者法定代理人死亡、丧失民事行为能力、丧失代理权；

（三）继承开始后未确定继承人或者遗产管理人；

（四）权利人被义务人或者其他人控制；

（五）其他导致权利人不能行使请求权的障碍。

自中止时效的原因消除之日起满六个月，诉讼时效期间届满。

第一百九十五条 有下列情形之一的，诉讼时效中断，从中断、有关程序终结时起，诉讼时效期间重新计算：

（一）权利人向义务人提出履行请求；

（二）义务人同意履行义务；

（三）权利人提起诉讼或者申请仲裁；

（四）与提起诉讼或者申请仲裁具有同等效力的其他情形。

第一百九十六条 下列请求权不适用诉讼时效的规定：

（一）请求停止侵害、排除妨碍、消除危险；

（二）不动产物权和登记的动产物权的权利人请求返还财产；

（三）请求支付抚养费、赡养费或者扶养费；

（四）依法不适用诉讼时效的其他请求权。

第一百九十七条 诉讼时效的期间、计算方法以及中止、中断的事由由法律规定，当事人约定无效。

当事人对诉讼时效利益的预先放弃无效。

第一百九十八条 法律对仲裁时效有规定的，依照其规定；没有规定的，适用诉讼时效的规定。

第一百九十九条 法律规定或者当事人约定的撤销权、解除权等权利的存续期间，除法律另有规定外，自权利人知道或者应当知道权利产生之日起计算，不适用有关诉讼时效中止、中断和延长的规定。存续期间届满，撤销权、解除权等权利消灭。

第十章 期间计算

第二百条 民法所称的期间按照公历年、月、日、小时计算。

第二百零一条 按照年、月、日计算期间的，开始的当日不计入，自下一日开始计算。

按照小时计算期间的，自法律规定或者当事人约定的时间开始计算。

第二百零二条 按照年、月计算期间的，到期月的对应日为期间的最后一日；没有对应日的，月末日为期间的最后一日。

第二百零三条 期间的最后一日是法定休假日的，以法定休假日结束的次日为期间的最后一日。

期间的最后一日的截止时间为二十四时；有业务时间的，停止业务活动的时间为截止时间。

第二百零四条 期间的计算方法依照本法的规定，但是法律另有规定或者当事人另有约定的除外。

第二编 物 权

第一分编 通 则

第一章 一般规定

第二百零五条 本编调整因物的归属和利用产生的民事关系。

第二百零六条 国家坚持和完善公有制为主体、多种所有制经济共同发展，按劳分配为主体、多种分配方式并存，社会主义市场经济体制等社会主义基本经济制度。

国家巩固和发展公有制经济，鼓励、支持和引导非公有制经济的发展。

国家实行社会主义市场经济，保障一切市场主体的平等法律地位和发展权利。

第二百零七条 国家、集体、私人的物权和其他权利人的物权受法律平等保护，任何组织或者个人不得侵犯。

第二百零八条 不动产物权的设立、变更、转让和消灭，应当依照法律规定登记。动产物权的设立和转让，应当依照法律规定交付。

第二章 物权的设立、变更、转让和消灭

第一节 不动产登记

第二百零九条 不动产物权的设立、变更、转让和消灭，经依法登记，发生效力；未经登记，不发生效力，但是法律另有规定的除外。

依法属于国家所有的自然资源，所有权可以不登记。

第二百一十条 不动产登记，由不动产所在地的登记机构办理。

国家对不动产实行统一登记制度。统一登记的范围、登记机构和登记办法，由法律、行政法规规定。

第二百一十一条 当事人申请登记，应当根据不同登记事项提供权属证明和不动产界址、面积等必要材料。

第二百一十二条 登记机构应当履行下列职责：

（一）查验申请人提供的权属证明和其他必要材料；

（二）就有关登记事项询问申请人；

（三）如实、及时登记有关事项；

（四）法律、行政法规规定的其他职责。

申请登记的不动产的有关情况需要进一步证明的，登记机构可以要求申请人补充材料，必要时可以实地查看。

第二百一十三条 登记机构不得有下列行为：

（一）要求对不动产进行评估；

（二）以年检等名义进行重复登记；

（三）超出登记职责范围的其他行为。

第二百一十四条 不动产物权的设立、变更、转让和消灭，依照法律规定应当登记的，自记载于不动产登记簿时发生效力。

第二百一十五条 当事人之间订立有关设立、变更、转让和消灭不动产物权的合同，除法律另有规定或者当事人另有约定外，自合同成立时生效；未办理物权登记的，不影响合同效力。

第二百一十六条 不动产登记簿是物权归属和内容的根据。

不动产登记簿由登记机构管理。

第二百一十七条 不动产权属证书是权利人享有该不动产物权的证明。不动产权属证书记载的事项，应当与不动产登记簿一致；记载不一致的，除有证据证明不动产登记簿确有错误外，以不动产登记簿为准。

第二百一十八条 权利人、利害关系人可以申请查询、复制不动产登记资料，登记机构应当提供。

第二百一十九条 利害关系人不得公开、非法使用权利人的不动产登记资料。

第二百二十条 权利人、利害关系人认为不动产登记簿记载的事项错误的，可以申请更正登记。不动产登记簿记载的权利人书面同意更正或者有证据证明登记确有错误的，登记机构应当予以更正。

不动产登记簿记载的权利人不同意更正的，利害关系人可以申请异议登记。登记机构予以异议登记，申请人自异议登记之日起十五日内不提起诉讼的，异议登记失效。异议登记不当，造成权利人损害的，权利人可以向申请人请求损害赔偿。

第二百二十一条 当事人签订买卖房屋的协议或者签订其他不动产物权的协议，为保障将来实现物权，按照约定可以向登记机构申请预告登记。预告登记后，未经预告登记的权利人同意，处分该不动产的，不发生物权效力。

预告登记后，债权消灭或者自能够进行不动产登记之日起九十日内未申请登记的，预告登记失效。

第二百二十二条 当事人提供虚假材料申请登记，造成他人损害的，应当承担赔偿责任。

因登记错误，造成他人损害的，登记机构应当承担赔偿责任。登记机构赔偿后，可以向造成登记错误的人追偿。

第二百二十三条 不动产登记费按件收取，不得按照不动产的面积、体积或者价款的比例收取。

第二节 动产交付

第二百二十四条 动产物权的设立和转让，自交付时发生效力，但是法律另有规定的除外。

第二百二十五条 船舶、航空器和机动车等的物权的设立、变更、转让和消灭，未经登记，不得对抗善意第三人。

第二百二十六条 动产物权设立和转让前，权利人已经占有该动产的，物权自民事法律行为生效时发生效力。

第二百二十七条 动产物权设立和转让前，第三人占有该动产的，负有交付义务的人可以通过转让请求第三人返还原物的权利代替交付。

第二百二十八条 动产物权转让时，当事人又约定由出让人继续占有该动产的，物权自该约定生效时发生效力。

第三节 其他规定

第二百二十九条 因人民法院、仲裁机构的法律文书或者人民政府的征收决定等，导致物权设立、变更、转让或者消灭的，自法律文书或者征收决定等生效时发生效力。

第二百三十条 因继承取得物权的，自继承开始时发生效力。

第二百三十一条 因合法建造、拆除房屋等事实行为设立或者消灭物权的，自事实行为成就时发生效力。

第二百三十二条 处分依照本节规定享有的不动产物权，依照法律规定需要办理登记的，未经登记，不发生物权效力。

第三章 物权的保护

第二百三十三条 物权受到侵害的，权利人可以通过和解、调解、仲裁、诉讼等途径解决。

第二百三十四条 因物权的归属、内容发生争议的，利害关系人可以请求确认权利。

第二百三十五条 无权占有不动产或者动产的，权利人可以请求返还原物。

第二百三十六条 妨害物权或者可能妨害物权的，权利人可以请求排除妨害或者消除危险。

第二百三十七条 造成不动产或者动产毁损的，权利人可以依法请求修理、重作、更换或者恢复原状。

第二百三十八条 侵害物权，造成权利人损害的，权利人可以依法请求损害赔偿，也可以依法请求承担其他民事责任。

第二百三十九条 本章规定的物权保护方式，可以单独适用，也可以根据权利被侵害的情形合并适用。

第二分编 所有权

第四章 一般规定

第二百四十条 所有权人对自己的不动产或者动产，依法享有占有、使用、收益和处分的权利。

第二百四十一条 所有权人有权在自己的不动产或者动产上设立用益物权和担保物权。用益物权人、担保物权人行使权利，不得损害所有权人的权益。

第二百四十二条 法律规定专属于国家所有的不动产和动产，任何组织或者个人不能取得所有权。

第二百四十三条 为了公共利益的需要，依照法律规定的权限和程序可以征收集体所有的土地和组织、个人的房屋以及其他不动产。

征收集体所有的土地，应当依法及时足额支付土地补偿费、安置补助费以及农村村民住宅、其他地上附着物和青苗等的补偿费用，并安排被征地农民的社会保障费用，保障被征地农民的生活，维护被征地农民的合法权益。

征收组织、个人的房屋以及其他不动产，应当依法给予征收补偿，维护被征收人的合法权益；征收个人住宅的，还应当保障被征收人的居住条件。

任何组织或者个人不得贪污、挪用、私分、截留、拖欠征收补偿费等费用。

第二百四十四条 国家对耕地实行特殊保护，严格限制农用地转为建设用地，控制建设用地总量。不得违反法律规定的权限和程序征收集体所有的土地。

第二百四十五条 因抢险救灾、疫情防控等紧急需要，依照法律规定的权限和程序可以征用组织、个人的不动产或者动产。被征用的不动产或者动产使用后，应当返还被征用人。组织、个人的不动产或者动产被征用或者征用后毁损、灭失的，应当给予补偿。

第五章 国家所有权和集体所有权、私人所有权

第二百四十六条 法律规定属于国家所有的财产，属于国家所有即全民所有。

国有财产由国务院代表国家行使所有权。法律另有规定的，依照其规定。

第二百四十七条 矿藏、水流、海域属于国家所有。

第二百四十八条 无居民海岛属于国家所有，国务院代表国家行使无居民海岛所有权。

第二百四十九条 城市的土地，属于国家所有。法律规定属于国家所有的农村和城市郊区的土地，属于国家所有。

第二百五十条 森林、山岭、草原、荒地、滩涂等自然资源，属于国家所有，但是法律规定属于集体所有的除外。

第二百五十一条 法律规定属于国家所有的野生动植物资源，属于国家所有。

第二百五十二条 无线电频谱资源属于国家所有。

第二百五十三条 法律规定属于国家所有的文物，属于国家所有。

第二百五十四条 国防资产属于国家所有。

铁路、公路、电力设施、电信设施和油气管道等基础设施，依照法律规定为国家所有的，属于国家所有。

第二百五十五条 国家机关对其直接支配的不动产和动产，享有占有、使用以及依照法律和国务院的有关规定处分的权利。

第二百五十六条 国家举办的事业单位对其直接支配的不动产和动产，享有占有、使用以及依照法律和国务院的有关规定收益、处分的权利。

第二百五十七条 国家出资的企业，由国务院、地方人民政府依照法律、行政法规规定分别代表国家履行出资人职责，享有出资人权益。

第二百五十八条 国家所有的财产受法律保护，禁止任何组织或者个人侵占、哄抢、私分、截留、破坏。

第二百五十九条 履行国有财产管理、监督职责的机构及其工作人员，应当依法加强对国有财产的管理、监督，促进国有财产保值增值，防止国有财产损失；滥用职权，玩忽职守，造成国有财产损失的，应当依法承担法律责任。

违反国有财产管理规定，在企业改制、合并分立、关联交易等过程中，低价转让、合谋私分、擅自担保或者以其他方式造成国有财产损失的，应当依法承担法律责任。

第二百六十条 集体所有的不动产和动产包括：

（一）法律规定属于集体所有的土地和森林、山岭、草原、荒地、滩涂；

（二）集体所有的建筑物、生产设施、农田水利设施；

（三）集体所有的教育、科学、文化、卫生、体育等设施；

（四）集体所有的其他不动产和动产。

第二百六十一条 农民集体所有的不动产和动产，属于本集体成员集体所有。

下列事项应当依照法定程序经本集体成员决定：

（一）土地承包方案以及将土地发包给本集体以外的组织或者个人承包；

（二）个别土地承包经营权人之间承包地的调整；

（三）土地补偿费等费用的使用、分配办法；

（四）集体出资的企业的所有权变动等事项；

（五）法律规定的其他事项。

第二百六十二条 对于集体所有的土地和森林、山岭、草原、荒地、滩涂等，依照下列规定行使所有权：

（一）属于村农民集体所有的，由村集体经济组织或者村民委员会依法代表集体行使所有权；

（二）分别属于村内两个以上农民集体所有的，由村内各该集体经济组织或者村民小组依法代表集体行使所有权；

（三）属于乡镇农民集体所有的，由乡镇集体经济组织代表集体行使所有权。

第二百六十三条 城镇集体所有的不动产和动产，依照法律、行政法规的规定由本集体享有占有、使用、收益和处分的权利。

第二百六十四条 农村集体经济组织或者村民委员会、村民小组应当依照法律、行政法规以及章程、村规民约向本集体成员公布集体财产的状况。集体成员有权查阅、复制相关资料。

第二百六十五条 集体所有的财产受法律保护，禁止任何组织或者个人侵占、哄抢、私分、破坏。

农村集体经济组织、村民委员会或者其负责人作出的决定侵害集体成员合法权益的，受侵害的集体成员可以请求人民法院予以撤销。

第二百六十六条 私人对其合法的收入、房屋、生活用品、生产工具、原材料等不动产和动产享有所有权。

第二百六十七条 私人的合法财产受法律保护，禁止任何组织或者个人侵占、哄抢、破坏。

第二百六十八条 国家、集体和私人依法可以出资设立有限责任公司、股份有限公司或者其他企业。国家、集体和私人所有的不动产或者动产投到企业的，由出资人按照约定或者出资比例享有资产收益、重大决策以及选择经营管理者等权利并履行义务。

第二百六十九条 营利法人对其不动产和动产依照法律、行政法规以及章程享有占有、使用、收益和处分的权利。

营利法人以外的法人，对其不动产和动产的权利，适用有关法律、行政法规以及章程的规定。

第二百七十条 社会团体法人、捐助法人依法所有的不动产和动产，受法律保护。

第六章　业主的建筑物区分所有权

第二百七十一条 业主对建筑物内的住宅、经营性用房等专有部分享有所有权，对专有部分以外的共有部分享有共有和共同管理的权利。

第二百七十二条 业主对其建筑物专有部分享有占有、使用、收益和处分的权利。业主行使权利不得危及建筑物的安全，不得损害其他业主的合法权益。

第二百七十三条 业主对建筑物专有部分以外的共有部分，享有权利，承担义务；不得以放弃权利为由不履行义务。

业主转让建筑物内的住宅、经营性用房，其对共有部分享有的共有和共同管理的权利一并转让。

第二百七十四条 建筑区划内的道路，属于业主共有，但是属于城镇公共道路的除外。建筑区划内的绿地，属于业主共有，但是属于城镇公共绿地或者明示属于个人的除外。建筑区划内的其他公共场所、公用设施和物业服务用房，属于业主共有。

第二百七十五条 建筑区划内，规划用于停放汽车的车位、车库的归属，由当事人通过出售、附赠或者出租等方式约定。

占用业主共有的道路或者其他场地用于停放汽车的车位，属于业主共有。

第二百七十六条 建筑区划内，规划用于停放汽车的车位、车库应当首先满足业主的需要。

第二百七十七条 业主可以设立业主大会，选举业主委员会。业主大会、业主委员会成立的具体条件和程序，依照法律、法规的规定。

地方人民政府有关部门、居民委员会应当对设立业主大会和选举业主委员会给予指导和协助。

第二百七十八条 下列事项由业主共同决定：

（一）制定和修改业主大会议事规则；

（二）制定和修改管理规约；

（三）选举业主委员会或者更换业主委员会成员；

（四）选聘和解聘物业服务企业或者其他管理人；

（五）使用建筑物及其附属设施的维修资金；

（六）筹集建筑物及其附属设施的维修资金；

（七）改建、重建建筑物及其附属设施；

（八）改变共有部分的用途或者利用共有部分从事经营活动；

（九）有关共有和共同管理权利的其他重大事项。

业主共同决定事项，应当由专有部分面积占比三分之二以上的业主且人数占比三分之二以上的业主参与表决。决定前款第六项至第八项规定的事项，应当经参与表决专有部分面积四分之三以上的业主且参与表决人数四分之三以上的业主同意。决定前款其他事项，应当经参与表决专有部分面积过半数的业主且参与表决人数过半数的业主同意。

第二百七十九条 业主不得违反法律、法规以及管理规约，将住宅改变为经营性用房。业主将住宅改变为经营性用房的，除遵守法律、法规以及管理规约外，应当经有利害关系的业主一致同意。

第二百八十条 业主大会或者业主委员会的决定，对业主具有法律约束力。

业主大会或者业主委员会作出的决定侵害业主合法权益的，受侵害的业主可以请求人民法院予以撤销。

第二百八十一条 建筑物及其附属设施的维修资金，属于业主共有。经业主共同决定，可以用于电梯、屋顶、外墙、无障碍设施等共有部分的维修、更新和改造。建筑物及其附属设施的维修资金的筹集、使用情况应当定期公布。

紧急情况下需要维修建筑物及其附属设施的，业主大会或者业主委员会可以依法申请使用建筑物及其附属设施的维修资金。

第二百八十二条 建设单位、物业服务企业或者其他管理人等利用业主的共有部分产生的收入，在扣除合理成本之后，属于业主共有。

第二百八十三条 建筑物及其附属设施的费用分摊、收益分配等事项，有约定的，按照约定；没有约定或者约定不明确的，按照业主专有部分面积所占比例确定。

第二百八十四条 业主可以自行管理建筑物及其附属设施，也可以委托物业服务企业或者其他管理人管理。

对建设单位聘请的物业服务企业或者其他管理人，业主有权依法更换。

第二百八十五条 物业服务企业或者其他管理人根据业主的委托，依照本法第三编有关物业服务合同的规定管理建筑区划内的建筑物及其附属设施，接受业主的监督，并及时答复业主对物业服务情况提出的询问。

物业服务企业或者其他管理人应当执行政府依法实施的应急处置

措施和其他管理措施，积极配合开展相关工作。

第二百八十六条 业主应当遵守法律、法规以及管理规约，相关行为应当符合节约资源、保护生态环境的要求。对于物业服务企业或者其他管理人执行政府依法实施的应急处置措施和其他管理措施，业主应当依法予以配合。

业主大会或者业主委员会，对任意弃置垃圾、排放污染物或者噪声、违反规定饲养动物、违章搭建、侵占通道、拒付物业费等损害他人合法权益的行为，有权依照法律、法规以及管理规约，请求行为人停止侵害、排除妨碍、消除危险、恢复原状、赔偿损失。

业主或者其他行为人拒不履行相关义务的，有关当事人可以向有关行政主管部门报告或者投诉，有关行政主管部门应当依法处理。

第二百八十七条 业主对建设单位、物业服务企业或者其他管理人以及其他业主侵害自己合法权益的行为，有权请求其承担民事责任。

第七章 相邻关系

第二百八十八条 不动产的相邻权利人应当按照有利生产、方便生活、团结互助、公平合理的原则，正确处理相邻关系。

第二百八十九条 法律、法规对处理相邻关系有规定的，依照其规定；法律、法规没有规定的，可以按照当地习惯。

第二百九十条 不动产权利人应当为相邻权利人用水、排水提供必要的便利。

对自然流水的利用，应当在不动产的相邻权利人之间合理分配。对自然流水的排放，应当尊重自然流向。

第二百九十一条 不动产权利人对相邻权利人因通行等必须利用其土地的，应当提供必要的便利。

第二百九十二条 不动产权利人因建造、修缮建筑物以及铺设电线、电缆、水管、暖气和燃气管线等必须利用相邻土地、建筑物的，该土地、建筑物的权利人应当提供必要的便利。

第二百九十三条 建造建筑物，不得违反国家有关工程建设标准，不得妨碍相邻建筑物的通风、采光和日照。

第二百九十四条 不动产权利人不得违反国家规定弃置固体废物，排放大气污染物、水污染物、土壤污染物、噪声、光辐射、电磁辐射等有害物质。

第二百九十五条 不动产权利人挖掘土地、建造建筑物、铺设管线以及安装设备等，不得危及相邻不动产的安全。

第二百九十六条 不动产权利人因用水、排水、通行、铺设管线等利用相邻不动产的，应当尽量避免对相邻的不动产权利人造成损害。

第八章 共 有

第二百九十七条 不动产或者动产可以由两个以上组织、个人共有。共有包括按份共有和共同共有。

第二百九十八条 按份共有人对共有的不动产或者动产按照其份额享有所有权。

第二百九十九条 共同共有人对共有的不动产或者动产共同享有所有权。

第三百条 共有人按照约定管理共有的不动产或者动产；没有约定或者约定不明确的，各共有人都有管理的权利和义务。

第三百零一条 处分共有的不动产或者动产以及对共有的不动产或者动产作重大修缮、变更性质或者用途的，应当经占份额三分之二以上的按份共有人或者全体共同共有人同意，但是共有人之间另有约定的除外。

第三百零二条 共有人对共有物的管理费用以及其他负担，有约定的，按照其约定；没有约定或者约定不明确的，按份共有人按照其份额负担，共同共有人共同负担。

第三百零三条 共有人约定不得分割共有的不动产或者动产，以维持共有关系的，应当按照约定，但是共有人有重大理由需要分割的，可以请求分割；没有约定或者约定不明确的，按份共有人可以随时请求分割，共同共有人在共有的基础丧失或者有重大理由需要分割时可以请求分割。因分割造成其他共有人损害的，应当给予赔偿。

第三百零四条 共有人可以协商确定分割方式。达不成协议，共有的不动产或者动产可以分割且不会因分割减损价值的，应当对实物予以分割；难以分割或者因分割会减损价值的，应当对折价或者拍卖、变卖取得的价款予以分割。

共有人分割所得的不动产或者动产有瑕疵的，其他共有人应当分担损失。

第三百零五条 按份共有人可以转让其享有的共有的不动产或者动产份额。其他共有人在同等条件下享有优先购买的权利。

第三百零六条 按份共有人转让其享有的共有的不动产或者动产份额的，应当将转让条件及时通知其他共有人。其他共有人应当在合理期限内行使优先购买权。

两个以上其他共有人主张行使优先购买权的，协商确定各自的购买比例；协商不成的，按照转让时各自的共有份额比例行使优先购买权。

第三百零七条 因共有的不动产或者动产产生的债权债务，在对外关系上，共有人享有连带债权、承担连带债务，但是法律另有规定或者第三人知道共有人不具有连带债权债务关系的除外；在共有人内部关系上，除共有人另有约定外，按份共有人按照份额享有债权、承担债务，共同共有人共同享有债权、承担债务。偿还债务超过自己应当承担份额的按份共有人，有权向其他共有人追偿。

第三百零八条 共有人对共有的不动产或者动产没有约定为按份共有或者共同共有，或者约定不明确的，除共有人具有家庭关系等外，视为按份共有。

第三百零九条 按份共有人对共有的不动产或者动产享有的份额，没有约定或者约定不明确的，按照出资额确定；不能确定出资额的，视为等额享有。

第三百一十条 两个以上组织、个人共同享有用益物权、担保物权的，参照适用本章的有关规定。

第九章 所有权取得的特别规定

第三百一十一条 无处分权人将不动产或者动产转让给受让人的，所有权人有权追回；除法律另有规定外，符合下列情形的，受让人取得该不动产或者动产的所有权：

（一）受让人受让该不动产或者动产时是善意；

（二）以合理的价格转让；

（三）转让的不动产或者动产依照法律规定应当登记的已经登记，不需要登记的已经交付给受让人。

受让人依据前款规定取得不动产或者动产的所有权的，原所有权人有权向无处分权人请求损害赔偿。

当事人善意取得其他物权的，参照适用前两款规定。

第三百一十二条 所有权人或者其他权利人有权追回遗失物。该遗失物通过转让被他人占有的，权利人有权向无处分权人请求损害赔偿，或者自知道或者应当知道受让人之日起二年内向受让人请求返还原物；但是，受让人通过拍卖或者向具有经营资格的经营者购得该遗失物的，权利人请求返还原物时应当支付受让人所付的费用。权利人向受让人支付所付费用后，有权向无处分权人追偿。

第三百一十三条 善意受让人取得动产后，该动产上的原有权利消灭。但是，善意受让人在受让时知道或者应当知道该权利的除外。

第三百一十四条 拾得遗失物，应当返还权利人。拾得人应当及时通知权利人领取，或者送交公安等有关部门。

第三百一十五条 有关部门收到遗失物，知道权利人的，应当及时通知其领取；不知道的，应当及时发布招领公告。

第三百一十六条 拾得人在遗失物送交有关部门前，有关部门在遗失物被领取前，应当妥善保管遗失物。因故意或者重大过失致使遗失物毁损、灭失的，应当承担民事责任。

第三百一十七条 权利人领取遗失物时，应当向拾得人或者有关部门支付保管遗失物等支出的必要费用。

权利人悬赏寻找遗失物的，领取遗失物时应当按照承诺履行义务。

拾得人侵占遗失物的，无权请求保管遗失物等支出的费用，也无权请求权利人按照承诺履行义务。

第三百一十八条 遗失物自发布招领公告之日起一年内无人认领的，归国家所有。

第三百一十九条 拾得漂流物、发现埋藏物或者隐藏物的，参照适用拾得遗失物的有关规定。法律另有规定的，依照其规定。

第三百二十条 主物转让的，从物随主物转让，但是当事人另有约定的除外。

第三百二十一条 天然孳息，由所有权人取得；既有所有权人又有用益物权人的，由用益物权人取得。当事人另有约定的，按照其约定。

法定孳息，当事人有约定的，按照约定取得；没有约定或者约定不明确的，按照交易习惯取得。

第三百二十二条 因加工、附合、混合而产生的物的归属，有约定的，按照约定；没有约定或者约定不明确的，依照法律规定；法律没有规定的，按照充分发挥物的效用以及保护无过错当事人的原则确定。因一方当事人的过错或者确定物的归属造成另一方当事人损害的，应当给予赔偿或者补偿。

第三分编　用益物权

第十章　一般规定

第三百二十三条　用益物权人对他人所有的不动产或者动产，依法享有占有、使用和收益的权利。

第三百二十四条　国家所有或者国家所有由集体使用以及法律规定属于集体所有的自然资源，组织、个人依法可以占有、使用和收益。

第三百二十五条　国家实行自然资源有偿使用制度，但是法律另有规定的除外。

第三百二十六条　用益物权人行使权利，应当遵守法律有关保护和合理开发利用资源、保护生态环境的规定。所有权人不得干涉用益物权人行使权利。

第三百二十七条　因不动产或者动产被征收、征用致使用益物权消灭或者影响用益物权行使的，用益物权人有权依据本法第二百四十三条、第二百四十五条的规定获得相应补偿。

第三百二十八条　依法取得的海域使用权受法律保护。

第三百二十九条　依法取得的探矿权、采矿权、取水权和使用水域、滩涂从事养殖、捕捞的权利受法律保护。

第十一章　土地承包经营权

第三百三十条　农村集体经济组织实行家庭承包经营为基础、统分结合的双层经营体制。

农民集体所有和国家所有由农民集体使用的耕地、林地、草地以及其他用于农业的土地，依法实行土地承包经营制度。

第三百三十一条　土地承包经营权人依法对其承包经营的耕地、林地、草地等享有占有、使用和收益的权利，有权从事种植业、林业、畜牧业等农业生产。

第三百三十二条 耕地的承包期为三十年。草地的承包期为三十年至五十年。林地的承包期为三十年至七十年。

前款规定的承包期限届满，由土地承包经营权人依照农村土地承包的法律规定继续承包。

第三百三十三条 土地承包经营权自土地承包经营权合同生效时设立。

登记机构应当向土地承包经营权人发放土地承包经营权证、林权证等证书，并登记造册，确认土地承包经营权。

第三百三十四条 土地承包经营权人依照法律规定，有权将土地承包经营权互换、转让。未经依法批准，不得将承包地用于非农建设。

第三百三十五条 土地承包经营权互换、转让的，当事人可以向登记机构申请登记；未经登记，不得对抗善意第三人。

第三百三十六条 承包期内发包人不得调整承包地。

因自然灾害严重毁损承包地等特殊情形，需要适当调整承包的耕地和草地的，应当依照农村土地承包的法律规定办理。

第三百三十七条 承包期内发包人不得收回承包地。法律另有规定的，依照其规定。

第三百三十八条 承包地被征收的，土地承包经营权人有权依据本法第二百四十三条的规定获得相应补偿。

第三百三十九条 土地承包经营权人可以自主决定依法采取出租、入股或者其他方式向他人流转土地经营权。

第三百四十条 土地经营权人有权在合同约定的期限内占有农村土地，自主开展农业生产经营并取得收益。

第三百四十一条 流转期限为五年以上的土地经营权，自流转合同生效时设立。当事人可以向登记机构申请土地经营权登记；未经登记，不得对抗善意第三人。

第三百四十二条 通过招标、拍卖、公开协商等方式承包农村土地，经依法登记取得权属证书的，可以依法采取出租、入股、抵押或者其他方式流转土地经营权。

第三百四十三条 国家所有的农用地实行承包经营的，参照适用本编的有关规定。

第十二章 建设用地使用权

第三百四十四条 建设用地使用权人依法对国家所有的土地享有占有、使用和收益的权利，有权利用该土地建造建筑物、构筑物及其附属设施。

第三百四十五条 建设用地使用权可以在土地的地表、地上或者地下分别设立。

第三百四十六条 设立建设用地使用权，应当符合节约资源、保护生态环境的要求，遵守法律、行政法规关于土地用途的规定，不得损害已经设立的用益物权。

第三百四十七条 设立建设用地使用权，可以采取出让或者划拨等方式。

工业、商业、旅游、娱乐和商品住宅等经营性用地以及同一土地有两个以上意向用地者的，应当采取招标、拍卖等公开竞价的方式出让。

严格限制以划拨方式设立建设用地使用权。

第三百四十八条 通过招标、拍卖、协议等出让方式设立建设用地使用权的，当事人应当采用书面形式订立建设用地使用权出让合同。

建设用地使用权出让合同一般包括下列条款：

（一）当事人的名称和住所；

（二）土地界址、面积等；

（三）建筑物、构筑物及其附属设施占用的空间；

（四）土地用途、规划条件；

（五）建设用地使用权期限；

（六）出让金等费用及其支付方式；

（七）解决争议的方法。

第三百四十九条 设立建设用地使用权的，应当向登记机构申请建设用地使用权登记。建设用地使用权自登记时设立。登记机构应当向建设用地使用权人发放权属证书。

第三百五十条 建设用地使用权人应当合理利用土地，不得改变土地用途；需要改变土地用途的，应当依法经有关行政主管部门批准。

第三百五十一条 建设用地使用权人应当依照法律规定以及合同约定支付出让金等费用。

第三百五十二条 建设用地使用权人建造的建筑物、构筑物及其附属设施的所有权属于建设用地使用权人，但是有相反证据证明的除外。

第三百五十三条 建设用地使用权人有权将建设用地使用权转让、互换、出资、赠与或者抵押，但是法律另有规定的除外。

第三百五十四条 建设用地使用权转让、互换、出资、赠与或者抵押的，当事人应当采用书面形式订立相应的合同。使用期限由当事人约定，但是不得超过建设用地使用权的剩余期限。

第三百五十五条 建设用地使用权转让、互换、出资或者赠与的，应当向登记机构申请变更登记。

第三百五十六条 建设用地使用权转让、互换、出资或者赠与的，附着于该土地上的建筑物、构筑物及其附属设施一并处分。

第三百五十七条 建筑物、构筑物及其附属设施转让、互换、出资或者赠与的，该建筑物、构筑物及其附属设施占用范围内的建设用地使用权一并处分。

第三百五十八条 建设用地使用权期限届满前，因公共利益需要提前收回该土地的，应当依据本法第二百四十三条的规定对该土地上的房屋以及其他不动产给予补偿，并退还相应的出让金。

第三百五十九条 住宅建设用地使用权期限届满的，自动续期。续期费用的缴纳或者减免，依照法律、行政法规的规定办理。

非住宅建设用地使用权期限届满后的续期，依照法律规定办理。该土地上的房屋以及其他不动产的归属，有约定的，按照约定；没有约定或者约定不明确的，依照法律、行政法规的规定办理。

第三百六十条 建设用地使用权消灭的，出让人应当及时办理注销登记。登记机构应当收回权属证书。

第三百六十一条 集体所有的土地作为建设用地的，应当依照土地管理的法律规定办理。

第十三章 宅基地使用权

第三百六十二条 宅基地使用权人依法对集体所有的土地享有占有和使用的权利，有权依法利用该土地建造住宅及其附属设施。

第三百六十三条 宅基地使用权的取得、行使和转让，适用土地管理的法律和国家有关规定。

第三百六十四条 宅基地因自然灾害等原因灭失的，宅基地使用权消灭。对失去宅基地的村民，应当依法重新分配宅基地。

第三百六十五条 已经登记的宅基地使用权转让或者消灭的，应当及时办理变更登记或者注销登记。

第十四章 居住权

第三百六十六条 居住权人有权按照合同约定，对他人的住宅享有占有、使用的用益物权，以满足生活居住的需要。

第三百六十七条 设立居住权，当事人应当采用书面形式订立居住权合同。

居住权合同一般包括下列条款：

（一）当事人的姓名或者名称和住所；

（二）住宅的位置；

（三）居住的条件和要求；

（四）居住权期限；

（五）解决争议的方法。

第三百六十八条 居住权无偿设立，但是当事人另有约定的除外。设立居住权的，应当向登记机构申请居住权登记。居住权自登记时设立。

第三百六十九条 居住权不得转让、继承。设立居住权的住宅不得出租，但是当事人另有约定的除外。

第三百七十条 居住权期限届满或者居住权人死亡的，居住权消灭。居住权消灭的，应当及时办理注销登记。

第三百七十一条 以遗嘱方式设立居住权的，参照适用本章的有关规定。

第十五章 地役权

第三百七十二条 地役权人有权按照合同约定，利用他人的不动产，以提高自己的不动产的效益。

前款所称他人的不动产为供役地，自己的不动产为需役地。

第三百七十三条 设立地役权，当事人应当采用书面形式订立地役权合同。

地役权合同一般包括下列条款：

（一）当事人的姓名或者名称和住所；

（二）供役地和需役地的位置；

（三）利用目的和方法；

（四）地役权期限；

（五）费用及其支付方式；

（六）解决争议的方法。

第三百七十四条 地役权自地役权合同生效时设立。当事人要求登记的，可以向登记机构申请地役权登记；未经登记，不得对抗善意第三人。

第三百七十五条 供役地权利人应当按照合同约定，允许地役权人利用其不动产，不得妨害地役权人行使权利。

第三百七十六条 地役权人应当按照合同约定的利用目的和方法利用供役地，尽量减少对供役地权利人物权的限制。

第三百七十七条 地役权期限由当事人约定；但是，不得超过土地承包经营权、建设用地使用权等用益物权的剩余期限。

第三百七十八条 土地所有权人享有地役权或者负担地役权的，设立土地承包经营权、宅基地使用权等用益物权时，该用益物权人继续享有或者负担已经设立的地役权。

第三百七十九条 土地上已经设立土地承包经营权、建设用地使用权、宅基地使用权等用益物权的，未经用益物权人同意，土地所有权人不得设立地役权。

第三百八十条 地役权不得单独转让。土地承包经营权、建设用地使用权等转让的，地役权一并转让，但是合同另有约定的除外。

第三百八十一条 地役权不得单独抵押。土地经营权、建设用地使用权等抵押的，在实现抵押权时，地役权一并转让。

第三百八十二条 需役地以及需役地上的土地承包经营权、建设用地使用权等部分转让时，转让部分涉及地役权的，受让人同时享有地役权。

第三百八十三条 供役地以及供役地上的土地承包经营权、建设用地使用权等部分转让时，转让部分涉及地役权的，地役权对受让人具有法律约束力。

第三百八十四条 地役权人有下列情形之一的，供役地权利人有权解除地役权合同，地役权消灭：

（一）违反法律规定或者合同约定，滥用地役权；

（二）有偿利用供役地，约定的付款期限届满后在合理期限内经两次催告未支付费用。

第三百八十五条 已经登记的地役权变更、转让或者消灭的，应当及时办理变更登记或者注销登记。

第四分编 担保物权

第十六章 一般规定

第三百八十六条 担保物权人在债务人不履行到期债务或者发生当事人约定的实现担保物权的情形，依法享有就担保财产优先受偿的权利，但是法律另有规定的除外。

第三百八十七条 债权人在借贷、买卖等民事活动中，为保障实现其债权，需要担保的，可以依照本法和其他法律的规定设立担保物权。

第三人为债务人向债权人提供担保的，可以要求债务人提供反担保。反担保适用本法和其他法律的规定。

第三百八十八条 设立担保物权，应当依照本法和其他法律的规定订立担保合同。担保合同包括抵押合同、质押合同和其他具有担保功能的合同。担保合同是主债权债务合同的从合同。主债权债务合同无效的，担保合同无效，但是法律另有规定的除外。

担保合同被确认无效后，债务人、担保人、债权人有过错的，应当根据其过错各自承担相应的民事责任。

第三百八十九条 担保物权的担保范围包括主债权及其利息、违约金、损害赔偿金、保管担保财产和实现担保物权的费用。当事人另有约定的，按照其约定。

第三百九十条 担保期间，担保财产毁损、灭失或者被征收等，担保物权人可以就获得的保险金、赔偿金或者补偿金等优先受偿。被担保债权的履行期限未届满的，也可以提存该保险金、赔偿金或者补偿金等。

第三百九十一条 第三人提供担保，未经其书面同意，债权人允许债务人转移全部或者部分债务的，担保人不再承担相应的担保责任。

第三百九十二条 被担保的债权既有物的担保又有人的担保的，债务人不履行到期债务或者发生当事人约定的实现担保物权的情形，债权人应当按照约定实现债权；没有约定或者约定不明确，债务人自己提供物的担保的，债权人应当先就该物的担保实现债权；第三人提供物的担保的，债权人可以就物的担保实现债权，也可以请求保证人承担保证责任。提供担保的第三人承担担保责任后，有权向债务人追偿。

第三百九十三条 有下列情形之一的，担保物权消灭：

（一）主债权消灭；

（二）担保物权实现；

（三）债权人放弃担保物权；

（四）法律规定担保物权消灭的其他情形。

第十七章 抵押权

第一节 一般抵押权

第三百九十四条 为担保债务的履行，债务人或者第三人不转移财产的占有，将该财产抵押给债权人的，债务人不履行到期债务或者发生当事人约定的实现抵押权的情形，债权人有权就该财产优先受偿。

前款规定的债务人或者第三人为抵押人，债权人为抵押权人，提供担保的财产为抵押财产。

第三百九十五条 债务人或者第三人有权处分的下列财产可以抵押：

（一）建筑物和其他土地附着物；

（二）建设用地使用权；

（三）海域使用权；

（四）生产设备、原材料、半成品、产品；

（五）正在建造的建筑物、船舶、航空器；

（六）交通运输工具；

（七）法律、行政法规未禁止抵押的其他财产。

抵押人可以将前款所列财产一并抵押。

第三百九十六条 企业、个体工商户、农业生产经营者可以将现有的以及将有的生产设备、原材料、半成品、产品抵押，债务人不履行到期债务或者发生当事人约定的实现抵押权的情形，债权人有权就抵押财产确定时的动产优先受偿。

第三百九十七条 以建筑物抵押的，该建筑物占用范围内的建设用地使用权一并抵押。以建设用地使用权抵押的，该土地上的建筑物一并抵押。

抵押人未依据前款规定一并抵押的，未抵押的财产视为一并抵押。

第三百九十八条 乡镇、村企业的建设用地使用权不得单独抵押。以乡镇、村企业的厂房等建筑物抵押的，其占用范围内的建设用地使用权一并抵押。

第三百九十九条 下列财产不得抵押：

（一）土地所有权；

（二）宅基地、自留地、自留山等集体所有土地的使用权，但是法律规定可以抵押的除外；

（三）学校、幼儿园、医疗机构等为公益目的成立的非营利法人的教育设施、医疗卫生设施和其他公益设施；

（四）所有权、使用权不明或者有争议的财产；

（五）依法被查封、扣押、监管的财产；

（六）法律、行政法规规定不得抵押的其他财产。

第四百条 设立抵押权，当事人应当采用书面形式订立抵押合同。

抵押合同一般包括下列条款：

（一）被担保债权的种类和数额；

（二）债务人履行债务的期限；

（三）抵押财产的名称、数量等情况；

（四）担保的范围。

第四百零一条 抵押权人在债务履行期限届满前，与抵押人约定债务人不履行到期债务时抵押财产归债权人所有的，只能依法就抵押财产优先受偿。

第四百零二条 以本法第三百九十五条第一款第一项至第三项规定的财产或者第五项规定的正在建造的建筑物抵押的，应当办理抵押登记。抵押权自登记时设立。

第四百零三条 以动产抵押的，抵押权自抵押合同生效时设立；未经登记，不得对抗善意第三人。

第四百零四条 以动产抵押的，不得对抗正常经营活动中已经支付合理价款并取得抵押财产的买受人。

第四百零五条 抵押权设立前，抵押财产已经出租并转移占有的，原租赁关系不受该抵押权的影响。

第四百零六条 抵押期间，抵押人可以转让抵押财产。当事人另有约定的，按照其约定。抵押财产转让的，抵押权不受影响。

抵押人转让抵押财产的，应当及时通知抵押权人。抵押权人能够证明抵押财产转让可能损害抵押权的，可以请求抵押人将转让所得的价款向抵押权人提前清偿债务或者提存。转让的价款超过债权数额的部分归抵押人所有，不足部分由债务人清偿。

第四百零七条 抵押权不得与债权分离而单独转让或者作为其他债权的担保。债权转让的，担保该债权的抵押权一并转让，但是法律另有规定或者当事人另有约定的除外。

第四百零八条 抵押人的行为足以使抵押财产价值减少的，抵押权人有权请求抵押人停止其行为；抵押财产价值减少的，抵押权人有权请求恢复抵押财产的价值，或者提供与减少的价值相应的担保。抵押人不恢复抵押财产的价值，也不提供担保的，抵押权人有权请求债务人提前清偿债务。

第四百零九条 抵押权人可以放弃抵押权或者抵押权的顺位。抵押权人与抵押人可以协议变更抵押权顺位以及被担保的债权数额等内容。但是，抵押权的变更未经其他抵押权人书面同意的，不得对其他抵押权人产生不利影响。

债务人以自己的财产设定抵押，抵押权人放弃该抵押权、抵押权顺位或者变更抵押权的，其他担保人在抵押权人丧失优先受偿权益的范围内免除担保责任，但是其他担保人承诺仍然提供担保的除外。

第四百一十条 债务人不履行到期债务或者发生当事人约定的实现抵押权的情形，抵押权人可以与抵押人协议以抵押财产折价或者以拍卖、变卖该抵押财产所得的价款优先受偿。协议损害其他债权人利益的，其他债权人可以请求人民法院撤销该协议。

抵押权人与抵押人未就抵押权实现方式达成协议的，抵押权人可以请求人民法院拍卖、变卖抵押财产。

抵押财产折价或者变卖的，应当参照市场价格。

第四百一十一条 依据本法第三百九十六条规定设定抵押的，抵押财产自下列情形之一发生时确定：

（一）债务履行期限届满，债权未实现；

（二）抵押人被宣告破产或者解散；

（三）当事人约定的实现抵押权的情形；

（四）严重影响债权实现的其他情形。

第四百一十二条 债务人不履行到期债务或者发生当事人约定的实现抵押权的情形，致使抵押财产被人民法院依法扣押的，自扣押之日起，抵押权人有权收取该抵押财产的天然孳息或者法定孳息，但是抵押权人未通知应当清偿法定孳息义务人的除外。

前款规定的孳息应当先充抵收取孳息的费用。

第四百一十三条 抵押财产折价或者拍卖、变卖后，其价款超过债权数额的部分归抵押人所有，不足部分由债务人清偿。

第四百一十四条 同一财产向两个以上债权人抵押的，拍卖、变卖抵押财产所得的价款依照下列规定清偿：

（一）抵押权已经登记的，按照登记的时间先后确定清偿顺序；

（二）抵押权已经登记的先于未登记的受偿；

（三）抵押权未登记的，按照债权比例清偿。

其他可以登记的担保物权，清偿顺序参照适用前款规定。

第四百一十五条 同一财产既设立抵押权又设立质权的，拍卖、变卖该财产所得的价款按照登记、交付的时间先后确定清偿顺序。

第四百一十六条 动产抵押担保的主债权是抵押物的价款，标的物交付后十日内办理抵押登记的，该抵押权人优先于抵押物买受人的其他担保物权人受偿，但是留置权人除外。

第四百一十七条 建设用地使用权抵押后，该土地上新增的建筑物不属于抵押财产。该建设用地使用权实现抵押权时，应当将该土地上新增的建筑物与建设用地使用权一并处分。但是，新增建筑物所得的价款，抵押权人无权优先受偿。

第四百一十八条 以集体所有土地的使用权依法抵押的，实现抵押权后，未经法定程序，不得改变土地所有权的性质和土地用途。

第四百一十九条 抵押权人应当在主债权诉讼时效期间行使抵押权；未行使的，人民法院不予保护。

第二节 最高额抵押权

第四百二十条 为担保债务的履行，债务人或者第三人对一定期间内将要连续发生的债权提供担保财产的，债务人不履行到期债务或者发生当事人约定的实现抵押权的情形，抵押权人有权在最高债权额限度内就该担保财产优先受偿。

最高额抵押权设立前已经存在的债权，经当事人同意，可以转入最高额抵押担保的债权范围。

第四百二十一条 最高额抵押担保的债权确定前，部分债权转让的，最高额抵押权不得转让，但是当事人另有约定的除外。

第四百二十二条 最高额抵押担保的债权确定前，抵押权人与抵押人可以通过协议变更债权确定的期间、债权范围以及最高债权额。但是，变更的内容不得对其他抵押权人产生不利影响。

第四百二十三条 有下列情形之一的，抵押权人的债权确定：

（一）约定的债权确定期间届满；

（二）没有约定债权确定期间或者约定不明确，抵押权人或者抵押人自最高额抵押权设立之日起满二年后请求确定债权；

（三）新的债权不可能发生；

（四）抵押权人知道或者应当知道抵押财产被查封、扣押；

（五）债务人、抵押人被宣告破产或者解散；

（六）法律规定债权确定的其他情形。

第四百二十四条 最高额抵押权除适用本节规定外，适用本章第一节的有关规定。

第十八章 质 权

第一节 动产质权

第四百二十五条 为担保债务的履行，债务人或者第三人将其动产出质给债权人占有的，债务人不履行到期债务或者发生当事人约定的实现质权的情形，债权人有权就该动产优先受偿。

前款规定的债务人或者第三人为出质人，债权人为质权人，交付的动产为质押财产。

第四百二十六条 法律、行政法规禁止转让的动产不得出质。

第四百二十七条 设立质权，当事人应当采用书面形式订立质押合同。

质押合同一般包括下列条款：

（一）被担保债权的种类和数额；

（二）债务人履行债务的期限；

（三）质押财产的名称、数量等情况；

（四）担保的范围；

（五）质押财产交付的时间、方式。

第四百二十八条 质权人在债务履行期限届满前，与出质人约定债务人不履行到期债务时质押财产归债权人所有的，只能依法就质押财产优先受偿。

第四百二十九条 质权自出质人交付质押财产时设立。

第四百三十条 质权人有权收取质押财产的孳息，但是合同另有约定的除外。

前款规定的孳息应当先充抵收取孳息的费用。

第四百三十一条 质权人在质权存续期间，未经出质人同意，擅自使用、处分质押财产，造成出质人损害的，应当承担赔偿责任。

第四百三十二条 质权人负有妥善保管质押财产的义务；因保管不善致使质押财产毁损、灭失的，应当承担赔偿责任。

质权人的行为可能使质押财产毁损、灭失的，出质人可以请求质权人将质押财产提存，或者请求提前清偿债务并返还质押财产。

第四百三十三条 因不可归责于质权人的事由可能使质押财产毁损或者价值明显减少，足以危害质权人权利的，质权人有权请求出质人提供相应的担保；出质人不提供的，质权人可以拍卖、变卖质押财产，并与出质人协议将拍卖、变卖所得的价款提前清偿债务或者提存。

第四百三十四条 质权人在质权存续期间，未经出质人同意转质，造成质押财产毁损、灭失的，应当承担赔偿责任。

第四百三十五条 质权人可以放弃质权。债务人以自己的财产出质，质权人放弃该质权的，其他担保人在质权人丧失优先受偿权益的范围内免除担保责任，但是其他担保人承诺仍然提供担保的除外。

第四百三十六条 债务人履行债务或者出质人提前清偿所担保的债权的，质权人应当返还质押财产。

债务人不履行到期债务或者发生当事人约定的实现质权的情形，质权人可以与出质人协议以质押财产折价，也可以就拍卖、变卖质押财产所得的价款优先受偿。

质押财产折价或者变卖的，应当参照市场价格。

第四百三十七条 出质人可以请求质权人在债务履行期限届满后及时行使质权；质权人不行使的，出质人可以请求人民法院拍卖、变卖质押财产。

出质人请求质权人及时行使质权，因质权人怠于行使权利造成出质人损害的，由质权人承担赔偿责任。

第四百三十八条 质押财产折价或者拍卖、变卖后，其价款超过债权数额的部分归出质人所有，不足部分由债务人清偿。

第四百三十九条 出质人与质权人可以协议设立最高额质权。

最高额质权除适用本节有关规定外，参照适用本编第十七章第二节的有关规定。

第二节 权利质权

第四百四十条 债务人或者第三人有权处分的下列权利可以出质：

（一）汇票、本票、支票；

（二）债券、存款单；

（三）仓单、提单；

（四）可以转让的基金份额、股权；

（五）可以转让的注册商标专用权、专利权、著作权等知识产权中的财产权；

（六）现有的以及将有的应收账款；

（七）法律、行政法规规定可以出质的其他财产权利。

第四百四十一条 以汇票、本票、支票、债券、存款单、仓单、提单出质的，质权自权利凭证交付质权人时设立；没有权利凭证的，质权自办理出质登记时设立。法律另有规定的，依照其规定。

第四百四十二条 汇票、本票、支票、债券、存款单、仓单、提单的兑现日期或者提货日期先于主债权到期的，质权人可以兑现或者提货，并与出质人协议将兑现的价款或者提取的货物提前清偿债务或者提存。

第四百四十三条 以基金份额、股权出质的，质权自办理出质登记时设立。

基金份额、股权出质后，不得转让，但是出质人与质权人协商同意的除外。出质人转让基金份额、股权所得的价款，应当向质权人提前清偿债务或者提存。

第四百四十四条 以注册商标专用权、专利权、著作权等知识产权中的财产权出质的，质权自办理出质登记时设立。

知识产权中的财产权出质后，出质人不得转让或者许可他人使用，但是出质人与质权人协商同意的除外。出质人转让或者许可他人使用出质的知识产权中的财产权所得的价款，应当向质权人提前清偿债务或者提存。

第四百四十五条 以应收账款出质的，质权自办理出质登记时设立。

应收账款出质后，不得转让，但是出质人与质权人协商同意的除外。出质人转让应收账款所得的价款，应当向质权人提前清偿债务或者提存。

第四百四十六条 权利质权除适用本节规定外，适用本章第一节的有关规定。

第十九章　留 置 权

第四百四十七条　债务人不履行到期债务，债权人可以留置已经合法占有的债务人的动产，并有权就该动产优先受偿。

前款规定的债权人为留置权人，占有的动产为留置财产。

第四百四十八条　债权人留置的动产，应当与债权属于同一法律关系，但是企业之间留置的除外。

第四百四十九条　法律规定或者当事人约定不得留置的动产，不得留置。

第四百五十条　留置财产为可分物的，留置财产的价值应当相当于债务的金额。

第四百五十一条　留置权人负有妥善保管留置财产的义务；因保管不善致使留置财产毁损、灭失的，应当承担赔偿责任。

第四百五十二条　留置权人有权收取留置财产的孳息。

前款规定的孳息应当先充抵收取孳息的费用。

第四百五十三条　留置权人与债务人应当约定留置财产后的债务履行期限；没有约定或者约定不明确的，留置权人应当给债务人六十日以上履行债务的期限，但是鲜活易腐等不易保管的动产除外。债务人逾期未履行的，留置权人可以与债务人协议以留置财产折价，也可以就拍卖、变卖留置财产所得的价款优先受偿。

留置财产折价或者变卖的，应当参照市场价格。

第四百五十四条　债务人可以请求留置权人在债务履行期限届满后行使留置权；留置权人不行使的，债务人可以请求人民法院拍卖、变卖留置财产。

第四百五十五条　留置财产折价或者拍卖、变卖后，其价款超过债权数额的部分归债务人所有，不足部分由债务人清偿。

第四百五十六条　同一动产上已经设立抵押权或者质权，该动产又被留置的，留置权人优先受偿。

第四百五十七条 留置权人对留置财产丧失占有或者留置权人接受债务人另行提供担保的，留置权消灭。

第五分编 占 有

第二十章 占 有

第四百五十八条 基于合同关系等产生的占有，有关不动产或者动产的使用、收益、违约责任等，按照合同约定；合同没有约定或者约定不明确的，依照有关法律规定。

第四百五十九条 占有人因使用占有的不动产或者动产，致使该不动产或者动产受到损害的，恶意占有人应当承担赔偿责任。

第四百六十条 不动产或者动产被占有人占有的，权利人可以请求返还原物及其孳息；但是，应当支付善意占有人因维护该不动产或者动产支出的必要费用。

第四百六十一条 占有的不动产或者动产毁损、灭失，该不动产或者动产的权利人请求赔偿的，占有人应当将因毁损、灭失取得的保险金、赔偿金或者补偿金等返还给权利人；权利人的损害未得到足够弥补的，恶意占有人还应当赔偿损失。

第四百六十二条 占有的不动产或者动产被侵占的，占有人有权请求返还原物；对妨害占有的行为，占有人有权请求排除妨害或者消除危险；因侵占或者妨害造成损害的，占有人有权依法请求损害赔偿。

占有人返还原物的请求权，自侵占发生之日起一年内未行使的，该请求权消灭。

第三编　合　同

第一分编　通　则

第一章　一般规定

第四百六十三条　本编调整因合同产生的民事关系。

第四百六十四条　合同是民事主体之间设立、变更、终止民事法律关系的协议。

婚姻、收养、监护等有关身份关系的协议，适用有关该身份关系的法律规定；没有规定的，可以根据其性质参照适用本编规定。

第四百六十五条　依法成立的合同，受法律保护。

依法成立的合同，仅对当事人具有法律约束力，但是法律另有规定的除外。

第四百六十六条　当事人对合同条款的理解有争议的，应当依据本法第一百四十二条第一款的规定，确定争议条款的含义。

合同文本采用两种以上文字订立并约定具有同等效力的，对各文本使用的词句推定具有相同含义。各文本使用的词句不一致的，应当根据合同的相关条款、性质、目的以及诚信原则等予以解释。

第四百六十七条　本法或者其他法律没有明文规定的合同，适用本编通则的规定，并可以参照适用本编或者其他法律最相类似合同的规定。

在中华人民共和国境内履行的中外合资经营企业合同、中外合作经营企业合同、中外合作勘探开发自然资源合同，适用中华人民共和国法律。

第四百六十八条　非因合同产生的债权债务关系，适用有关该债权债务关系的法律规定；没有规定的，适用本编通则的有关规定，但是根据其性质不能适用的除外。

第二章　合同的订立

第四百六十九条　当事人订立合同，可以采用书面形式、口头形式或者其他形式。

书面形式是合同书、信件、电报、电传、传真等可以有形地表现所载内容的形式。

以电子数据交换、电子邮件等方式能够有形地表现所载内容，并可以随时调取查用的数据电文，视为书面形式。

第四百七十条　合同的内容由当事人约定，一般包括下列条款：

（一）当事人的姓名或者名称和住所；

（二）标的；

（三）数量；

（四）质量；

（五）价款或者报酬；

（六）履行期限、地点和方式；

（七）违约责任；

（八）解决争议的方法。

当事人可以参照各类合同的示范文本订立合同。

第四百七十一条　当事人订立合同，可以采取要约、承诺方式或者其他方式。

第四百七十二条　要约是希望与他人订立合同的意思表示，该意思表示应当符合下列条件：

（一）内容具体确定；

（二）表明经受要约人承诺，要约人即受该意思表示约束。

第四百七十三条　要约邀请是希望他人向自己发出要约的表示。拍卖公告、招标公告、招股说明书、债券募集办法、基金招募说明书、商业广告和宣传、寄送的价目表等为要约邀请。

商业广告和宣传的内容符合要约条件的，构成要约。

第四百七十四条 要约生效的时间适用本法第一百三十七条的规定。

第四百七十五条 要约可以撤回。要约的撤回适用本法第一百四十一条的规定。

第四百七十六条 要约可以撤销，但是有下列情形之一的除外：

（一）要约人以确定承诺期限或者其他形式明示要约不可撤销；

（二）受要约人有理由认为要约是不可撤销的，并已经为履行合同做了合理准备工作。

第四百七十七条 撤销要约的意思表示以对话方式作出的，该意思表示的内容应当在受要约人作出承诺之前为受要约人所知道；撤销要约的意思表示以非对话方式作出的，应当在受要约人作出承诺之前到达受要约人。

第四百七十八条 有下列情形之一的，要约失效：

（一）要约被拒绝；

（二）要约被依法撤销；

（三）承诺期限届满，受要约人未作出承诺；

（四）受要约人对要约的内容作出实质性变更。

第四百七十九条 承诺是受要约人同意要约的意思表示。

第四百八十条 承诺应当以通知的方式作出；但是，根据交易习惯或者要约表明可以通过行为作出承诺的除外。

第四百八十一条 承诺应当在要约确定的期限内到达要约人。

要约没有确定承诺期限的，承诺应当依照下列规定到达：

（一）要约以对话方式作出的，应当即时作出承诺；

（二）要约以非对话方式作出的，承诺应当在合理期限内到达。

第四百八十二条 要约以信件或者电报作出的，承诺期限自信件载明的日期或者电报交发之日开始计算。信件未载明日期的，自投寄该信件的邮戳日期开始计算。要约以电话、传真、电子邮件等快速通讯方式作出的，承诺期限自要约到达受要约人时开始计算。

第四百八十三条 承诺生效时合同成立，但是法律另有规定或者当事人另有约定的除外。

第四百八十四条 以通知方式作出的承诺，生效的时间适用本法第一百三十七条的规定。

承诺不需要通知的，根据交易习惯或者要约的要求作出承诺的行为时生效。

第四百八十五条 承诺可以撤回。承诺的撤回适用本法第一百四十一条的规定。

第四百八十六条 受要约人超过承诺期限发出承诺，或者在承诺期限内发出承诺，按照通常情形不能及时到达要约人的，为新要约；但是，要约人及时通知受要约人该承诺有效的除外。

第四百八十七条 受要约人在承诺期限内发出承诺，按照通常情形能够及时到达要约人，但是因其他原因致使承诺到达要约人时超过承诺期限的，除要约人及时通知受要约人因承诺超过期限不接受该承诺外，该承诺有效。

第四百八十八条 承诺的内容应当与要约的内容一致。受要约人对要约的内容作出实质性变更的，为新要约。有关合同标的、数量、质量、价款或者报酬、履行期限、履行地点和方式、违约责任和解决争议方法等的变更，是对要约内容的实质性变更。

第四百八十九条 承诺对要约的内容作出非实质性变更的，除要约人及时表示反对或者要约表明承诺不得对要约的内容作出任何变更外，该承诺有效，合同的内容以承诺的内容为准。

第四百九十条 当事人采用合同书形式订立合同的，自当事人均签名、盖章或者按指印时合同成立。在签名、盖章或者按指印之前，当事人一方已经履行主要义务，对方接受时，该合同成立。

法律、行政法规规定或者当事人约定合同应当采用书面形式订立，当事人未采用书面形式但是一方已经履行主要义务，对方接受时，该合同成立。

第四百九十一条 当事人采用信件、数据电文等形式订立合同要求签订确认书的，签订确认书时合同成立。

当事人一方通过互联网等信息网络发布的商品或者服务信息符合要约条件的，对方选择该商品或者服务并提交订单成功时合同成立，但是当事人另有约定的除外。

第四百九十二条 承诺生效的地点为合同成立的地点。

采用数据电文形式订立合同的，收件人的主营业地为合同成立的地点；没有主营业地的，其住所地为合同成立的地点。当事人另有约定的，按照其约定。

第四百九十三条 当事人采用合同书形式订立合同的，最后签名、盖章或者按指印的地点为合同成立的地点，但是当事人另有约定的除外。

第四百九十四条 国家根据抢险救灾、疫情防控或者其他需要下达国家订货任务、指令性任务的，有关民事主体之间应当依照有关法律、行政法规规定的权利和义务订立合同。

依照法律、行政法规的规定负有发出要约义务的当事人，应当及时发出合理的要约。

依照法律、行政法规的规定负有作出承诺义务的当事人，不得拒绝对方合理的订立合同要求。

第四百九十五条 当事人约定在将来一定期限内订立合同的认购书、订购书、预订书等，构成预约合同。

当事人一方不履行预约合同约定的订立合同义务的，对方可以请求其承担预约合同的违约责任。

第四百九十六条 格式条款是当事人为了重复使用而预先拟定，

并在订立合同时未与对方协商的条款。

采用格式条款订立合同的，提供格式条款的一方应当遵循公平原则确定当事人之间的权利和义务，并采取合理的方式提示对方注意免除或者减轻其责任等与对方有重大利害关系的条款，按照对方的要求，对该条款予以说明。提供格式条款的一方未履行提示或者说明义务，致使对方没有注意或者理解与其有重大利害关系的条款的，对方可以主张该条款不成为合同的内容。

第四百九十七条 有下列情形之一的，该格式条款无效：

（一）具有本法第一编第六章第三节和本法第五百零六条规定的无效情形；

（二）提供格式条款一方不合理地免除或者减轻其责任、加重对方责任、限制对方主要权利；

（三）提供格式条款一方排除对方主要权利。

第四百九十八条 对格式条款的理解发生争议的，应当按照通常理解予以解释。对格式条款有两种以上解释的，应当作出不利于提供格式条款一方的解释。格式条款和非格式条款不一致的，应当采用非格式条款。

第四百九十九条 悬赏人以公开方式声明对完成特定行为的人支付报酬的，完成该行为的人可以请求其支付。

第五百条 当事人在订立合同过程中有下列情形之一，造成对方损失的，应当承担赔偿责任：

（一）假借订立合同，恶意进行磋商；

（二）故意隐瞒与订立合同有关的重要事实或者提供虚假情况；

（三）有其他违背诚信原则的行为。

第五百零一条 当事人在订立合同过程中知悉的商业秘密或者其他应当保密的信息，无论合同是否成立，不得泄露或者不正当地使用；泄露、不正当地使用该商业秘密或者信息，造成对方损失的，应当承担赔偿责任。

第三章　合同的效力

第五百零二条　依法成立的合同，自成立时生效，但是法律另有规定或者当事人另有约定的除外。

依照法律、行政法规的规定，合同应当办理批准等手续的，依照其规定。未办理批准等手续影响合同生效的，不影响合同中履行报批等义务条款以及相关条款的效力。应当办理申请批准等手续的当事人未履行义务的，对方可以请求其承担违反该义务的责任。

依照法律、行政法规的规定，合同的变更、转让、解除等情形应当办理批准等手续的，适用前款规定。

第五百零三条　无权代理人以被代理人的名义订立合同，被代理人已经开始履行合同义务或者接受相对人履行的，视为对合同的追认。

第五百零四条　法人的法定代表人或者非法人组织的负责人超越权限订立的合同，除相对人知道或者应当知道其超越权限外，该代表行为有效，订立的合同对法人或者非法人组织发生效力。

第五百零五条　当事人超越经营范围订立的合同的效力，应当依照本法第一编第六章第三节和本编的有关规定确定，不得仅以超越经营范围确认合同无效。

第五百零六条　合同中的下列免责条款无效：

（一）造成对方人身损害的；

（二）因故意或者重大过失造成对方财产损失的。

第五百零七条　合同不生效、无效、被撤销或者终止的，不影响合同中有关解决争议方法的条款的效力。

第五百零八条　本编对合同的效力没有规定的，适用本法第一编第六章的有关规定。

第四章　合同的履行

第五百零九条　当事人应当按照约定全面履行自己的义务。

当事人应当遵循诚信原则，根据合同的性质、目的和交易习惯履行通知、协助、保密等义务。

当事人在履行合同过程中，应当避免浪费资源、污染环境和破坏生态。

第五百一十条　合同生效后，当事人就质量、价款或者报酬、履行地点等内容没有约定或者约定不明确的，可以协议补充；不能达成补充协议的，按照合同相关条款或者交易习惯确定。

第五百一十一条　当事人就有关合同内容约定不明确，依据前条规定仍不能确定的，适用下列规定：

（一）质量要求不明确的，按照强制性国家标准履行；没有强制性国家标准的，按照推荐性国家标准履行；没有推荐性国家标准的，按照行业标准履行；没有国家标准、行业标准的，按照通常标准或者符合合同目的的特定标准履行。

（二）价款或者报酬不明确的，按照订立合同时履行地的市场价格履行；依法应当执行政府定价或者政府指导价的，依照规定履行。

（三）履行地点不明确，给付货币的，在接受货币一方所在地履行；交付不动产的，在不动产所在地履行；其他标的，在履行义务一方所在地履行。

（四）履行期限不明确的，债务人可以随时履行，债权人也可以随时请求履行，但是应当给对方必要的准备时间。

（五）履行方式不明确的，按照有利于实现合同目的的方式履行。

（六）履行费用的负担不明确的，由履行义务一方负担；因债权人原因增加的履行费用，由债权人负担。

第五百一十二条　通过互联网等信息网络订立的电子合同的标的

为交付商品并采用快递物流方式交付的，收货人的签收时间为交付时间。电子合同的标的为提供服务的，生成的电子凭证或者实物凭证中载明的时间为提供服务时间；前述凭证没有载明时间或者载明时间与实际提供服务时间不一致的，以实际提供服务的时间为准。

电子合同的标的物为采用在线传输方式交付的，合同标的物进入对方当事人指定的特定系统且能够检索识别的时间为交付时间。

电子合同当事人对交付商品或者提供服务的方式、时间另有约定的，按照其约定。

第五百一十三条 执行政府定价或者政府指导价的，在合同约定的交付期限内政府价格调整时，按照交付时的价格计价。逾期交付标的物的，遇价格上涨时，按照原价格执行；价格下降时，按照新价格执行。逾期提取标的物或者逾期付款的，遇价格上涨时，按照新价格执行；价格下降时，按照原价格执行。

第五百一十四条 以支付金钱为内容的债，除法律另有规定或者当事人另有约定外，债权人可以请求债务人以实际履行地的法定货币履行。

第五百一十五条 标的有多项而债务人只需履行其中一项的，债务人享有选择权；但是，法律另有规定、当事人另有约定或者另有交易习惯的除外。

享有选择权的当事人在约定期限内或者履行期限届满未作选择，经催告后在合理期限内仍未选择的，选择权转移至对方。

第五百一十六条 当事人行使选择权应当及时通知对方，通知到达对方时，标的确定。标的确定后不得变更，但是经对方同意的除外。

可选择的标的发生不能履行情形的，享有选择权的当事人不得选择不能履行的标的，但是该不能履行的情形是由对方造成的除外。

第五百一十七条 债权人为二人以上，标的可分，按照份额各自享有债权的，为按份债权；债务人为二人以上，标的可分，按照份额各自负担债务的，为按份债务。

按份债权人或者按份债务人的份额难以确定的，视为份额相同。

第五百一十八条 债权人为二人以上，部分或者全部债权人均可以请求债务人履行债务的，为连带债权；债务人为二人以上，债权人可以请求部分或者全部债务人履行全部债务的，为连带债务。

连带债权或者连带债务，由法律规定或者当事人约定。

第五百一十九条 连带债务人之间的份额难以确定的，视为份额相同。

实际承担债务超过自己份额的连带债务人，有权就超出部分在其他连带债务人未履行的份额范围内向其追偿，并相应地享有债权人的权利，但是不得损害债权人的利益。其他连带债务人对债权人的抗辩，可以向该债务人主张。

被追偿的连带债务人不能履行其应分担份额的，其他连带债务人应当在相应范围内按比例分担。

第五百二十条 部分连带债务人履行、抵销债务或者提存标的物的，其他债务人对债权人的债务在相应范围内消灭；该债务人可以依据前条规定向其他债务人追偿。

部分连带债务人的债务被债权人免除的，在该连带债务人应当承担的份额范围内，其他债务人对债权人的债务消灭。

部分连带债务人的债务与债权人的债权同归于一人的，在扣除该债务人应当承担的份额后，债权人对其他债务人的债权继续存在。

债权人对部分连带债务人的给付受领迟延的，对其他连带债务人发生效力。

第五百二十一条 连带债权人之间的份额难以确定的，视为份额相同。

实际受领债权的连带债权人，应当按比例向其他连带债权人返还。

连带债权参照适用本章连带债务的有关规定。

第五百二十二条 当事人约定由债务人向第三人履行债务，债务人未向第三人履行债务或者履行债务不符合约定的，应当向债权人承担违约责任。

法律规定或者当事人约定第三人可以直接请求债务人向其履行债务，第三人未在合理期限内明确拒绝，债务人未向第三人履行债务或者履行债务不符合约定的，第三人可以请求债务人承担违约责任；债务人对债权人的抗辩，可以向第三人主张。

第五百二十三条 当事人约定由第三人向债权人履行债务，第三人不履行债务或者履行债务不符合约定的，债务人应当向债权人承担违约责任。

第五百二十四条 债务人不履行债务，第三人对履行该债务具有合法利益的，第三人有权向债权人代为履行；但是，根据债务性质、按照当事人约定或者依照法律规定只能由债务人履行的除外。

债权人接受第三人履行后，其对债务人的债权转让给第三人，但是债务人和第三人另有约定的除外。

第五百二十五条 当事人互负债务，没有先后履行顺序的，应当同时履行。一方在对方履行之前有权拒绝其履行请求。一方在对方履行债务不符合约定时，有权拒绝其相应的履行请求。

第五百二十六条 当事人互负债务，有先后履行顺序，应当先履行债务一方未履行的，后履行一方有权拒绝其履行请求。先履行一方履行债务不符合约定的，后履行一方有权拒绝其相应的履行请求。

第五百二十七条 应当先履行债务的当事人，有确切证据证明对方有下列情形之一的，可以中止履行：

（一）经营状况严重恶化；

（二）转移财产、抽逃资金，以逃避债务；

（三）丧失商业信誉；

（四）有丧失或者可能丧失履行债务能力的其他情形。

当事人没有确切证据中止履行的，应当承担违约责任。

第五百二十八条 当事人依据前条规定中止履行的，应当及时通知对方。对方提供适当担保的，应当恢复履行。中止履行后，对方在合理期限内未恢复履行能力且未提供适当担保的，视为以自己的行为表明不履行主要债务，中止履行的一方可以解除合同并可以请求对方承担违约责任。

第五百二十九条 债权人分立、合并或者变更住所没有通知债务人，致使履行债务发生困难的，债务人可以中止履行或者将标的物提存。

第五百三十条 债权人可以拒绝债务人提前履行债务，但是提前履行不损害债权人利益的除外。

债务人提前履行债务给债权人增加的费用，由债务人负担。

第五百三十一条 债权人可以拒绝债务人部分履行债务，但是部分履行不损害债权人利益的除外。

债务人部分履行债务给债权人增加的费用，由债务人负担。

第五百三十二条 合同生效后，当事人不得因姓名、名称的变更或者法定代表人、负责人、承办人的变动而不履行合同义务。

第五百三十三条 合同成立后，合同的基础条件发生了当事人在订立合同时无法预见的、不属于商业风险的重大变化，继续履行合同对于当事人一方明显不公平的，受不利影响的当事人可以与对方重新协商；在合理期限内协商不成的，当事人可以请求人民法院或者仲裁机构变更或者解除合同。

人民法院或者仲裁机构应当结合案件的实际情况，根据公平原则变更或者解除合同。

第五百三十四条 对当事人利用合同实施危害国家利益、社会公共利益行为的，市场监督管理和其他有关行政主管部门依照法律、行政法规的规定负责监督处理。

第五章　合同的保全

第五百三十五条　因债务人怠于行使其债权或者与该债权有关的从权利，影响债权人的到期债权实现的，债权人可以向人民法院请求以自己的名义代位行使债务人对相对人的权利，但是该权利专属于债务人自身的除外。

代位权的行使范围以债权人的到期债权为限。债权人行使代位权的必要费用，由债务人负担。

相对人对债务人的抗辩，可以向债权人主张。

第五百三十六条　债权人的债权到期前，债务人的债权或者与该债权有关的从权利存在诉讼时效期间即将届满或者未及时申报破产债权等情形，影响债权人的债权实现的，债权人可以代位向债务人的相对人请求其向债务人履行、向破产管理人申报或者作出其他必要的行为。

第五百三十七条　人民法院认定代位权成立的，由债务人的相对人向债权人履行义务，债权人接受履行后，债权人与债务人、债务人与相对人之间相应的权利义务终止。债务人对相对人的债权或者与该债权有关的从权利被采取保全、执行措施，或者债务人破产的，依照相关法律的规定处理。

第五百三十八条　债务人以放弃其债权、放弃债权担保、无偿转让财产等方式无偿处分财产权益，或者恶意延长其到期债权的履行期限，影响债权人的债权实现的，债权人可以请求人民法院撤销债务人的行为。

第五百三十九条　债务人以明显不合理的低价转让财产、以明显不合理的高价受让他人财产或者为他人的债务提供担保，影响债权人的债权实现，债务人的相对人知道或者应当知道该情形的，债权人可以请求人民法院撤销债务人的行为。

第五百四十条 撤销权的行使范围以债权人的债权为限。债权人行使撤销权的必要费用，由债务人负担。

第五百四十一条 撤销权自债权人知道或者应当知道撤销事由之日起一年内行使。自债务人的行为发生之日起五年内没有行使撤销权的，该撤销权消灭。

第五百四十二条 债务人影响债权人的债权实现的行为被撤销的，自始没有法律约束力。

第六章 合同的变更和转让

第五百四十三条 当事人协商一致，可以变更合同。

第五百四十四条 当事人对合同变更的内容约定不明确的，推定为未变更。

第五百四十五条 债权人可以将债权的全部或者部分转让给第三人，但是有下列情形之一的除外：

（一）根据债权性质不得转让；

（二）按照当事人约定不得转让；

（三）依照法律规定不得转让。

当事人约定非金钱债权不得转让的，不得对抗善意第三人。当事人约定金钱债权不得转让的，不得对抗第三人。

第五百四十六条 债权人转让债权，未通知债务人的，该转让对债务人不发生效力。

债权转让的通知不得撤销，但是经受让人同意的除外。

第五百四十七条 债权人转让债权的，受让人取得与债权有关的从权利，但是该从权利专属于债权人自身的除外。

受让人取得从权利不因该从权利未办理转移登记手续或者未转移占有而受到影响。

第五百四十八条 债务人接到债权转让通知后，债务人对让与人的抗辩，可以向受让人主张。

第五百四十九条 有下列情形之一的，债务人可以向受让人主张抵销：

（一）债务人接到债权转让通知时，债务人对让与人享有债权，且债务人的债权先于转让的债权到期或者同时到期；

（二）债务人的债权与转让的债权是基于同一合同产生。

第五百五十条 因债权转让增加的履行费用，由让与人负担。

第五百五十一条 债务人将债务的全部或者部分转移给第三人的，应当经债权人同意。

债务人或者第三人可以催告债权人在合理期限内予以同意，债权人未作表示的，视为不同意。

第五百五十二条 第三人与债务人约定加入债务并通知债权人，或者第三人向债权人表示愿意加入债务，债权人未在合理期限内明确拒绝的，债权人可以请求第三人在其愿意承担的债务范围内和债务人承担连带债务。

第五百五十三条 债务人转移债务的，新债务人可以主张原债务人对债权人的抗辩；原债务人对债权人享有债权的，新债务人不得向债权人主张抵销。

第五百五十四条 债务人转移债务的，新债务人应当承担与主债务有关的从债务，但是该从债务专属于原债务人自身的除外。

第五百五十五条 当事人一方经对方同意，可以将自己在合同中的权利和义务一并转让给第三人。

第五百五十六条 合同的权利和义务一并转让的，适用债权转让、债务转移的有关规定。

第七章 合同的权利义务终止

第五百五十七条 有下列情形之一的，债权债务终止：

（一）债务已经履行；

（二）债务相互抵销；

（三）债务人依法将标的物提存；

（四）债权人免除债务；

（五）债权债务同归于一人；

（六）法律规定或者当事人约定终止的其他情形。

合同解除的，该合同的权利义务关系终止。

第五百五十八条 债权债务终止后，当事人应当遵循诚信等原则，根据交易习惯履行通知、协助、保密、旧物回收等义务。

第五百五十九条 债权债务终止时，债权的从权利同时消灭，但是法律另有规定或者当事人另有约定的除外。

第五百六十条 债务人对同一债权人负担的数项债务种类相同，债务人的给付不足以清偿全部债务的，除当事人另有约定外，由债务人在清偿时指定其履行的债务。

债务人未作指定的，应当优先履行已经到期的债务；数项债务均到期的，优先履行对债权人缺乏担保或者担保最少的债务；均无担保或者担保相等的，优先履行债务人负担较重的债务；负担相同的，按照债务到期的先后顺序履行；到期时间相同的，按照债务比例履行。

第五百六十一条 债务人在履行主债务外还应当支付利息和实现债权的有关费用，其给付不足以清偿全部债务的，除当事人另有约定外，应当按照下列顺序履行：

（一）实现债权的有关费用；

（二）利息；

（三）主债务。

第五百六十二条 当事人协商一致，可以解除合同。

当事人可以约定一方解除合同的事由。解除合同的事由发生时，解除权人可以解除合同。

第五百六十三条 有下列情形之一的，当事人可以解除合同：

（一）因不可抗力致使不能实现合同目的；

（二）在履行期限届满前，当事人一方明确表示或者以自己的行为表明不履行主要债务；

（三）当事人一方迟延履行主要债务，经催告后在合理期限内仍未履行；

（四）当事人一方迟延履行债务或者有其他违约行为致使不能实现合同目的；

（五）法律规定的其他情形。

以持续履行的债务为内容的不定期合同，当事人可以随时解除合同，但是应当在合理期限之前通知对方。

第五百六十四条 法律规定或者当事人约定解除权行使期限，期限届满当事人不行使的，该权利消灭。

法律没有规定或者当事人没有约定解除权行使期限，自解除权人知道或者应当知道解除事由之日起一年内不行使，或者经对方催告后在合理期限内不行使的，该权利消灭。

第五百六十五条 当事人一方依法主张解除合同的，应当通知对方。合同自通知到达对方时解除；通知载明债务人在一定期限内不履行债务则合同自动解除，债务人在该期限内未履行债务的，合同自通知载明的期限届满时解除。对方对解除合同有异议的，任何一方当事人均可以请求人民法院或者仲裁机构确认解除行为的效力。

当事人一方未通知对方，直接以提起诉讼或者申请仲裁的方式依法主张解除合同，人民法院或者仲裁机构确认该主张的，合同自起诉状副本或者仲裁申请书副本送达对方时解除。

第五百六十六条 合同解除后，尚未履行的，终止履行；已经履行的，根据履行情况和合同性质，当事人可以请求恢复原状或者采取其他补救措施，并有权请求赔偿损失。

合同因违约解除的，解除权人可以请求违约方承担违约责任，但是当事人另有约定的除外。

主合同解除后，担保人对债务人应当承担的民事责任仍应当承担担保责任，但是担保合同另有约定的除外。

第五百六十七条 合同的权利义务关系终止，不影响合同中结算和清理条款的效力。

第五百六十八条 当事人互负债务，该债务的标的物种类、品质相同的，任何一方可以将自己的债务与对方的到期债务抵销；但是，根据债务性质、按照当事人约定或者依照法律规定不得抵销的除外。

当事人主张抵销的，应当通知对方。通知自到达对方时生效。抵销不得附条件或者附期限。

第五百六十九条 当事人互负债务，标的物种类、品质不相同的，经协商一致，也可以抵销。

第五百七十条 有下列情形之一，难以履行债务的，债务人可以将标的物提存：

（一）债权人无正当理由拒绝受领；

（二）债权人下落不明；

（三）债权人死亡未确定继承人、遗产管理人，或者丧失民事行为能力未确定监护人；

（四）法律规定的其他情形。

标的物不适于提存或者提存费用过高的，债务人依法可以拍卖或者变卖标的物，提存所得的价款。

第五百七十一条 债务人将标的物或者将标的物依法拍卖、变卖所得价款交付提存部门时，提存成立。

提存成立的，视为债务人在其提存范围内已经交付标的物。

第五百七十二条 标的物提存后，债务人应当及时通知债权人或者债权人的继承人、遗产管理人、监护人、财产代管人。

第五百七十三条 标的物提存后，毁损、灭失的风险由债权人承担。提存期间，标的物的孳息归债权人所有。提存费用由债权人负担。

第五百七十四条 债权人可以随时领取提存物。但是，债权人对债务人负有到期债务的，在债权人未履行债务或者提供担保之前，提存部门根据债务人的要求应当拒绝其领取提存物。

债权人领取提存物的权利，自提存之日起五年内不行使而消灭，提存物扣除提存费用后归国家所有。但是，债权人未履行对债务人的到期债务，或者债权人向提存部门书面表示放弃领取提存物权利的，债务人负担提存费用后有权取回提存物。

第五百七十五条 债权人免除债务人部分或者全部债务的，债权债务部分或者全部终止，但是债务人在合理期限内拒绝的除外。

第五百七十六条 债权和债务同归于一人的，债权债务终止，但是损害第三人利益的除外。

第八章　违约责任

第五百七十七条 当事人一方不履行合同义务或者履行合同义务不符合约定的，应当承担继续履行、采取补救措施或者赔偿损失等违约责任。

第五百七十八条 当事人一方明确表示或者以自己的行为表明不履行合同义务的，对方可以在履行期限届满前请求其承担违约责任。

第五百七十九条 当事人一方未支付价款、报酬、租金、利息，或者不履行其他金钱债务的，对方可以请求其支付。

第五百八十条 当事人一方不履行非金钱债务或者履行非金钱债务不符合约定的，对方可以请求履行，但是有下列情形之一的除外：

（一）法律上或者事实上不能履行；

（二）债务的标的不适于强制履行或者履行费用过高；

（三）债权人在合理期限内未请求履行。

有前款规定的除外情形之一，致使不能实现合同目的的，人民法院或者仲裁机构可以根据当事人的请求终止合同权利义务关系，但是不影响违约责任的承担。

第五百八十一条 当事人一方不履行债务或者履行债务不符合约定，根据债务的性质不得强制履行的，对方可以请求其负担由第三人替代履行的费用。

第五百八十二条 履行不符合约定的，应当按照当事人的约定承担违约责任。对违约责任没有约定或者约定不明确，依据本法第五百一十条的规定仍不能确定的，受损害方根据标的的性质以及损失的大小，可以合理选择请求对方承担修理、重作、更换、退货、减少价款或者报酬等违约责任。

第五百八十三条 当事人一方不履行合同义务或者履行合同义务不符合约定的，在履行义务或者采取补救措施后，对方还有其他损失的，应当赔偿损失。

第五百八十四条 当事人一方不履行合同义务或者履行合同义务不符合约定，造成对方损失的，损失赔偿额应当相当于因违约所造成的损失，包括合同履行后可以获得的利益；但是，不得超过违约一方订立合同时预见到或者应当预见到的因违约可能造成的损失。

第五百八十五条 当事人可以约定一方违约时应当根据违约情况向对方支付一定数额的违约金，也可以约定因违约产生的损失赔偿额的计算方法。

约定的违约金低于造成的损失的，人民法院或者仲裁机构可以根据当事人的请求予以增加；约定的违约金过分高于造成的损失的，人民法院或者仲裁机构可以根据当事人的请求予以适当减少。

当事人就迟延履行约定违约金的，违约方支付违约金后，还应当履行债务。

第五百八十六条 当事人可以约定一方向对方给付定金作为债权

的担保。定金合同自实际交付定金时成立。

定金的数额由当事人约定；但是，不得超过主合同标的额的百分之二十，超过部分不产生定金的效力。实际交付的定金数额多于或者少于约定数额的，视为变更约定的定金数额。

第五百八十七条 债务人履行债务的，定金应当抵作价款或者收回。给付定金的一方不履行债务或者履行债务不符合约定，致使不能实现合同目的的，无权请求返还定金；收受定金的一方不履行债务或者履行债务不符合约定，致使不能实现合同目的的，应当双倍返还定金。

第五百八十八条 当事人既约定违约金，又约定定金的，一方违约时，对方可以选择适用违约金或者定金条款。

定金不足以弥补一方违约造成的损失的，对方可以请求赔偿超过定金数额的损失。

第五百八十九条 债务人按照约定履行债务，债权人无正当理由拒绝受领的，债务人可以请求债权人赔偿增加的费用。

在债权人受领迟延期间，债务人无须支付利息。

第五百九十条 当事人一方因不可抗力不能履行合同的，根据不可抗力的影响，部分或者全部免除责任，但是法律另有规定的除外。因不可抗力不能履行合同的，应当及时通知对方，以减轻可能给对方造成的损失，并应当在合理期限内提供证明。

当事人迟延履行后发生不可抗力的，不免除其违约责任。

第五百九十一条 当事人一方违约后，对方应当采取适当措施防止损失的扩大；没有采取适当措施致使损失扩大的，不得就扩大的损失请求赔偿。

当事人因防止损失扩大而支出的合理费用，由违约方负担。

第五百九十二条 当事人都违反合同的，应当各自承担相应的责任。

当事人一方违约造成对方损失，对方对损失的发生有过错的，可以减少相应的损失赔偿额。

第五百九十三条 当事人一方因第三人的原因造成违约的，应当依法向对方承担违约责任。当事人一方和第三人之间的纠纷，依照法律规定或者按照约定处理。

第五百九十四条 因国际货物买卖合同和技术进出口合同争议提起诉讼或者申请仲裁的时效期间为四年。

第二分编 典型合同

第九章 买卖合同

第五百九十五条 买卖合同是出卖人转移标的物的所有权于买受人，买受人支付价款的合同。

第五百九十六条 买卖合同的内容一般包括标的物的名称、数量、质量、价款、履行期限、履行地点和方式、包装方式、检验标准和方法、结算方式、合同使用的文字及其效力等条款。

第五百九十七条 因出卖人未取得处分权致使标的物所有权不能转移的，买受人可以解除合同并请求出卖人承担违约责任。

法律、行政法规禁止或者限制转让的标的物，依照其规定。

第五百九十八条 出卖人应当履行向买受人交付标的物或者交付提取标的物的单证，并转移标的物所有权的义务。

第五百九十九条 出卖人应当按照约定或者交易习惯向买受人交付提取标的物单证以外的有关单证和资料。

第六百条 出卖具有知识产权的标的物的，除法律另有规定或者当事人另有约定外，该标的物的知识产权不属于买受人。

第六百零一条 出卖人应当按照约定的时间交付标的物。约定交付期限的，出卖人可以在该交付期限内的任何时间交付。

第六百零二条 当事人没有约定标的物的交付期限或者约定不明

确的，适用本法第五百一十条、第五百一十一条第四项的规定。

第六百零三条 出卖人应当按照约定的地点交付标的物。

当事人没有约定交付地点或者约定不明确，依据本法第五百一十条的规定仍不能确定的，适用下列规定：

（一）标的物需要运输的，出卖人应当将标的物交付给第一承运人以运交给买受人；

（二）标的物不需要运输，出卖人和买受人订立合同时知道标的物在某一地点的，出卖人应当在该地点交付标的物；不知道标的物在某一地点的，应当在出卖人订立合同时的营业地交付标的物。

第六百零四条 标的物毁损、灭失的风险，在标的物交付之前由出卖人承担，交付之后由买受人承担，但是法律另有规定或者当事人另有约定的除外。

第六百零五条 因买受人的原因致使标的物未按照约定的期限交付的，买受人应当自违反约定时起承担标的物毁损、灭失的风险。

第六百零六条 出卖人出卖交由承运人运输的在途标的物，除当事人另有约定外，毁损、灭失的风险自合同成立时起由买受人承担。

第六百零七条 出卖人按照约定将标的物运送至买受人指定地点并交付给承运人后，标的物毁损、灭失的风险由买受人承担。

当事人没有约定交付地点或者约定不明确，依据本法第六百零三条第二款第一项的规定标的物需要运输的，出卖人将标的物交付给第一承运人后，标的物毁损、灭失的风险由买受人承担。

第六百零八条 出卖人按照约定或者依据本法第六百零三条第二款第二项的规定将标的物置于交付地点，买受人违反约定没有收取的，标的物毁损、灭失的风险自违反约定时起由买受人承担。

第六百零九条 出卖人按照约定未交付有关标的物的单证和资料的，不影响标的物毁损、灭失风险的转移。

第六百一十条 因标的物不符合质量要求，致使不能实现合同目的的，买受人可以拒绝接受标的物或者解除合同。买受人拒绝接受标的物或者解除合同的，标的物毁损、灭失的风险由出卖人承担。

第六百一十一条 标的物毁损、灭失的风险由买受人承担的，不影响因出卖人履行义务不符合约定，买受人请求其承担违约责任的权利。

第六百一十二条 出卖人就交付的标的物，负有保证第三人对该标的物不享有任何权利的义务，但是法律另有规定的除外。

第六百一十三条 买受人订立合同时知道或者应当知道第三人对买卖的标的物享有权利的，出卖人不承担前条规定的义务。

第六百一十四条 买受人有确切证据证明第三人对标的物享有权利的，可以中止支付相应的价款，但是出卖人提供适当担保的除外。

第六百一十五条 出卖人应当按照约定的质量要求交付标的物。出卖人提供有关标的物质量说明的，交付的标的物应当符合该说明的质量要求。

第六百一十六条 当事人对标的物的质量要求没有约定或者约定不明确，依据本法第五百一十条的规定仍不能确定的，适用本法第五百一十一条第一项的规定。

第六百一十七条 出卖人交付的标的物不符合质量要求的，买受人可以依据本法第五百八十二条至第五百八十四条的规定请求承担违约责任。

第六百一十八条 当事人约定减轻或者免除出卖人对标的物瑕疵承担的责任，因出卖人故意或者重大过失不告知买受人标的物瑕疵的，出卖人无权主张减轻或者免除责任。

第六百一十九条 出卖人应当按照约定的包装方式交付标的物。对包装方式没有约定或者约定不明确，依据本法第五百一十条的规定仍不能确定的，应当按照通用的方式包装；没有通用方式的，应当采取足以保护标的物且有利于节约资源、保护生态环境的包装方式。

第六百二十条 买受人收到标的物时应当在约定的检验期限内检

验。没有约定检验期限的，应当及时检验。

第六百二十一条 当事人约定检验期限的，买受人应当在检验期限内将标的物的数量或者质量不符合约定的情形通知出卖人。买受人怠于通知的，视为标的物的数量或者质量符合约定。

当事人没有约定检验期限的，买受人应当在发现或者应当发现标的物的数量或者质量不符合约定的合理期限内通知出卖人。买受人在合理期限内未通知或者自收到标的物之日起二年内未通知出卖人的，视为标的物的数量或者质量符合约定；但是，对标的物有质量保证期的，适用质量保证期，不适用该二年的规定。

出卖人知道或者应当知道提供的标的物不符合约定的，买受人不受前两款规定的通知时间的限制。

第六百二十二条 当事人约定的检验期限过短，根据标的物的性质和交易习惯，买受人在检验期限内难以完成全面检验的，该期限仅视为买受人对标的物的外观瑕疵提出异议的期限。

约定的检验期限或者质量保证期短于法律、行政法规规定期限的，应当以法律、行政法规规定的期限为准。

第六百二十三条 当事人对检验期限未作约定，买受人签收的送货单、确认单等载明标的物数量、型号、规格的，推定买受人已经对数量和外观瑕疵进行检验，但是有相关证据足以推翻的除外。

第六百二十四条 出卖人依照买受人的指示向第三人交付标的物，出卖人和买受人约定的检验标准与买受人和第三人约定的检验标准不一致的，以出卖人和买受人约定的检验标准为准。

第六百二十五条 依照法律、行政法规的规定或者按照当事人的约定，标的物在有效使用年限届满后应予回收的，出卖人负有自行或者委托第三人对标的物予以回收的义务。

第六百二十六条 买受人应当按照约定的数额和支付方式支付价款。对价款的数额和支付方式没有约定或者约定不明确的，适用本法

第五百一十条、第五百一十一条第二项和第五项的规定。

第六百二十七条 买受人应当按照约定的地点支付价款。对支付地点没有约定或者约定不明确，依据本法第五百一十条的规定仍不能确定的，买受人应当在出卖人的营业地支付；但是，约定支付价款以交付标的物或者交付提取标的物单证为条件的，在交付标的物或者交付提取标的物单证的所在地支付。

第六百二十八条 买受人应当按照约定的时间支付价款。对支付时间没有约定或者约定不明确，依据本法第五百一十条的规定仍不能确定的，买受人应当在收到标的物或者提取标的物单证的同时支付。

第六百二十九条 出卖人多交标的物的，买受人可以接收或者拒绝接收多交的部分。买受人接收多交部分的，按照约定的价格支付价款；买受人拒绝接收多交部分的，应当及时通知出卖人。

第六百三十条 标的物在交付之前产生的孳息，归出卖人所有；交付之后产生的孳息，归买受人所有。但是，当事人另有约定的除外。

第六百三十一条 因标的物的主物不符合约定而解除合同的，解除合同的效力及于从物。因标的物的从物不符合约定被解除的，解除的效力不及于主物。

第六百三十二条 标的物为数物，其中一物不符合约定的，买受人可以就该物解除。但是，该物与他物分离使标的物的价值显受损害的，买受人可以就数物解除合同。

第六百三十三条 出卖人分批交付标的物的，出卖人对其中一批标的物不交付或者交付不符合约定，致使该批标的物不能实现合同目的的，买受人可以就该批标的物解除。

出卖人不交付其中一批标的物或者交付不符合约定，致使之后其他各批标的物的交付不能实现合同目的的，买受人可以就该批以及之后其他各批标的物解除。

买受人如果就其中一批标的物解除，该批标的物与其他各批标的物相互依存的，可以就已经交付和未交付的各批标的物解除。

第六百三十四条 分期付款的买受人未支付到期价款的数额达到全部价款的五分之一，经催告后在合理期限内仍未支付到期价款的，出卖人可以请求买受人支付全部价款或者解除合同。

出卖人解除合同的，可以向买受人请求支付该标的物的使用费。

第六百三十五条 凭样品买卖的当事人应当封存样品，并可以对样品质量予以说明。出卖人交付的标的物应当与样品及其说明的质量相同。

第六百三十六条 凭样品买卖的买受人不知道样品有隐蔽瑕疵的，即使交付的标的物与样品相同，出卖人交付的标的物的质量仍然应当符合同种物的通常标准。

第六百三十七条 试用买卖的当事人可以约定标的物的试用期限。对试用期限没有约定或者约定不明确，依据本法第五百一十条的规定仍不能确定的，由出卖人确定。

第六百三十八条 试用买卖的买受人在试用期内可以购买标的物，也可以拒绝购买。试用期限届满，买受人对是否购买标的物未作表示的，视为购买。

试用买卖的买受人在试用期内已经支付部分价款或者对标的物实施出卖、出租、设立担保物权等行为的，视为同意购买。

第六百三十九条 试用买卖的当事人对标的物使用费没有约定或者约定不明确的，出卖人无权请求买受人支付。

第六百四十条 标的物在试用期内毁损、灭失的风险由出卖人承担。

第六百四十一条 当事人可以在买卖合同中约定买受人未履行支付价款或者其他义务的，标的物的所有权属于出卖人。

出卖人对标的物保留的所有权，未经登记，不得对抗善意第三人。

第六百四十二条 当事人约定出卖人保留合同标的物的所有权，在标的物所有权转移前，买受人有下列情形之一，造成出卖人损害的，除当事人另有约定外，出卖人有权取回标的物：

（一）未按照约定支付价款，经催告后在合理期限内仍未支付；

（二）未按照约定完成特定条件；

（三）将标的物出卖、出质或者作出其他不当处分。

出卖人可以与买受人协商取回标的物；协商不成的，可以参照适用担保物权的实现程序。

第六百四十三条　出卖人依据前条第一款的规定取回标的物后，买受人在双方约定或者出卖人指定的合理回赎期限内，消除出卖人取回标的物的事由的，可以请求回赎标的物。

买受人在回赎期限内没有回赎标的物，出卖人可以以合理价格将标的物出卖给第三人，出卖所得价款扣除买受人未支付的价款以及必要费用后仍有剩余的，应当返还买受人；不足部分由买受人清偿。

第六百四十四条　招标投标买卖的当事人的权利和义务以及招标投标程序等，依照有关法律、行政法规的规定。

第六百四十五条　拍卖的当事人的权利和义务以及拍卖程序等，依照有关法律、行政法规的规定。

第六百四十六条　法律对其他有偿合同有规定的，依照其规定；没有规定的，参照适用买卖合同的有关规定。

第六百四十七条　当事人约定易货交易，转移标的物的所有权的，参照适用买卖合同的有关规定。

第十章　供用电、水、气、热力合同

第六百四十八条　供用电合同是供电人向用电人供电，用电人支付电费的合同。

向社会公众供电的供电人，不得拒绝用电人合理的订立合同要求。

第六百四十九条　供用电合同的内容一般包括供电的方式、质量、时间，用电容量、地址、性质，计量方式，电价、电费的结算方式，供用电设施的维护责任等条款。

第六百五十条 供用电合同的履行地点，按照当事人约定；当事人没有约定或者约定不明确的，供电设施的产权分界处为履行地点。

第六百五十一条 供电人应当按照国家规定的供电质量标准和约定安全供电。供电人未按照国家规定的供电质量标准和约定安全供电，造成用电人损失的，应当承担赔偿责任。

第六百五十二条 供电人因供电设施计划检修、临时检修、依法限电或者用电人违法用电等原因，需要中断供电时，应当按照国家有关规定事先通知用电人；未事先通知用电人中断供电，造成用电人损失的，应当承担赔偿责任。

第六百五十三条 因自然灾害等原因断电，供电人应当按照国家有关规定及时抢修；未及时抢修，造成用电人损失的，应当承担赔偿责任。

第六百五十四条 用电人应当按照国家有关规定和当事人的约定及时支付电费。用电人逾期不支付电费的，应当按照约定支付违约金。经催告用电人在合理期限内仍不支付电费和违约金的，供电人可以按照国家规定的程序中止供电。

供电人依据前款规定中止供电的，应当事先通知用电人。

第六百五十五条 用电人应当按照国家有关规定和当事人的约定安全、节约和计划用电。用电人未按照国家有关规定和当事人的约定用电，造成供电人损失的，应当承担赔偿责任。

第六百五十六条 供用水、供用气、供用热力合同，参照适用供用电合同的有关规定。

第十一章　赠与合同

第六百五十七条 赠与合同是赠与人将自己的财产无偿给予受赠人，受赠人表示接受赠与的合同。

第六百五十八条 赠与人在赠与财产的权利转移之前可以撤销赠与。

经过公证的赠与合同或者依法不得撤销的具有救灾、扶贫、助残等公益、道德义务性质的赠与合同，不适用前款规定。

第六百五十九条 赠与的财产依法需要办理登记或者其他手续的，应当办理有关手续。

第六百六十条 经过公证的赠与合同或者依法不得撤销的具有救灾、扶贫、助残等公益、道德义务性质的赠与合同，赠与人不交付赠与财产的，受赠人可以请求交付。

依据前款规定应当交付的赠与财产因赠与人故意或者重大过失致使毁损、灭失的，赠与人应当承担赔偿责任。

第六百六十一条 赠与可以附义务。

赠与附义务的，受赠人应当按照约定履行义务。

第六百六十二条 赠与的财产有瑕疵的，赠与人不承担责任。附义务的赠与，赠与的财产有瑕疵的，赠与人在附义务的限度内承担与出卖人相同的责任。

赠与人故意不告知瑕疵或者保证无瑕疵，造成受赠人损失的，应当承担赔偿责任。

第六百六十三条 受赠人有下列情形之一的，赠与人可以撤销赠与：

（一）严重侵害赠与人或者赠与人近亲属的合法权益；

（二）对赠与人有扶养义务而不履行；

（三）不履行赠与合同约定的义务。

赠与人的撤销权，自知道或者应当知道撤销事由之日起一年内行使。

第六百六十四条 因受赠人的违法行为致使赠与人死亡或者丧失民事行为能力的，赠与人的继承人或者法定代理人可以撤销赠与。

赠与人的继承人或者法定代理人的撤销权，自知道或者应当知道撤销事由之日起六个月内行使。

第六百六十五条 撤销权人撤销赠与的，可以向受赠人请求返还赠与的财产。

第六百六十六条 赠与人的经济状况显著恶化，严重影响其生产经营或者家庭生活的，可以不再履行赠与义务。

第十二章 借款合同

第六百六十七条 借款合同是借款人向贷款人借款，到期返还借款并支付利息的合同。

第六百六十八条 借款合同应当采用书面形式，但是自然人之间借款另有约定的除外。

借款合同的内容一般包括借款种类、币种、用途、数额、利率、期限和还款方式等条款。

第六百六十九条 订立借款合同，借款人应当按照贷款人的要求提供与借款有关的业务活动和财务状况的真实情况。

第六百七十条 借款的利息不得预先在本金中扣除。利息预先在本金中扣除的，应当按照实际借款数额返还借款并计算利息。

第六百七十一条 贷款人未按照约定的日期、数额提供借款，造成借款人损失的，应当赔偿损失。

借款人未按照约定的日期、数额收取借款的，应当按照约定的日期、数额支付利息。

第六百七十二条 贷款人按照约定可以检查、监督借款的使用情况。借款人应当按照约定向贷款人定期提供有关财务会计报表或者其他资料。

第六百七十三条 借款人未按照约定的借款用途使用借款的，贷款人可以停止发放借款、提前收回借款或者解除合同。

第六百七十四条 借款人应当按照约定的期限支付利息。对支付利息的期限没有约定或者约定不明确，依据本法第五百一十条的规定仍不能确定，借款期间不满一年的，应当在返还借款时一并支付；借款期间一年以上的，应当在每届满一年时支付，剩余期间不满一年的，应当在返还借款时一并支付。

第六百七十五条 借款人应当按照约定的期限返还借款。对借款期限没有约定或者约定不明确，依据本法第五百一十条的规定仍不能确定的，借款人可以随时返还；贷款人可以催告借款人在合理期限内返还。

第六百七十六条 借款人未按照约定的期限返还借款的，应当按照约定或者国家有关规定支付逾期利息。

第六百七十七条 借款人提前返还借款的，除当事人另有约定外，应当按照实际借款的期间计算利息。

第六百七十八条 借款人可以在还款期限届满前向贷款人申请展期；贷款人同意的，可以展期。

第六百七十九条 自然人之间的借款合同，自贷款人提供借款时成立。

第六百八十条 禁止高利放贷，借款的利率不得违反国家有关规定。

借款合同对支付利息没有约定的，视为没有利息。

借款合同对支付利息约定不明确，当事人不能达成补充协议的，按照当地或者当事人的交易方式、交易习惯、市场利率等因素确定利息；自然人之间借款的，视为没有利息。

第十三章 保证合同

第一节 一般规定

第六百八十一条 保证合同是为保障债权的实现，保证人和债权人约定，当债务人不履行到期债务或者发生当事人约定的情形时，保证人履行债务或者承担责任的合同。

第六百八十二条 保证合同是主债权债务合同的从合同。主债权债务合同无效的，保证合同无效，但是法律另有规定的除外。

保证合同被确认无效后，债务人、保证人、债权人有过错的，应当根据其过错各自承担相应的民事责任。

第六百八十三条 机关法人不得为保证人，但是经国务院批准为使用外国政府或者国际经济组织贷款进行转贷的除外。

以公益为目的的非营利法人、非法人组织不得为保证人。

第六百八十四条 保证合同的内容一般包括被保证的主债权的种类、数额，债务人履行债务的期限，保证的方式、范围和期间等条款。

第六百八十五条 保证合同可以是单独订立的书面合同，也可以是主债权债务合同中的保证条款。

第三人单方以书面形式向债权人作出保证，债权人接收且未提出异议的，保证合同成立。

第六百八十六条 保证的方式包括一般保证和连带责任保证。

当事人在保证合同中对保证方式没有约定或者约定不明确的，按照一般保证承担保证责任。

第六百八十七条 当事人在保证合同中约定，债务人不能履行债务时，由保证人承担保证责任的，为一般保证。

一般保证的保证人在主合同纠纷未经审判或者仲裁，并就债务人财产依法强制执行仍不能履行债务前，有权拒绝向债权人承担保证责任，但是有下列情形之一的除外：

（一）债务人下落不明，且无财产可供执行；

（二）人民法院已经受理债务人破产案件；

（三）债权人有证据证明债务人的财产不足以履行全部债务或者丧失履行债务能力；

（四）保证人书面表示放弃本款规定的权利。

第六百八十八条 当事人在保证合同中约定保证人和债务人对债

务承担连带责任的，为连带责任保证。

连带责任保证的债务人不履行到期债务或者发生当事人约定的情形时，债权人可以请求债务人履行债务，也可以请求保证人在其保证范围内承担保证责任。

第六百八十九条 保证人可以要求债务人提供反担保。

第六百九十条 保证人与债权人可以协商订立最高额保证的合同，约定在最高债权额限度内就一定期间连续发生的债权提供保证。

最高额保证除适用本章规定外，参照适用本法第二编最高额抵押权的有关规定。

第二节 保证责任

第六百九十一条 保证的范围包括主债权及其利息、违约金、损害赔偿金和实现债权的费用。当事人另有约定的，按照其约定。

第六百九十二条 保证期间是确定保证人承担保证责任的期间，不发生中止、中断和延长。

债权人与保证人可以约定保证期间，但是约定的保证期间早于主债务履行期限或者与主债务履行期限同时届满的，视为没有约定；没有约定或者约定不明确的，保证期间为主债务履行期限届满之日起六个月。

债权人与债务人对主债务履行期限没有约定或者约定不明确的，保证期间自债权人请求债务人履行债务的宽限期届满之日起计算。

第六百九十三条 一般保证的债权人未在保证期间对债务人提起诉讼或者申请仲裁的，保证人不再承担保证责任。

连带责任保证的债权人未在保证期间请求保证人承担保证责任的，保证人不再承担保证责任。

第六百九十四条 一般保证的债权人在保证期间届满前对债务人提起诉讼或者申请仲裁的，从保证人拒绝承担保证责任的权利消灭之日起，开始计算保证债务的诉讼时效。

连带责任保证的债权人在保证期间届满前请求保证人承担保证责任的，从债权人请求保证人承担保证责任之日起，开始计算保证债务的诉讼时效。

第六百九十五条 债权人和债务人未经保证人书面同意，协商变更主债权债务合同内容，减轻债务的，保证人仍对变更后的债务承担保证责任；加重债务的，保证人对加重的部分不承担保证责任。

债权人和债务人变更主债权债务合同的履行期限，未经保证人书面同意的，保证期间不受影响。

第六百九十六条 债权人转让全部或者部分债权，未通知保证人的，该转让对保证人不发生效力。

保证人与债权人约定禁止债权转让，债权人未经保证人书面同意转让债权的，保证人对受让人不再承担保证责任。

第六百九十七条 债权人未经保证人书面同意，允许债务人转移全部或者部分债务，保证人对未经其同意转移的债务不再承担保证责任，但是债权人和保证人另有约定的除外。

第三人加入债务的，保证人的保证责任不受影响。

第六百九十八条 一般保证的保证人在主债务履行期限届满后，向债权人提供债务人可供执行财产的真实情况，债权人放弃或者怠于行使权利致使该财产不能被执行的，保证人在其提供可供执行财产的价值范围内不再承担保证责任。

第六百九十九条 同一债务有两个以上保证人的，保证人应当按照保证合同约定的保证份额，承担保证责任；没有约定保证份额的，债权人可以请求任何一个保证人在其保证范围内承担保证责任。

第七百条 保证人承担保证责任后，除当事人另有约定外，有权在其承担保证责任的范围内向债务人追偿，享有债权人对债务人的权利，但是不得损害债权人的利益。

第七百零一条 保证人可以主张债务人对债权人的抗辩。债务人放弃抗辩的，保证人仍有权向债权人主张抗辩。

第七百零二条 债务人对债权人享有抵销权或者撤销权的，保证人可以在相应范围内拒绝承担保证责任。

第十四章 租赁合同

第七百零三条 租赁合同是出租人将租赁物交付承租人使用、收益，承租人支付租金的合同。

第七百零四条 租赁合同的内容一般包括租赁物的名称、数量、用途、租赁期限、租金及其支付期限和方式、租赁物维修等条款。

第七百零五条 租赁期限不得超过二十年。超过二十年的，超过部分无效。

租赁期限届满，当事人可以续订租赁合同；但是，约定的租赁期限自续订之日起不得超过二十年。

第七百零六条 当事人未依照法律、行政法规规定办理租赁合同登记备案手续的，不影响合同的效力。

第七百零七条 租赁期限六个月以上的，应当采用书面形式。当事人未采用书面形式，无法确定租赁期限的，视为不定期租赁。

第七百零八条 出租人应当按照约定将租赁物交付承租人，并在租赁期限内保持租赁物符合约定的用途。

第七百零九条 承租人应当按照约定的方法使用租赁物。对租赁物的使用方法没有约定或者约定不明确，依据本法第五百一十条的规定仍不能确定的，应当根据租赁物的性质使用。

第七百一十条 承租人按照约定的方法或者根据租赁物的性质使用租赁物，致使租赁物受到损耗的，不承担赔偿责任。

第七百一十一条 承租人未按照约定的方法或者未根据租赁物的性质使用租赁物，致使租赁物受到损失的，出租人可以解除合同并请求赔偿损失。

第七百一十二条 出租人应当履行租赁物的维修义务，但是当事人另有约定的除外。

第七百一十三条 承租人在租赁物需要维修时可以请求出租人在合理期限内维修。出租人未履行维修义务的，承租人可以自行维修，维修费用由出租人负担。因维修租赁物影响承租人使用的，应当相应减少租金或者延长租期。

因承租人的过错致使租赁物需要维修的，出租人不承担前款规定的维修义务。

第七百一十四条 承租人应当妥善保管租赁物，因保管不善造成租赁物毁损、灭失的，应当承担赔偿责任。

第七百一十五条 承租人经出租人同意，可以对租赁物进行改善或者增设他物。

承租人未经出租人同意，对租赁物进行改善或者增设他物的，出租人可以请求承租人恢复原状或者赔偿损失。

第七百一十六条 承租人经出租人同意，可以将租赁物转租给第三人。承租人转租的，承租人与出租人之间的租赁合同继续有效；第三人造成租赁物损失的，承租人应当赔偿损失。

承租人未经出租人同意转租的，出租人可以解除合同。

第七百一十七条 承租人经出租人同意将租赁物转租给第三人，转租期限超过承租人剩余租赁期限的，超过部分的约定对出租人不具有法律约束力，但是出租人与承租人另有约定的除外。

第七百一十八条 出租人知道或者应当知道承租人转租，但是在六个月内未提出异议的，视为出租人同意转租。

第七百一十九条 承租人拖欠租金的，次承租人可以代承租人支付其欠付的租金和违约金，但是转租合同对出租人不具有法律约束力的除外。

次承租人代为支付的租金和违约金，可以充抵次承租人应当向承租人支付的租金；超出其应付的租金数额的，可以向承租人追偿。

第七百二十条 在租赁期限内因占有、使用租赁物获得的收益，归承租人所有，但是当事人另有约定的除外。

第七百二十一条 承租人应当按照约定的期限支付租金。对支付租金的期限没有约定或者约定不明确，依据本法第五百一十条的规定仍不能确定，租赁期限不满一年的，应当在租赁期限届满时支付；租赁期限一年以上的，应当在每届满一年时支付，剩余期限不满一年的，应当在租赁期限届满时支付。

第七百二十二条 承租人无正当理由未支付或者迟延支付租金的，出租人可以请求承租人在合理期限内支付；承租人逾期不支付的，出租人可以解除合同。

第七百二十三条 因第三人主张权利，致使承租人不能对租赁物使用、收益的，承租人可以请求减少租金或者不支付租金。

第三人主张权利的，承租人应当及时通知出租人。

第七百二十四条 有下列情形之一，非因承租人原因致使租赁物无法使用的，承租人可以解除合同：

（一）租赁物被司法机关或者行政机关依法查封、扣押；

（二）租赁物权属有争议；

（三）租赁物具有违反法律、行政法规关于使用条件的强制性规定情形。

第七百二十五条 租赁物在承租人按照租赁合同占有期限内发生所有权变动的，不影响租赁合同的效力。

第七百二十六条 出租人出卖租赁房屋的，应当在出卖之前的合理期限内通知承租人，承租人享有以同等条件优先购买的权利；但是，房屋按份共有人行使优先购买权或者出租人将房屋出卖给近亲属的除外。

出租人履行通知义务后，承租人在十五日内未明确表示购买的，视为承租人放弃优先购买权。

第七百二十七条 出租人委托拍卖人拍卖租赁房屋的，应当在拍卖五日前通知承租人。承租人未参加拍卖的，视为放弃优先购买权。

第七百二十八条 出租人未通知承租人或者有其他妨害承租人行使优先购买权情形的，承租人可以请求出租人承担赔偿责任。但是，出租人与第三人订立的房屋买卖合同的效力不受影响。

第七百二十九条 因不可归责于承租人的事由，致使租赁物部分或者全部毁损、灭失的，承租人可以请求减少租金或者不支付租金；因租赁物部分或者全部毁损、灭失，致使不能实现合同目的的，承租人可以解除合同。

第七百三十条 当事人对租赁期限没有约定或者约定不明确，依据本法第五百一十条的规定仍不能确定的，视为不定期租赁；当事人可以随时解除合同，但是应当在合理期限之前通知对方。

第七百三十一条 租赁物危及承租人的安全或者健康的，即使承租人订立合同时明知该租赁物质量不合格，承租人仍然可以随时解除合同。

第七百三十二条 承租人在房屋租赁期限内死亡的，与其生前共同居住的人或者共同经营人可以按照原租赁合同租赁该房屋。

第七百三十三条 租赁期限届满，承租人应当返还租赁物。返还的租赁物应当符合按照约定或者根据租赁物的性质使用后的状态。

第七百三十四条 租赁期限届满，承租人继续使用租赁物，出租人没有提出异议的，原租赁合同继续有效，但是租赁期限为不定期。

租赁期限届满，房屋承租人享有以同等条件优先承租的权利。

第十五章 融资租赁合同

第七百三十五条 融资租赁合同是出租人根据承租人对出卖人、租赁物的选择，向出卖人购买租赁物，提供给承租人使用，承租人支付租金的合同。

第七百三十六条 融资租赁合同的内容一般包括租赁物的名称、数量、规格、技术性能、检验方法，租赁期限，租金构成及其支付期限和方式、币种，租赁期限届满租赁物的归属等条款。

融资租赁合同应当采用书面形式。

第七百三十七条 当事人以虚构租赁物方式订立的融资租赁合同无效。

第七百三十八条 依照法律、行政法规的规定，对于租赁物的经营使用应当取得行政许可的，出租人未取得行政许可不影响融资租赁合同的效力。

第七百三十九条 出租人根据承租人对出卖人、租赁物的选择订立的买卖合同，出卖人应当按照约定向承租人交付标的物，承租人享有与受领标的物有关的买受人的权利。

第七百四十条 出卖人违反向承租人交付标的物的义务，有下列情形之一的，承租人可以拒绝受领出卖人向其交付的标的物：

（一）标的物严重不符合约定；

（二）未按照约定交付标的物，经承租人或者出租人催告后在合理期限内仍未交付。

承租人拒绝受领标的物的，应当及时通知出租人。

第七百四十一条 出租人、出卖人、承租人可以约定，出卖人不履行买卖合同义务的，由承租人行使索赔的权利。承租人行使索赔权利的，出租人应当协助。

第七百四十二条 承租人对出卖人行使索赔权利，不影响其履行支付租金的义务。但是，承租人依赖出租人的技能确定租赁物或者出租人干预选择租赁物的，承租人可以请求减免相应租金。

第七百四十三条 出租人有下列情形之一，致使承租人对出卖人行使索赔权利失败的，承租人有权请求出租人承担相应的责任：

（一）明知租赁物有质量瑕疵而不告知承租人；

（二）承租人行使索赔权利时，未及时提供必要协助。

出租人怠于行使只能由其对出卖人行使的索赔权利，造成承租人损失的，承租人有权请求出租人承担赔偿责任。

第七百四十四条 出租人根据承租人对出卖人、租赁物的选择订立的买卖合同，未经承租人同意，出租人不得变更与承租人有关的合同内容。

第七百四十五条 出租人对租赁物享有的所有权，未经登记，不得对抗善意第三人。

第七百四十六条 融资租赁合同的租金，除当事人另有约定外，应当根据购买租赁物的大部分或者全部成本以及出租人的合理利润确定。

第七百四十七条 租赁物不符合约定或者不符合使用目的的，出租人不承担责任。但是，承租人依赖出租人的技能确定租赁物或者出租人干预选择租赁物的除外。

第七百四十八条 出租人应当保证承租人对租赁物的占有和使用。

出租人有下列情形之一的，承租人有权请求其赔偿损失：

（一）无正当理由收回租赁物；

（二）无正当理由妨碍、干扰承租人对租赁物的占有和使用；

（三）因出租人的原因致使第三人对租赁物主张权利；

（四）不当影响承租人对租赁物占有和使用的其他情形。

第七百四十九条 承租人占有租赁物期间，租赁物造成第三人人身损害或者财产损失的，出租人不承担责任。

第七百五十条 承租人应当妥善保管、使用租赁物。

承租人应当履行占有租赁物期间的维修义务。

第七百五十一条 承租人占有租赁物期间，租赁物毁损、灭失的，出租人有权请求承租人继续支付租金，但是法律另有规定或者当事人另有约定的除外。

第七百五十二条 承租人应当按照约定支付租金。承租人经催告后在合理期限内仍不支付租金的，出租人可以请求支付全部租金；也可以解除合同，收回租赁物。

第七百五十三条 承租人未经出租人同意，将租赁物转让、抵押、质押、投资入股或者以其他方式处分的，出租人可以解除融资租赁合同。

第七百五十四条 有下列情形之一的，出租人或者承租人可以解除融资租赁合同：

（一）出租人与出卖人订立的买卖合同解除、被确认无效或者被撤销，且未能重新订立买卖合同；

（二）租赁物因不可归责于当事人的原因毁损、灭失，且不能修复或者确定替代物；

（三）因出卖人的原因致使融资租赁合同的目的不能实现。

第七百五十五条 融资租赁合同因买卖合同解除、被确认无效或者被撤销而解除，出卖人、租赁物系由承租人选择的，出租人有权请求承租人赔偿相应损失；但是，因出租人原因致使买卖合同解除、被确认无效或者被撤销的除外。

出租人的损失已经在买卖合同解除、被确认无效或者被撤销时获得赔偿的，承租人不再承担相应的赔偿责任。

第七百五十六条 融资租赁合同因租赁物交付承租人后意外毁损、灭失等不可归责于当事人的原因解除的，出租人可以请求承租人按照租赁物折旧情况给予补偿。

第七百五十七条 出租人和承租人可以约定租赁期限届满租赁物的归属；对租赁物的归属没有约定或者约定不明确，依据本法第五百一十条的规定仍不能确定的，租赁物的所有权归出租人。

第七百五十八条 当事人约定租赁期限届满租赁物归承租人所

有，承租人已经支付大部分租金，但是无力支付剩余租金，出租人因此解除合同收回租赁物，收回的租赁物的价值超过承租人欠付的租金以及其他费用的，承租人可以请求相应返还。

当事人约定租赁期限届满租赁物归出租人所有，因租赁物毁损、灭失或者附合、混合于他物致使承租人不能返还的，出租人有权请求承租人给予合理补偿。

第七百五十九条 当事人约定租赁期限届满，承租人仅需向出租人支付象征性价款的，视为约定的租金义务履行完毕后租赁物的所有权归承租人。

第七百六十条 融资租赁合同无效，当事人就该情形下租赁物的归属有约定的，按照其约定；没有约定或者约定不明确的，租赁物应当返还出租人。但是，因承租人原因致使合同无效，出租人不请求返还或者返还后会显著降低租赁物效用的，租赁物的所有权归承租人，由承租人给予出租人合理补偿。

第十六章 保理合同

第七百六十一条 保理合同是应收账款债权人将现有的或者将有的应收账款转让给保理人，保理人提供资金融通、应收账款管理或者催收、应收账款债务人付款担保等服务的合同。

第七百六十二条 保理合同的内容一般包括业务类型、服务范围、服务期限、基础交易合同情况、应收账款信息、保理融资款或者服务报酬及其支付方式等条款。

保理合同应当采用书面形式。

第七百六十三条 应收账款债权人与债务人虚构应收账款作为转让标的，与保理人订立保理合同的，应收账款债务人不得以应收账款不存在为由对抗保理人，但是保理人明知虚构的除外。

第七百六十四条 保理人向应收账款债务人发出应收账款转让通

知的，应当表明保理人身份并附有必要凭证。

第七百六十五条 应收账款债务人接到应收账款转让通知后，应收账款债权人与债务人无正当理由协商变更或者终止基础交易合同，对保理人产生不利影响的，对保理人不发生效力。

第七百六十六条 当事人约定有追索权保理的，保理人可以向应收账款债权人主张返还保理融资款本息或者回购应收账款债权，也可以向应收账款债务人主张应收账款债权。保理人向应收账款债务人主张应收账款债权，在扣除保理融资款本息和相关费用后有剩余的，剩余部分应当返还给应收账款债权人。

第七百六十七条 当事人约定无追索权保理的，保理人应当向应收账款债务人主张应收账款债权，保理人取得超过保理融资款本息和相关费用的部分，无需向应收账款债权人返还。

第七百六十八条 应收账款债权人就同一应收账款订立多个保理合同，致使多个保理人主张权利的，已经登记的先于未登记的取得应收账款；均已经登记的，按照登记时间的先后顺序取得应收账款；均未登记的，由最先到达应收账款债务人的转让通知中载明的保理人取得应收账款；既未登记也未通知的，按照保理融资款或者服务报酬的比例取得应收账款。

第七百六十九条 本章没有规定的，适用本编第六章债权转让的有关规定。

第十七章 承揽合同

第七百七十条 承揽合同是承揽人按照定作人的要求完成工作，交付工作成果，定作人支付报酬的合同。

承揽包括加工、定作、修理、复制、测试、检验等工作。

第七百七十一条 承揽合同的内容一般包括承揽的标的、数量、质量、报酬，承揽方式，材料的提供，履行期限，验收标准和方法等条款。

第七百七十二条 承揽人应当以自己的设备、技术和劳力，完成主要工作，但是当事人另有约定的除外。

承揽人将其承揽的主要工作交由第三人完成的，应当就该第三人完成的工作成果向定作人负责；未经定作人同意的，定作人也可以解除合同。

第七百七十三条 承揽人可以将其承揽的辅助工作交由第三人完成。承揽人将其承揽的辅助工作交由第三人完成的，应当就该第三人完成的工作成果向定作人负责。

第七百七十四条 承揽人提供材料的，应当按照约定选用材料，并接受定作人检验。

第七百七十五条 定作人提供材料的，应当按照约定提供材料。承揽人对定作人提供的材料应当及时检验，发现不符合约定时，应当及时通知定作人更换、补齐或者采取其他补救措施。

承揽人不得擅自更换定作人提供的材料，不得更换不需要修理的零部件。

第七百七十六条 承揽人发现定作人提供的图纸或者技术要求不合理的，应当及时通知定作人。因定作人怠于答复等原因造成承揽人损失的，应当赔偿损失。

第七百七十七条 定作人中途变更承揽工作的要求，造成承揽人损失的，应当赔偿损失。

第七百七十八条 承揽工作需要定作人协助的，定作人有协助的义务。定作人不履行协助义务致使承揽工作不能完成的，承揽人可以催告定作人在合理期限内履行义务，并可以顺延履行期限；定作人逾期不履行的，承揽人可以解除合同。

第七百七十九条 承揽人在工作期间，应当接受定作人必要的监督检验。定作人不得因监督检验妨碍承揽人的正常工作。

第七百八十条 承揽人完成工作的，应当向定作人交付工作成果，并提交必要的技术资料和有关质量证明。定作人应当验收该工作成果。

第七百八十一条 承揽人交付的工作成果不符合质量要求的，定作人可以合理选择请求承揽人承担修理、重作、减少报酬、赔偿损失等违约责任。

第七百八十二条 定作人应当按照约定的期限支付报酬。对支付报酬的期限没有约定或者约定不明确，依据本法第五百一十条的规定仍不能确定的，定作人应当在承揽人交付工作成果时支付；工作成果部分交付的，定作人应当相应支付。

第七百八十三条 定作人未向承揽人支付报酬或者材料费等价款的，承揽人对完成的工作成果享有留置权或者有权拒绝交付，但是当事人另有约定的除外。

第七百八十四条 承揽人应当妥善保管定作人提供的材料以及完成的工作成果，因保管不善造成毁损、灭失的，应当承担赔偿责任。

第七百八十五条 承揽人应当按照定作人的要求保守秘密，未经定作人许可，不得留存复制品或者技术资料。

第七百八十六条 共同承揽人对定作人承担连带责任，但是当事人另有约定的除外。

第七百八十七条 定作人在承揽人完成工作前可以随时解除合同，造成承揽人损失的，应当赔偿损失。

第十八章 建设工程合同

第七百八十八条 建设工程合同是承包人进行工程建设，发包人支付价款的合同。

建设工程合同包括工程勘察、设计、施工合同。

第七百八十九条 建设工程合同应当采用书面形式。

第七百九十条 建设工程的招标投标活动，应当依照有关法律的规定公开、公平、公正进行。

第七百九十一条 发包人可以与总承包人订立建设工程合同，也可以分别与勘察人、设计人、施工人订立勘察、设计、施工承包合同。发包人不得将应当由一个承包人完成的建设工程支解成若干部分发包给数个承包人。

总承包人或者勘察、设计、施工承包人经发包人同意，可以将自己承包的部分工作交由第三人完成。第三人就其完成的工作成果与总承包人或者勘察、设计、施工承包人向发包人承担连带责任。承包人不得将其承包的全部建设工程转包给第三人或者将其承包的全部建设工程支解以后以分包的名义分别转包给第三人。

禁止承包人将工程分包给不具备相应资质条件的单位。禁止分包单位将其承包的工程再分包。建设工程主体结构的施工必须由承包人自行完成。

第七百九十二条 国家重大建设工程合同，应当按照国家规定的程序和国家批准的投资计划、可行性研究报告等文件订立。

第七百九十三条 建设工程施工合同无效，但是建设工程经验收合格的，可以参照合同关于工程价款的约定折价补偿承包人。

建设工程施工合同无效，且建设工程经验收不合格的，按照以下情形处理：

（一）修复后的建设工程经验收合格的，发包人可以请求承包人承担修复费用；

（二）修复后的建设工程经验收不合格的，承包人无权请求参照合同关于工程价款的约定折价补偿。

发包人对因建设工程不合格造成的损失有过错的，应当承担相应的责任。

第七百九十四条 勘察、设计合同的内容一般包括提交有关基础资料和概预算等文件的期限、质量要求、费用以及其他协作条件等条款。

第七百九十五条 施工合同的内容一般包括工程范围、建设工期、中间交工工程的开工和竣工时间、工程质量、工程造价、技术资料交付时间、材料和设备供应责任、拨款和结算、竣工验收、质量保修范围和质量保证期、相互协作等条款。

第七百九十六条 建设工程实行监理的，发包人应当与监理人采用书面形式订立委托监理合同。发包人与监理人的权利和义务以及法律责任，应当依照本编委托合同以及其他有关法律、行政法规的规定。

第七百九十七条 发包人在不妨碍承包人正常作业的情况下，可以随时对作业进度、质量进行检查。

第七百九十八条 隐蔽工程在隐蔽以前，承包人应当通知发包人检查。发包人没有及时检查的，承包人可以顺延工程日期，并有权请求赔偿停工、窝工等损失。

第七百九十九条 建设工程竣工后，发包人应当根据施工图纸及说明书、国家颁发的施工验收规范和质量检验标准及时进行验收。验收合格的，发包人应当按照约定支付价款，并接收该建设工程。

建设工程竣工经验收合格后，方可交付使用；未经验收或者验收不合格的，不得交付使用。

第八百条 勘察、设计的质量不符合要求或者未按照期限提交勘察、设计文件拖延工期，造成发包人损失的，勘察人、设计人应当继续完善勘察、设计，减收或者免收勘察、设计费并赔偿损失。

第八百零一条 因施工人的原因致使建设工程质量不符合约定的，发包人有权请求施工人在合理期限内无偿修理或者返工、改建。经过修理或者返工、改建后，造成逾期交付的，施工人应当承担违约责任。

第八百零二条 因承包人的原因致使建设工程在合理使用期限内造成人身损害和财产损失的，承包人应当承担赔偿责任。

第八百零三条 发包人未按照约定的时间和要求提供原材料、设备、场地、资金、技术资料的，承包人可以顺延工程日期，并有权请求赔偿停工、窝工等损失。

第八百零四条 因发包人的原因致使工程中途停建、缓建的，发包人应当采取措施弥补或者减少损失，赔偿承包人因此造成的停工、窝工、倒运、机械设备调迁、材料和构件积压等损失和实际费用。

第八百零五条 因发包人变更计划，提供的资料不准确，或者未按照期限提供必需的勘察、设计工作条件而造成勘察、设计的返工、停工或者修改设计，发包人应当按照勘察人、设计人实际消耗的工作量增付费用。

第八百零六条 承包人将建设工程转包、违法分包的，发包人可以解除合同。

发包人提供的主要建筑材料、建筑构配件和设备不符合强制性标准或者不履行协助义务，致使承包人无法施工，经催告后在合理期限内仍未履行相应义务的，承包人可以解除合同。

合同解除后，已经完成的建设工程质量合格的，发包人应当按照约定支付相应的工程价款；已经完成的建设工程质量不合格的，参照本法第七百九十三条的规定处理。

第八百零七条 发包人未按照约定支付价款的，承包人可以催告发包人在合理期限内支付价款。发包人逾期不支付的，除根据建设工程的性质不宜折价、拍卖外，承包人可以与发包人协议将该工程折价，也可以请求人民法院将该工程依法拍卖。建设工程的价款就该工程折价或者拍卖的价款优先受偿。

第八百零八条 本章没有规定的，适用承揽合同的有关规定。

第十九章 运输合同

第一节 一般规定

第八百零九条 运输合同是承运人将旅客或者货物从起运地点

运输到约定地点，旅客、托运人或者收货人支付票款或者运输费用的合同。

第八百一十条 从事公共运输的承运人不得拒绝旅客、托运人通常、合理的运输要求。

第八百一十一条 承运人应当在约定期限或者合理期限内将旅客、货物安全运输到约定地点。

第八百一十二条 承运人应当按照约定的或者通常的运输路线将旅客、货物运输到约定地点。

第八百一十三条 旅客、托运人或者收货人应当支付票款或者运输费用。承运人未按照约定路线或者通常路线运输增加票款或者运输费用的，旅客、托运人或者收货人可以拒绝支付增加部分的票款或者运输费用。

第二节 客运合同

第八百一十四条 客运合同自承运人向旅客出具客票时成立，但是当事人另有约定或者另有交易习惯的除外。

第八百一十五条 旅客应当按照有效客票记载的时间、班次和座位号乘坐。旅客无票乘坐、超程乘坐、越级乘坐或者持不符合减价条件的优惠客票乘坐的，应当补交票款，承运人可以按照规定加收票款；旅客不支付票款的，承运人可以拒绝运输。

实名制客运合同的旅客丢失客票的，可以请求承运人挂失补办，承运人不得再次收取票款和其他不合理费用。

第八百一十六条 旅客因自己的原因不能按照客票记载的时间乘坐的，应当在约定的期限内办理退票或者变更手续；逾期办理的，承运人可以不退票款，并不再承担运输义务。

第八百一十七条 旅客随身携带行李应当符合约定的限量和品类要求；超过限量或者违反品类要求携带行李的，应当办理托运手续。

第八百一十八条 旅客不得随身携带或者在行李中夹带易燃、易爆、有毒、有腐蚀性、有放射性以及可能危及运输工具上人身和财产安全的危险物品或者违禁物品。

旅客违反前款规定的，承运人可以将危险物品或者违禁物品卸下、销毁或者送交有关部门。旅客坚持携带或者夹带危险物品或者违禁物品的，承运人应当拒绝运输。

第八百一十九条 承运人应当严格履行安全运输义务，及时告知旅客安全运输应当注意的事项。旅客对承运人为安全运输所作的合理安排应当积极协助和配合。

第八百二十条 承运人应当按照有效客票记载的时间、班次和座位号运输旅客。承运人迟延运输或者有其他不能正常运输情形的，应当及时告知和提醒旅客，采取必要的安置措施，并根据旅客的要求安排改乘其他班次或者退票；由此造成旅客损失的，承运人应当承担赔偿责任，但是不可归责于承运人的除外。

第八百二十一条 承运人擅自降低服务标准的，应当根据旅客的请求退票或者减收票款；提高服务标准的，不得加收票款。

第八百二十二条 承运人在运输过程中，应当尽力救助患有急病、分娩、遇险的旅客。

第八百二十三条 承运人应当对运输过程中旅客的伤亡承担赔偿责任；但是，伤亡是旅客自身健康原因造成的或者承运人证明伤亡是旅客故意、重大过失造成的除外。

前款规定适用于按照规定免票、持优待票或者经承运人许可搭乘的无票旅客。

第八百二十四条 在运输过程中旅客随身携带物品毁损、灭失，承运人有过错的，应当承担赔偿责任。

旅客托运的行李毁损、灭失的，适用货物运输的有关规定。

第三节　货运合同

第八百二十五条　托运人办理货物运输，应当向承运人准确表明收货人的姓名、名称或者凭指示的收货人，货物的名称、性质、重量、数量，收货地点等有关货物运输的必要情况。

因托运人申报不实或者遗漏重要情况，造成承运人损失的，托运人应当承担赔偿责任。

第八百二十六条　货物运输需要办理审批、检验等手续的，托运人应当将办理完有关手续的文件提交承运人。

第八百二十七条　托运人应当按照约定的方式包装货物。对包装方式没有约定或者约定不明确的，适用本法第六百一十九条的规定。

托运人违反前款规定的，承运人可以拒绝运输。

第八百二十八条　托运人托运易燃、易爆、有毒、有腐蚀性、有放射性等危险物品的，应当按照国家有关危险物品运输的规定对危险物品妥善包装，做出危险物品标志和标签，并将有关危险物品的名称、性质和防范措施的书面材料提交承运人。

托运人违反前款规定的，承运人可以拒绝运输，也可以采取相应措施以避免损失的发生，因此产生的费用由托运人负担。

第八百二十九条　在承运人将货物交付收货人之前，托运人可以要求承运人中止运输、返还货物、变更到达地或者将货物交给其他收货人，但是应当赔偿承运人因此受到的损失。

第八百三十条　货物运输到达后，承运人知道收货人的，应当及时通知收货人，收货人应当及时提货。收货人逾期提货的，应当向承运人支付保管费等费用。

第八百三十一条　收货人提货时应当按照约定的期限检验货物。对检验货物的期限没有约定或者约定不明确，依据本法第五百一十条的规定仍不能确定的，应当在合理期限内检验货物。收货人在约定的期限或者合理期限内对货物的数量、毁损等未提出异议的，视为承运人已经按照运输单证的记载交付的初步证据。

第八百三十二条 承运人对运输过程中货物的毁损、灭失承担赔偿责任。但是，承运人证明货物的毁损、灭失是因不可抗力、货物本身的自然性质或者合理损耗以及托运人、收货人的过错造成的，不承担赔偿责任。

第八百三十三条 货物的毁损、灭失的赔偿额，当事人有约定的，按照其约定；没有约定或者约定不明确，依据本法第五百一十条的规定仍不能确定的，按照交付或者应当交付时货物到达地的市场价格计算。法律、行政法规对赔偿额的计算方法和赔偿限额另有规定的，依照其规定。

第八百三十四条 两个以上承运人以同一运输方式联运的，与托运人订立合同的承运人应当对全程运输承担责任；损失发生在某一运输区段的，与托运人订立合同的承运人和该区段的承运人承担连带责任。

第八百三十五条 货物在运输过程中因不可抗力灭失，未收取运费的，承运人不得请求支付运费；已经收取运费的，托运人可以请求返还。法律另有规定的，依照其规定。

第八百三十六条 托运人或者收货人不支付运费、保管费或者其他费用的，承运人对相应的运输货物享有留置权，但是当事人另有约定的除外。

第八百三十七条 收货人不明或者收货人无正当理由拒绝受领货物的，承运人依法可以提存货物。

第四节 多式联运合同

第八百三十八条 多式联运经营人负责履行或者组织履行多式联运合同，对全程运输享有承运人的权利，承担承运人的义务。

第八百三十九条 多式联运经营人可以与参加多式联运的各区段承运人就多式联运合同的各区段运输约定相互之间的责任；但是，该约定不影响多式联运经营人对全程运输承担的义务。

第八百四十条 多式联运经营人收到托运人交付的货物时，应当签发多式联运单据。按照托运人的要求，多式联运单据可以是可转让单据，也可以是不可转让单据。

第八百四十一条 因托运人托运货物时的过错造成多式联运经营人损失的，即使托运人已经转让多式联运单据，托运人仍然应当承担赔偿责任。

第八百四十二条 货物的毁损、灭失发生于多式联运的某一运输区段的，多式联运经营人的赔偿责任和责任限额，适用调整该区段运输方式的有关法律规定；货物毁损、灭失发生的运输区段不能确定的，依照本章规定承担赔偿责任。

第二十章 技术合同

第一节 一般规定

第八百四十三条 技术合同是当事人就技术开发、转让、许可、咨询或者服务订立的确立相互之间权利和义务的合同。

第八百四十四条 订立技术合同，应当有利于知识产权的保护和科学技术的进步，促进科学技术成果的研发、转化、应用和推广。

第八百四十五条 技术合同的内容一般包括项目的名称，标的的内容、范围和要求，履行的计划、地点和方式，技术信息和资料的保密，技术成果的归属和收益的分配办法，验收标准和方法，名词和术语的解释等条款。

与履行合同有关的技术背景资料、可行性论证和技术评价报告、项目任务书和计划书、技术标准、技术规范、原始设计和工艺文件，以及其他技术文档，按照当事人的约定可以作为合同的组成部分。

技术合同涉及专利的，应当注明发明创造的名称、专利申请人和专利权人、申请日期、申请号、专利号以及专利权的有效期限。

第八百四十六条 技术合同价款、报酬或者使用费的支付方式由当事人约定，可以采取一次总算、一次总付或者一次总算、分期支付，也可以采取提成支付或者提成支付附加预付入门费的方式。

约定提成支付的，可以按照产品价格、实施专利和使用技术秘密后新增的产值、利润或者产品销售额的一定比例提成，也可以按照约定的其他方式计算。提成支付的比例可以采取固定比例、逐年递增比例或者逐年递减比例。

约定提成支付的，当事人可以约定查阅有关会计账目的办法。

第八百四十七条 职务技术成果的使用权、转让权属于法人或者非法人组织的，法人或者非法人组织可以就该项职务技术成果订立技术合同。法人或者非法人组织订立技术合同转让职务技术成果时，职务技术成果的完成人享有以同等条件优先受让的权利。

职务技术成果是执行法人或者非法人组织的工作任务，或者主要是利用法人或者非法人组织的物质技术条件所完成的技术成果。

第八百四十八条 非职务技术成果的使用权、转让权属于完成技术成果的个人，完成技术成果的个人可以就该项非职务技术成果订立技术合同。

第八百四十九条 完成技术成果的个人享有在有关技术成果文件上写明自己是技术成果完成者的权利和取得荣誉证书、奖励的权利。

第八百五十条 非法垄断技术或者侵害他人技术成果的技术合同无效。

第二节 技术开发合同

第八百五十一条 技术开发合同是当事人之间就新技术、新产品、新工艺、新品种或者新材料及其系统的研究开发所订立的合同。

技术开发合同包括委托开发合同和合作开发合同。

技术开发合同应当采用书面形式。

当事人之间就具有实用价值的科技成果实施转化订立的合同，参照适用技术开发合同的有关规定。

第八百五十二条 委托开发合同的委托人应当按照约定支付研究开发经费和报酬，提供技术资料，提出研究开发要求，完成协作事项，接受研究开发成果。

第八百五十三条 委托开发合同的研究开发人应当按照约定制定和实施研究开发计划，合理使用研究开发经费，按期完成研究开发工作，交付研究开发成果，提供有关的技术资料和必要的技术指导，帮助委托人掌握研究开发成果。

第八百五十四条 委托开发合同的当事人违反约定造成研究开发工作停滞、延误或者失败的，应当承担违约责任。

第八百五十五条 合作开发合同的当事人应当按照约定进行投资，包括以技术进行投资，分工参与研究开发工作，协作配合研究开发工作。

第八百五十六条 合作开发合同的当事人违反约定造成研究开发工作停滞、延误或者失败的，应当承担违约责任。

第八百五十七条 作为技术开发合同标的的技术已经由他人公开，致使技术开发合同的履行没有意义的，当事人可以解除合同。

第八百五十八条 技术开发合同履行过程中，因出现无法克服的技术困难，致使研究开发失败或者部分失败的，该风险由当事人约定；没有约定或者约定不明确，依据本法第五百一十条的规定仍不能确定的，风险由当事人合理分担。

当事人一方发现前款规定的可能致使研究开发失败或者部分失败的情形时，应当及时通知另一方并采取适当措施减少损失；没有及时通知并采取适当措施，致使损失扩大的，应当就扩大的损失承担责任。

第八百五十九条 委托开发完成的发明创造，除法律另有规定或者当事人另有约定外，申请专利的权利属于研究开发人。研究开发人取得专利权的，委托人可以依法实施该专利。

研究开发人转让专利申请权的，委托人享有以同等条件优先受让的权利。

第八百六十条 合作开发完成的发明创造，申请专利的权利属于合作开发的当事人共有；当事人一方转让其共有的专利申请权的，其他各方享有以同等条件优先受让的权利。但是，当事人另有约定的除外。

合作开发的当事人一方声明放弃其共有的专利申请权的，除当事人另有约定外，可以由另一方单独申请或者由其他各方共同申请。申请人取得专利权的，放弃专利申请权的一方可以免费实施该专利。

合作开发的当事人一方不同意申请专利的，另一方或者其他各方不得申请专利。

第八百六十一条 委托开发或者合作开发完成的技术秘密成果的使用权、转让权以及收益的分配办法，由当事人约定；没有约定或者约定不明确，依据本法第五百一十条的规定仍不能确定的，在没有相同技术方案被授予专利权前，当事人均有使用和转让的权利。但是，委托开发的研究开发人不得在向委托人交付研究开发成果之前，将研究开发成果转让给第三人。

第三节 技术转让合同和技术许可合同

第八百六十二条 技术转让合同是合法拥有技术的权利人，将现有特定的专利、专利申请、技术秘密的相关权利让与他人所订立的合同。

技术许可合同是合法拥有技术的权利人，将现有特定的专利、技术秘密的相关权利许可他人实施、使用所订立的合同。

技术转让合同和技术许可合同中关于提供实施技术的专用设备、原材料或者提供有关的技术咨询、技术服务的约定，属于合同的组成部分。

第八百六十三条 技术转让合同包括专利权转让、专利申请权转让、技术秘密转让等合同。

技术许可合同包括专利实施许可、技术秘密使用许可等合同。

技术转让合同和技术许可合同应当采用书面形式。

第八百六十四条 技术转让合同和技术许可合同可以约定实施专利或者使用技术秘密的范围，但是不得限制技术竞争和技术发展。

第八百六十五条 专利实施许可合同仅在该专利权的存续期限内有效。专利权有效期限届满或者专利权被宣告无效的，专利权人不得就该专利与他人订立专利实施许可合同。

第八百六十六条 专利实施许可合同的许可人应当按照约定许可被许可人实施专利，交付实施专利有关的技术资料，提供必要的技术指导。

第八百六十七条 专利实施许可合同的被许可人应当按照约定实施专利，不得许可约定以外的第三人实施该专利，并按照约定支付使用费。

第八百六十八条 技术秘密转让合同的让与人和技术秘密使用许可合同的许可人应当按照约定提供技术资料，进行技术指导，保证技术的实用性、可靠性，承担保密义务。

前款规定的保密义务，不限制许可人申请专利，但是当事人另有约定的除外。

第八百六十九条 技术秘密转让合同的受让人和技术秘密使用许可合同的被许可人应当按照约定使用技术，支付转让费、使用费，承担保密义务。

第八百七十条 技术转让合同的让与人和技术许可合同的许可人应当保证自己是所提供的技术的合法拥有者，并保证所提供的技术完整、无误、有效，能够达到约定的目标。

第八百七十一条 技术转让合同的受让人和技术许可合同的被许可人应当按照约定的范围和期限，对让与人、许可人提供的技术中尚未公开的秘密部分，承担保密义务。

第八百七十二条 许可人未按照约定许可技术的，应当返还部分或者全部使用费，并应当承担违约责任；实施专利或者使用技术秘密超越约定的范围的，违反约定擅自许可第三人实施该项专利或者使用该项技术秘密的，应当停止违约行为，承担违约责任；违反约定的保密义务的，应当承担违约责任。

让与人承担违约责任，参照适用前款规定。

第八百七十三条 被许可人未按照约定支付使用费的，应当补交使用费并按照约定支付违约金；不补交使用费或者支付违约金的，应当停止实施专利或者使用技术秘密，交还技术资料，承担违约责任；实施专利或者使用技术秘密超越约定的范围的，未经许可人同意擅自许可第三人实施该专利或者使用该技术秘密的，应当停止违约行为，承担违约责任；违反约定的保密义务的，应当承担违约责任。

受让人承担违约责任，参照适用前款规定。

第八百七十四条 受让人或者被许可人按照约定实施专利、使用技术秘密侵害他人合法权益的，由让与人或者许可人承担责任，但是当事人另有约定的除外。

第八百七十五条 当事人可以按照互利的原则，在合同中约定实施专利、使用技术秘密后续改进的技术成果的分享办法；没有约定或者约定不明确，依据本法第五百一十条的规定仍不能确定的，一方后续改进的技术成果，其他各方无权分享。

第八百七十六条 集成电路布图设计专有权、植物新品种权、计算机软件著作权等其他知识产权的转让和许可，参照适用本节的有关规定。

第八百七十七条 法律、行政法规对技术进出口合同或者专利、专利申请合同另有规定的，依照其规定。

第四节 技术咨询合同和技术服务合同

第八百七十八条 技术咨询合同是当事人一方以技术知识为对方就特定技术项目提供可行性论证、技术预测、专题技术调查、分析评价报告等所订立的合同。

技术服务合同是当事人一方以技术知识为对方解决特定技术问题所订立的合同，不包括承揽合同和建设工程合同。

第八百七十九条 技术咨询合同的委托人应当按照约定阐明咨询的问题，提供技术背景材料及有关技术资料，接受受托人的工作成果，支付报酬。

第八百八十条 技术咨询合同的受托人应当按照约定的期限完成咨询报告或者解答问题，提出的咨询报告应当达到约定的要求。

第八百八十一条 技术咨询合同的委托人未按照约定提供必要的资料，影响工作进度和质量，不接受或者逾期接受工作成果的，支付的报酬不得追回，未支付的报酬应当支付。

技术咨询合同的受托人未按期提出咨询报告或者提出的咨询报告不符合约定的，应当承担减收或者免收报酬等违约责任。

技术咨询合同的委托人按照受托人符合约定要求的咨询报告和意见作出决策所造成的损失，由委托人承担，但是当事人另有约定的除外。

第八百八十二条 技术服务合同的委托人应当按照约定提供工作条件，完成配合事项，接受工作成果并支付报酬。

第八百八十三条 技术服务合同的受托人应当按照约定完成服务

项目，解决技术问题，保证工作质量，并传授解决技术问题的知识。

第八百八十四条 技术服务合同的委托人不履行合同义务或者履行合同义务不符合约定，影响工作进度和质量，不接受或者逾期接受工作成果的，支付的报酬不得追回，未支付的报酬应当支付。

技术服务合同的受托人未按照约定完成服务工作的，应当承担免收报酬等违约责任。

第八百八十五条 技术咨询合同、技术服务合同履行过程中，受托人利用委托人提供的技术资料和工作条件完成的新的技术成果，属于受托人。委托人利用受托人的工作成果完成的新的技术成果，属于委托人。当事人另有约定的，按照其约定。

第八百八十六条 技术咨询合同和技术服务合同对受托人正常开展工作所需费用的负担没有约定或者约定不明确的，由受托人负担。

第八百八十七条 法律、行政法规对技术中介合同、技术培训合同另有规定的，依照其规定。

第二十一章 保管合同

第八百八十八条 保管合同是保管人保管寄存人交付的保管物，并返还该物的合同。

寄存人到保管人处从事购物、就餐、住宿等活动，将物品存放在指定场所的，视为保管，但是当事人另有约定或者另有交易习惯的除外。

第八百八十九条 寄存人应当按照约定向保管人支付保管费。

当事人对保管费没有约定或者约定不明确，依据本法第五百一十条的规定仍不能确定的，视为无偿保管。

第八百九十条 保管合同自保管物交付时成立，但是当事人另有约定的除外。

第八百九十一条 寄存人向保管人交付保管物的，保管人应当出具保管凭证，但是另有交易习惯的除外。

第八百九十二条 保管人应当妥善保管保管物。

当事人可以约定保管场所或者方法。除紧急情况或者为维护寄存人利益外，不得擅自改变保管场所或者方法。

第八百九十三条 寄存人交付的保管物有瑕疵或者根据保管物的性质需要采取特殊保管措施的，寄存人应当将有关情况告知保管人。寄存人未告知，致使保管物受损失的，保管人不承担赔偿责任；保管人因此受损失的，除保管人知道或者应当知道且未采取补救措施外，寄存人应当承担赔偿责任。

第八百九十四条 保管人不得将保管物转交第三人保管，但是当事人另有约定的除外。

保管人违反前款规定，将保管物转交第三人保管，造成保管物损失的，应当承担赔偿责任。

第八百九十五条 保管人不得使用或者许可第三人使用保管物，但是当事人另有约定的除外。

第八百九十六条 第三人对保管物主张权利的，除依法对保管物采取保全或者执行措施外，保管人应当履行向寄存人返还保管物的义务。

第三人对保管人提起诉讼或者对保管物申请扣押的，保管人应当及时通知寄存人。

第八百九十七条 保管期内，因保管人保管不善造成保管物毁损、灭失的，保管人应当承担赔偿责任。但是，无偿保管人证明自己没有故意或者重大过失的，不承担赔偿责任。

第八百九十八条 寄存人寄存货币、有价证券或者其他贵重物品的，应当向保管人声明，由保管人验收或者封存；寄存人未声明的，该物品毁损、灭失后，保管人可以按照一般物品予以赔偿。

第八百九十九条 寄存人可以随时领取保管物。

当事人对保管期限没有约定或者约定不明确的，保管人可以随时请求寄存人领取保管物；约定保管期限的，保管人无特别事由，不得请求寄存人提前领取保管物。

第九百条 保管期限届满或者寄存人提前领取保管物的，保管人应当将原物及其孳息归还寄存人。

第九百零一条 保管人保管货币的，可以返还相同种类、数量的货币；保管其他可替代物的，可以按照约定返还相同种类、品质、数量的物品。

第九百零二条 有偿的保管合同，寄存人应当按照约定的期限向保管人支付保管费。

当事人对支付期限没有约定或者约定不明确，依据本法第五百一十条的规定仍不能确定的，应当在领取保管物的同时支付。

第九百零三条 寄存人未按照约定支付保管费或者其他费用的，保管人对保管物享有留置权，但是当事人另有约定的除外。

第二十二章 仓储合同

第九百零四条 仓储合同是保管人储存存货人交付的仓储物，存货人支付仓储费的合同。

第九百零五条 仓储合同自保管人和存货人意思表示一致时成立。

第九百零六条 储存易燃、易爆、有毒、有腐蚀性、有放射性等危险物品或者易变质物品的，存货人应当说明该物品的性质，提供有关资料。

存货人违反前款规定的，保管人可以拒收仓储物，也可以采取相应措施以避免损失的发生，因此产生的费用由存货人负担。

保管人储存易燃、易爆、有毒、有腐蚀性、有放射性等危险物品的，应当具备相应的保管条件。

第九百零七条 保管人应当按照约定对入库仓储物进行验收。保管人验收时发现入库仓储物与约定不符合的，应当及时通知存货人。保管人验收后，发生仓储物的品种、数量、质量不符合约定的，保管人应当承担赔偿责任。

第九百零八条 存货人交付仓储物的，保管人应当出具仓单、入库单等凭证。

第九百零九条 保管人应当在仓单上签名或者盖章。仓单包括下列事项：

（一）存货人的姓名或者名称和住所；

（二）仓储物的品种、数量、质量、包装及其件数和标记；

（三）仓储物的损耗标准；

（四）储存场所；

（五）储存期限；

（六）仓储费；

（七）仓储物已经办理保险的，其保险金额、期间以及保险人的名称；

（八）填发人、填发地和填发日期。

第九百一十条 仓单是提取仓储物的凭证。存货人或者仓单持有人在仓单上背书并经保管人签名或者盖章的，可以转让提取仓储物的权利。

第九百一十一条 保管人根据存货人或者仓单持有人的要求，应当同意其检查仓储物或者提取样品。

第九百一十二条 保管人发现入库仓储物有变质或者其他损坏的，应当及时通知存货人或者仓单持有人。

第九百一十三条 保管人发现入库仓储物有变质或者其他损坏，危及其他仓储物的安全和正常保管的，应当催告存货人或者仓单持有人作出必要的处置。因情况紧急，保管人可以作出必要的处置；但是，事后应当将该情况及时通知存货人或者仓单持有人。

第九百一十四条 当事人对储存期限没有约定或者约定不明确的，存货人或者仓单持有人可以随时提取仓储物，保管人也可以随时请求存货人或者仓单持有人提取仓储物，但是应当给予必要的准备时间。

第九百一十五条 储存期限届满，存货人或者仓单持有人应当凭仓单、入库单等提取仓储物。存货人或者仓单持有人逾期提取的，应当加收仓储费；提前提取的，不减收仓储费。

第九百一十六条 储存期限届满，存货人或者仓单持有人不提取仓储物的，保管人可以催告其在合理期限内提取；逾期不提取的，保管人可以提存仓储物。

第九百一十七条 储存期内，因保管不善造成仓储物毁损、灭失的，保管人应当承担赔偿责任。因仓储物本身的自然性质、包装不符合约定或者超过有效储存期造成仓储物变质、损坏的，保管人不承担赔偿责任。

第九百一十八条 本章没有规定的，适用保管合同的有关规定。

第二十三章 委托合同

第九百一十九条 委托合同是委托人和受托人约定，由受托人处理委托人事务的合同。

第九百二十条 委托人可以特别委托受托人处理一项或者数项事务，也可以概括委托受托人处理一切事务。

第九百二十一条 委托人应当预付处理委托事务的费用。受托人为处理委托事务垫付的必要费用，委托人应当偿还该费用并支付利息。

第九百二十二条 受托人应当按照委托人的指示处理委托事务。需要变更委托人指示的，应当经委托人同意；因情况紧急，难以和委托人取得联系的，受托人应当妥善处理委托事务，但是事后应当将该情况及时报告委托人。

第九百二十三条 受托人应当亲自处理委托事务。经委托人同意，受托人可以转委托。转委托经同意或者追认的，委托人可以就委托事务直接指示转委托的第三人，受托人仅就第三人的选任及其对第三人的指示承担责任。转委托未经同意或者追认的，受托人应当对转委托的第三人的行为承担责任；但是，在紧急情况下受托人为了维护委托人的利益需要转委托第三人的除外。

第九百二十四条 受托人应当按照委托人的要求，报告委托事务的处理情况。委托合同终止时，受托人应当报告委托事务的结果。

第九百二十五条 受托人以自己的名义，在委托人的授权范围内与第三人订立的合同，第三人在订立合同时知道受托人与委托人之间的代理关系的，该合同直接约束委托人和第三人；但是，有确切证据证明该合同只约束受托人和第三人的除外。

第九百二十六条 受托人以自己的名义与第三人订立合同时，第三人不知道受托人与委托人之间的代理关系的，受托人因第三人的原因对委托人不履行义务，受托人应当向委托人披露第三人，委托人因此可以行使受托人对第三人的权利。但是，第三人与受托人订立合同时如果知道该委托人就不会订立合同的除外。

受托人因委托人的原因对第三人不履行义务，受托人应当向第三人披露委托人，第三人因此可以选择受托人或者委托人作为相对人主张其权利，但是第三人不得变更选定的相对人。

委托人行使受托人对第三人的权利的，第三人可以向委托人主张其对受托人的抗辩。第三人选定委托人作为其相对人的，委托人可以向第三人主张其对受托人的抗辩以及受托人对第三人的抗辩。

第九百二十七条 受托人处理委托事务取得的财产，应当转交给委托人。

第九百二十八条 受托人完成委托事务的，委托人应当按照约定向其支付报酬。

因不可归责于受托人的事由，委托合同解除或者委托事务不能完成的，委托人应当向受托人支付相应的报酬。当事人另有约定的，按照其约定。

第九百二十九条 有偿的委托合同，因受托人的过错造成委托人损失的，委托人可以请求赔偿损失。无偿的委托合同，因受托人的故意或者重大过失造成委托人损失的，委托人可以请求赔偿损失。

受托人超越权限造成委托人损失的，应当赔偿损失。

第九百三十条 受托人处理委托事务时，因不可归责于自己的事由受到损失的，可以向委托人请求赔偿损失。

第九百三十一条 委托人经受托人同意，可以在受托人之外委托第三人处理委托事务。因此造成受托人损失的，受托人可以向委托人请求赔偿损失。

第九百三十二条 两个以上的受托人共同处理委托事务的，对委托人承担连带责任。

第九百三十三条 委托人或者受托人可以随时解除委托合同。因解除合同造成对方损失的，除不可归责于该当事人的事由外，无偿委托合同的解除方应当赔偿因解除时间不当造成的直接损失，有偿委托合同的解除方应当赔偿对方的直接损失和合同履行后可以获得的利益。

第九百三十四条 委托人死亡、终止或者受托人死亡、丧失民事行为能力、终止的，委托合同终止；但是，当事人另有约定或者根据委托事务的性质不宜终止的除外。

第九百三十五条 因委托人死亡或者被宣告破产、解散，致使委托合同终止将损害委托人利益的，在委托人的继承人、遗产管理人或者清算人承受委托事务之前，受托人应当继续处理委托事务。

第九百三十六条 因受托人死亡、丧失民事行为能力或者被宣告破产、解散，致使委托合同终止的，受托人的继承人、遗产管理人、法定代理人或者清算人应当及时通知委托人。因委托合同终止将损害委托人利益的，在委托人作出善后处理之前，受托人的继承人、遗产管理人、法定代理人或者清算人应当采取必要措施。

第二十四章　物业服务合同

第九百三十七条　物业服务合同是物业服务人在物业服务区域内，为业主提供建筑物及其附属设施的维修养护、环境卫生和相关秩序的管理维护等物业服务，业主支付物业费的合同。

物业服务人包括物业服务企业和其他管理人。

第九百三十八条　物业服务合同的内容一般包括服务事项、服务质量、服务费用的标准和收取办法、维修资金的使用、服务用房的管理和使用、服务期限、服务交接等条款。

物业服务人公开作出的有利于业主的服务承诺，为物业服务合同的组成部分。

物业服务合同应当采用书面形式。

第九百三十九条　建设单位依法与物业服务人订立的前期物业服务合同，以及业主委员会与业主大会依法选聘的物业服务人订立的物业服务合同，对业主具有法律约束力。

第九百四十条　建设单位依法与物业服务人订立的前期物业服务合同约定的服务期限届满前，业主委员会或者业主与新物业服务人订立的物业服务合同生效的，前期物业服务合同终止。

第九百四十一条　物业服务人将物业服务区域内的部分专项服务事项委托给专业性服务组织或者其他第三人的，应当就该部分专项服务事项向业主负责。

物业服务人不得将其应当提供的全部物业服务转委托给第三人，或者将全部物业服务支解后分别转委托给第三人。

第九百四十二条 物业服务人应当按照约定和物业的使用性质，妥善维修、养护、清洁、绿化和经营管理物业服务区域内的业主共有部分，维护物业服务区域内的基本秩序，采取合理措施保护业主的人身、财产安全。

对物业服务区域内违反有关治安、环保、消防等法律法规的行为，物业服务人应当及时采取合理措施制止、向有关行政主管部门报告并协助处理。

第九百四十三条 物业服务人应当定期将服务的事项、负责人员、质量要求、收费项目、收费标准、履行情况，以及维修资金使用情况、业主共有部分的经营与收益情况等以合理方式向业主公开并向业主大会、业主委员会报告。

第九百四十四条 业主应当按照约定向物业服务人支付物业费。物业服务人已经按照约定和有关规定提供服务的，业主不得以未接受或者无需接受相关物业服务为由拒绝支付物业费。

业主违反约定逾期不支付物业费的，物业服务人可以催告其在合理期限内支付；合理期限届满仍不支付的，物业服务人可以提起诉讼或者申请仲裁。

物业服务人不得采取停止供电、供水、供热、供燃气等方式催交物业费。

第九百四十五条 业主装饰装修房屋的，应当事先告知物业服务人，遵守物业服务人提示的合理注意事项，并配合其进行必要的现场检查。

业主转让、出租物业专有部分、设立居住权或者依法改变共有部分用途的，应当及时将相关情况告知物业服务人。

第九百四十六条 业主依照法定程序共同决定解聘物业服务人的，可以解除物业服务合同。决定解聘的，应当提前六十日书面通知物业服务人，但是合同对通知期限另有约定的除外。

依据前款规定解除合同造成物业服务人损失的，除不可归责于业主的事由外，业主应当赔偿损失。

第九百四十七条 物业服务期限届满前，业主依法共同决定续聘的，应当与原物业服务人在合同期限届满前续订物业服务合同。

物业服务期限届满前，物业服务人不同意续聘的，应当在合同期限届满前九十日书面通知业主或者业主委员会，但是合同对通知期限另有约定的除外。

第九百四十八条 物业服务期限届满后，业主没有依法作出续聘或者另聘物业服务人的决定，物业服务人继续提供物业服务的，原物业服务合同继续有效，但是服务期限为不定期。

当事人可以随时解除不定期物业服务合同，但是应当提前六十日书面通知对方。

第九百四十九条 物业服务合同终止的，原物业服务人应当在约定期限或者合理期限内退出物业服务区域，将物业服务用房、相关设施、物业服务所必需的相关资料等交还给业主委员会、决定自行管理的业主或者其指定的人，配合新物业服务人做好交接工作，并如实告知物业的使用和管理状况。

原物业服务人违反前款规定的，不得请求业主支付物业服务合同终止后的物业费；造成业主损失的，应当赔偿损失。

第九百五十条 物业服务合同终止后，在业主或者业主大会选聘的新物业服务人或者决定自行管理的业主接管之前，原物业服务人应当继续处理物业服务事项，并可以请求业主支付该期间的物业费。

第二十五章　行纪合同

第九百五十一条 行纪合同是行纪人以自己的名义为委托人从事贸易活动，委托人支付报酬的合同。

第九百五十二条 行纪人处理委托事务支出的费用，由行纪人负担，但是当事人另有约定的除外。

第九百五十三条 行纪人占有委托物的，应当妥善保管委托物。

第九百五十四条 委托物交付给行纪人时有瑕疵或者容易腐烂、变质的，经委托人同意，行纪人可以处分该物；不能与委托人及时取得联系的，行纪人可以合理处分。

第九百五十五条 行纪人低于委托人指定的价格卖出或者高于委托人指定的价格买入的，应当经委托人同意；未经委托人同意，行纪人补偿其差额的，该买卖对委托人发生效力。

行纪人高于委托人指定的价格卖出或者低于委托人指定的价格买入的，可以按照约定增加报酬；没有约定或者约定不明确，依据本法第五百一十条的规定仍不能确定的，该利益属于委托人。

委托人对价格有特别指示的，行纪人不得违背该指示卖出或者买入。

第九百五十六条 行纪人卖出或者买入具有市场定价的商品，除委托人有相反的意思表示外，行纪人自己可以作为买受人或者出卖人。

行纪人有前款规定情形的，仍然可以请求委托人支付报酬。

第九百五十七条 行纪人按照约定买入委托物，委托人应当及时受领。经行纪人催告，委托人无正当理由拒绝受领的，行纪人依法可以提存委托物。

委托物不能卖出或者委托人撤回出卖，经行纪人催告，委托人不取回或者不处分该物的，行纪人依法可以提存委托物。

第九百五十八条 行纪人与第三人订立合同的，行纪人对该合同直接享有权利、承担义务。

第三人不履行义务致使委托人受到损害的，行纪人应当承担赔偿责任，但是行纪人与委托人另有约定的除外。

第九百五十九条 行纪人完成或者部分完成委托事务的，委托人应当向其支付相应的报酬。委托人逾期不支付报酬的，行纪人对委托物享有留置权，但是当事人另有约定的除外。

第九百六十条 本章没有规定的，参照适用委托合同的有关规定。

第二十六章 中介合同

第九百六十一条 中介合同是中介人向委托人报告订立合同的机会或者提供订立合同的媒介服务，委托人支付报酬的合同。

第九百六十二条 中介人应当就有关订立合同的事项向委托人如实报告。

中介人故意隐瞒与订立合同有关的重要事实或者提供虚假情况，损害委托人利益的，不得请求支付报酬并应当承担赔偿责任。

第九百六十三条 中介人促成合同成立的，委托人应当按照约定支付报酬。对中介人的报酬没有约定或者约定不明确，依据本法第五百一十条的规定仍不能确定的，根据中介人的劳务合理确定。因中介人提供订立合同的媒介服务而促成合同成立的，由该合同的当事人平均负担中介人的报酬。

中介人促成合同成立的，中介活动的费用，由中介人负担。

第九百六十四条 中介人未促成合同成立的，不得请求支付报酬；但是，可以按照约定请求委托人支付从事中介活动支出的必要费用。

第九百六十五条 委托人在接受中介人的服务后，利用中介人提供的交易机会或者媒介服务，绕开中介人直接订立合同的，应当向中介人支付报酬。

第九百六十六条 本章没有规定的，参照适用委托合同的有关规定。

第二十七章 合伙合同

第九百六十七条 合伙合同是两个以上合伙人为了共同的事业目的，订立的共享利益、共担风险的协议。

第九百六十八条 合伙人应当按照约定的出资方式、数额和缴付期限，履行出资义务。

第九百六十九条 合伙人的出资、因合伙事务依法取得的收益和其他财产，属于合伙财产。

合伙合同终止前，合伙人不得请求分割合伙财产。

第九百七十条 合伙人就合伙事务作出决定的，除合伙合同另有约定外，应当经全体合伙人一致同意。

合伙事务由全体合伙人共同执行。按照合伙合同的约定或者全体合伙人的决定，可以委托一个或者数个合伙人执行合伙事务；其他合伙人不再执行合伙事务，但是有权监督执行情况。

合伙人分别执行合伙事务的，执行事务合伙人可以对其他合伙人执行的事务提出异议；提出异议后，其他合伙人应当暂停该项事务的执行。

第九百七十一条 合伙人不得因执行合伙事务而请求支付报酬，但是合伙合同另有约定的除外。

第九百七十二条 合伙的利润分配和亏损分担，按照合伙合同的约定办理；合伙合同没有约定或者约定不明确的，由合伙人协商决定；协商不成的，由合伙人按照实缴出资比例分配、分担；无法确定出资比例的，由合伙人平均分配、分担。

第九百七十三条 合伙人对合伙债务承担连带责任。清偿合伙债务超过自己应当承担份额的合伙人，有权向其他合伙人追偿。

第九百七十四条 **除合伙合同另有约定外，合伙人向合伙人以外的人转让其全部或者部分财产份额的，须经其他合伙人一致同意。**

第九百七十五条 合伙人的债权人不得代位行使合伙人依照本章规定和合伙合同享有的权利，但是合伙人享有的利益分配请求权除外。

第九百七十六条 合伙人对合伙期限没有约定或者约定不明确，依据本法第五百一十条的规定仍不能确定的，视为不定期合伙。

合伙期限届满，合伙人继续执行合伙事务，其他合伙人没有提出异议的，原合伙合同继续有效，但是合伙期限为不定期。

合伙人可以随时解除不定期合伙合同，但是应当在合理期限之前通知其他合伙人。

第九百七十七条 合伙人死亡、丧失民事行为能力或者终止的，合伙合同终止；但是，合伙合同另有约定或者根据合伙事务的性质不宜终止的除外。

第九百七十八条 合伙合同终止后，合伙财产在支付因终止而产生的费用以及清偿合伙债务后有剩余的，依据本法第九百七十二条的规定进行分配。

第三分编 准 合 同

第二十八章 无因管理

第九百七十九条 管理人没有法定的或者约定的义务，为避免他人利益受损失而管理他人事务的，可以请求受益人偿还因管理事务而支出的必要费用；管理人因管理事务受到损失的，可以请求受益人给予适当补偿。

管理事务不符合受益人真实意思的，管理人不享有前款规定的权利；但是，受益人的真实意思违反法律或者违背公序良俗的除外。

第九百八十条 管理人管理事务不属于前条规定的情形，但是受益人享有管理利益的，受益人应当在其获得的利益范围内向管理人承担前条第一款规定的义务。

第九百八十一条 管理人管理他人事务，应当采取有利于受益人的方法。中断管理对受益人不利的，无正当理由不得中断。

第九百八十二条 管理人管理他人事务，能够通知受益人的，应当及时通知受益人。管理的事务不需要紧急处理的，应当等待受益人的指示。

第九百八十三条 管理结束后，管理人应当向受益人报告管理事务的情况。管理人管理事务取得的财产，应当及时转交给受益人。

第九百八十四条 管理人管理事务经受益人事后追认的，从管理事务开始时起，适用委托合同的有关规定，但是管理人另有意思表示的除外。

第二十九章 不当得利

第九百八十五条 得利人没有法律根据取得不当利益的，受损失的人可以请求得利人返还取得的利益，但是有下列情形之一的除外：

（一）为履行道德义务进行的给付；

（二）债务到期之前的清偿；

（三）明知无给付义务而进行的债务清偿。

第九百八十六条 得利人不知道且不应当知道取得的利益没有法律根据，取得的利益已经不存在的，不承担返还该利益的义务。

第九百八十七条 得利人知道或者应当知道取得的利益没有法律根据的，受损失的人可以请求得利人返还其取得的利益并依法赔偿损失。

第九百八十八条 得利人已经将取得的利益无偿转让给第三人的，受损失的人可以请求第三人在相应范围内承担返还义务。

第四编 人格权

第一章 一般规定

第九百八十九条 本编调整因人格权的享有和保护产生的民事关系。

第九百九十条 人格权是民事主体享有的生命权、身体权、健康权、姓名权、名称权、肖像权、名誉权、荣誉权、隐私权等权利。

除前款规定的人格权外，自然人享有基于人身自由、人格尊严产生的其他人格权益。

第九百九十一条 民事主体的人格权受法律保护，任何组织或者个人不得侵害。

第九百九十二条 人格权不得放弃、转让或者继承。

第九百九十三条 民事主体可以将自己的姓名、名称、肖像等许可他人使用，但是依照法律规定或者根据其性质不得许可的除外。

第九百九十四条 死者的姓名、肖像、名誉、荣誉、隐私、遗体等受到侵害的，其配偶、子女、父母有权依法请求行为人承担民事责任；死者没有配偶、子女且父母已经死亡的，其他近亲属有权依法请求行为人承担民事责任。

第九百九十五条 人格权受到侵害的，受害人有权依照本法和其他法律的规定请求行为人承担民事责任。受害人的停止侵害、排除妨碍、消除危险、消除影响、恢复名誉、赔礼道歉请求权，不适用诉讼时效的规定。

第九百九十六条 因当事人一方的违约行为，损害对方人格权并造成严重精神损害，受损害方选择请求其承担违约责任的，不影响受损害方请求精神损害赔偿。

第九百九十七条 民事主体有证据证明行为人正在实施或者即将实施侵害其人格权的违法行为，不及时制止将使其合法权益受到难以弥补的损害的，有权依法向人民法院申请采取责令行为人停止有关行为的措施。

第九百九十八条 认定行为人承担侵害除生命权、身体权和健康权外的人格权的民事责任，应当考虑行为人和受害人的职业、影响范围、过错程度，以及行为的目的、方式、后果等因素。

第九百九十九条 为公共利益实施新闻报道、舆论监督等行为的，可以合理使用民事主体的姓名、名称、肖像、个人信息等；使用不合理侵害民事主体人格权的，应当依法承担民事责任。

第一千条 行为人因侵害人格权承担消除影响、恢复名誉、赔礼道歉等民事责任的，应当与行为的具体方式和造成的影响范围相当。

行为人拒不承担前款规定的民事责任的，人民法院可以采取在报刊、网络等媒体上发布公告或者公布生效裁判文书等方式执行，产生的费用由行为人负担。

第一千零一条 对自然人因婚姻家庭关系等产生的身份权利的保护，适用本法第一编、第五编和其他法律的相关规定；没有规定的，可以根据其性质参照适用本编人格权保护的有关规定。

第二章 生命权、身体权和健康权

第一千零二条 自然人享有生命权。自然人的生命安全和生命尊严受法律保护。任何组织或者个人不得侵害他人的生命权。

第一千零三条 自然人享有身体权。自然人的身体完整和行动自由受法律保护。任何组织或者个人不得侵害他人的身体权。

第一千零四条 自然人享有健康权。自然人的身心健康受法律保护。任何组织或者个人不得侵害他人的健康权。

第一千零五条 自然人的生命权、身体权、健康权受到侵害或者处于其他危难情形的，负有法定救助义务的组织或者个人应当及时施救。

第一千零六条 完全民事行为能力人有权依法自主决定无偿捐献其人体细胞、人体组织、人体器官、遗体。任何组织或者个人不得强迫、欺骗、利诱其捐献。

完全民事行为能力人依据前款规定同意捐献的，应当采用书面形式，也可以订立遗嘱。

自然人生前未表示不同意捐献的，该自然人死亡后，其配偶、成年子女、父母可以共同决定捐献，决定捐献应当采用书面形式。

第一千零七条 禁止以任何形式买卖人体细胞、人体组织、人体器官、遗体。

违反前款规定的买卖行为无效。

第一千零八条 为研制新药、医疗器械或者发展新的预防和治疗方法，需要进行临床试验的，应当依法经相关主管部门批准并经伦理委员会审查同意，向受试者或者受试者的监护人告知试验目的、用途和可能产生的风险等详细情况，并经其书面同意。

进行临床试验的，不得向受试者收取试验费用。

第一千零九条 从事与人体基因、人体胚胎等有关的医学和科研活动，应当遵守法律、行政法规和国家有关规定，不得危害人体健康，不得违背伦理道德，不得损害公共利益。

第一千零一十条 违背他人意愿，以言语、文字、图像、肢体行为等方式对他人实施性骚扰的，受害人有权依法请求行为人承担民事责任。

机关、企业、学校等单位应当采取合理的预防、受理投诉、调查处置等措施，防止和制止利用职权、从属关系等实施性骚扰。

第一千零一十一条 以非法拘禁等方式剥夺、限制他人的行动自由，或者非法搜查他人身体的，受害人有权依法请求行为人承担民事责任。

第三章 姓名权和名称权

第一千零一十二条 自然人享有姓名权，有权依法决定、使用、变更或者许可他人使用自己的姓名，但是不得违背公序良俗。

第一千零一十三条 法人、非法人组织享有名称权，有权依法决定、使用、变更、转让或者许可他人使用自己的名称。

第一千零一十四条 任何组织或者个人不得以干涉、盗用、假冒等方式侵害他人的姓名权或者名称权。

第一千零一十五条 自然人应当随父姓或者母姓，但是有下列情形之一的，可以在父姓和母姓之外选取姓氏：

（一）选取其他直系长辈血亲的姓氏；

（二）因由法定扶养人以外的人扶养而选取扶养人姓氏；

（三）有不违背公序良俗的其他正当理由。

少数民族自然人的姓氏可以遵从本民族的文化传统和风俗习惯。

第一千零一十六条 自然人决定、变更姓名，或者法人、非法人组织决定、变更、转让名称的，应当依法向有关机关办理登记手续，但是法律另有规定的除外。

民事主体变更姓名、名称的，变更前实施的民事法律行为对其具有法律约束力。

第一千零一十七条 具有一定社会知名度，被他人使用足以造成公众混淆的笔名、艺名、网名、译名、字号、姓名和名称的简称等，参照适用姓名权和名称权保护的有关规定。

第四章 肖像权

第一千零一十八条 自然人享有肖像权，有权依法制作、使用、公开或者许可他人使用自己的肖像。

肖像是通过影像、雕塑、绘画等方式在一定载体上所反映的特定自然人可以被识别的外部形象。

第一千零一十九条 任何组织或者个人不得以丑化、污损，或者利用信息技术手段伪造等方式侵害他人的肖像权。未经肖像权人同意，不得制作、使用、公开肖像权人的肖像，但是法律另有规定的除外。

未经肖像权人同意，肖像作品权利人不得以发表、复制、发行、出租、展览等方式使用或者公开肖像权人的肖像。

第一千零二十条 合理实施下列行为的，可以不经肖像权人同意：

（一）为个人学习、艺术欣赏、课堂教学或者科学研究，在必要范围内使用肖像权人已经公开的肖像；

（二）为实施新闻报道，不可避免地制作、使用、公开肖像权人的肖像；

（三）为依法履行职责，国家机关在必要范围内制作、使用、公开肖像权人的肖像；

（四）为展示特定公共环境，不可避免地制作、使用、公开肖像权人的肖像；

（五）为维护公共利益或者肖像权人合法权益，制作、使用、公开肖像权人的肖像的其他行为。

第一千零二十一条 当事人对肖像许可使用合同中关于肖像使用条款的理解有争议的，应当作出有利于肖像权人的解释。

第一千零二十二条 当事人对肖像许可使用期限没有约定或者约定不明确的，任何一方当事人可以随时解除肖像许可使用合同，但是应当在合理期限之前通知对方。

当事人对肖像许可使用期限有明确约定，肖像权人有正当理由的，可以解除肖像许可使用合同，但是应当在合理期限之前通知对方。因解除合同造成对方损失的，除不可归责于肖像权人的事由外，应当赔偿损失。

第一千零二十三条 对姓名等的许可使用，参照适用肖像许可使用的有关规定。

对自然人声音的保护，参照适用肖像权保护的有关规定。

第五章 名誉权和荣誉权

第一千零二十四条 民事主体享有名誉权。任何组织或者个人不得以侮辱、诽谤等方式侵害他人的名誉权。

名誉是对民事主体的品德、声望、才能、信用等的社会评价。

第一千零二十五条 行为人为公共利益实施新闻报道、舆论监督等行为，影响他人名誉的，不承担民事责任，但是有下列情形之一的除外：

（一）捏造、歪曲事实；

（二）对他人提供的严重失实内容未尽到合理核实义务；

（三）使用侮辱性言辞等贬损他人名誉。

第一千零二十六条 认定行为人是否尽到前条第二项规定的合理核实义务，应当考虑下列因素：

（一）内容来源的可信度；

（二）对明显可能引发争议的内容是否进行了必要的调查；

（三）内容的时限性；

（四）内容与公序良俗的关联性；

（五）受害人名誉受贬损的可能性；

（六）核实能力和核实成本。

第一千零二十七条 行为人发表的文学、艺术作品以真人真事或者特定人为描述对象，含有侮辱、诽谤内容，侵害他人名誉权的，受害人有权依法请求该行为人承担民事责任。

行为人发表的文学、艺术作品不以特定人为描述对象，仅其中的情节与该特定人的情况相似的，不承担民事责任。

第一千零二十八条 民事主体有证据证明报刊、网络等媒体报道的内容失实，侵害其名誉权的，有权请求该媒体及时采取更正或者删除等必要措施。

第一千零二十九条 民事主体可以依法查询自己的信用评价；发现信用评价不当的，有权提出异议并请求采取更正、删除等必要措施。信用评价人应当及时核查，经核查属实的，应当及时采取必要措施。

第一千零三十条 民事主体与征信机构等信用信息处理者之间的关系，适用本编有关个人信息保护的规定和其他法律、行政法规的有关规定。

第一千零三十一条 民事主体享有荣誉权。任何组织或者个人不得非法剥夺他人的荣誉称号，不得诋毁、贬损他人的荣誉。

获得的荣誉称号应当记载而没有记载的，民事主体可以请求记载；获得的荣誉称号记载错误的，民事主体可以请求更正。

第六章　隐私权和个人信息保护

第一千零三十二条　自然人享有隐私权。任何组织或者个人不得以刺探、侵扰、泄露、公开等方式侵害他人的隐私权。

隐私是自然人的私人生活安宁和不愿为他人知晓的私密空间、私密活动、私密信息。

第一千零三十三条　除法律另有规定或者权利人明确同意外，任何组织或者个人不得实施下列行为：

（一）以电话、短信、即时通讯工具、电子邮件、传单等方式侵扰他人的私人生活安宁；

（二）进入、拍摄、窥视他人的住宅、宾馆房间等私密空间；

（三）拍摄、窥视、窃听、公开他人的私密活动；

（四）拍摄、窥视他人身体的私密部位；

（五）处理他人的私密信息；

（六）以其他方式侵害他人的隐私权。

第一千零三十四条　自然人的个人信息受法律保护。

个人信息是以电子或者其他方式记录的能够单独或者与其他信息结合识别特定自然人的各种信息，包括自然人的姓名、出生日期、身份证件号码、生物识别信息、住址、电话号码、电子邮箱、健康信息、行踪信息等。

个人信息中的私密信息，适用有关隐私权的规定；没有规定的，适用有关个人信息保护的规定。

第一千零三十五条　处理个人信息的，应当遵循合法、正当、必要原则，不得过度处理，并符合下列条件：

（一）征得该自然人或者其监护人同意，但是法律、行政法规另有规定的除外；

（二）公开处理信息的规则；

（三）明示处理信息的目的、方式和范围；

（四）不违反法律、行政法规的规定和双方的约定。

个人信息的处理包括个人信息的收集、存储、使用、加工、传输、提供、公开等。

第一千零三十六条 处理个人信息，有下列情形之一的，行为人不承担民事责任：

（一）在该自然人或者其监护人同意的范围内合理实施的行为；

（二）合理处理该自然人自行公开的或者其他已经合法公开的信息，但是该自然人明确拒绝或者处理该信息侵害其重大利益的除外；

（三）为维护公共利益或者该自然人合法权益，合理实施的其他行为。

第一千零三十七条 自然人可以依法向信息处理者查阅或者复制其个人信息；发现信息有错误的，有权提出异议并请求及时采取更正等必要措施。

自然人发现信息处理者违反法律、行政法规的规定或者双方的约定处理其个人信息的，有权请求信息处理者及时删除。

第一千零三十八条 信息处理者不得泄露或者篡改其收集、存储的个人信息；未经自然人同意，不得向他人非法提供其个人信息，但是经过加工无法识别特定个人且不能复原的除外。

信息处理者应当采取技术措施和其他必要措施，确保其收集、存储的个人信息安全，防止信息泄露、篡改、丢失；发生或者可能发生个人信息泄露、篡改、丢失的，应当及时采取补救措施，按照规定告知自然人并向有关主管部门报告。

第一千零三十九条 国家机关、承担行政职能的法定机构及其工作人员对于履行职责过程中知悉的自然人的隐私和个人信息，应当予以保密，不得泄露或者向他人非法提供。

第五编　婚姻家庭

第一章　一般规定

第一千零四十条　本编调整因婚姻家庭产生的民事关系。

第一千零四十一条　婚姻家庭受国家保护。

实行婚姻自由、一夫一妻、男女平等的婚姻制度。

保护妇女、未成年人、老年人、残疾人的合法权益。

第一千零四十二条　禁止包办、买卖婚姻和其他干涉婚姻自由的行为。禁止借婚姻索取财物。

禁止重婚。禁止有配偶者与他人同居。

禁止家庭暴力。禁止家庭成员间的虐待和遗弃。

第一千零四十三条　家庭应当树立优良家风，弘扬家庭美德，重视家庭文明建设。

夫妻应当互相忠实，互相尊重，互相关爱；家庭成员应当敬老爱幼，互相帮助，维护平等、和睦、文明的婚姻家庭关系。

第一千零四十四条　收养应当遵循最有利于被收养人的原则，保障被收养人和收养人的合法权益。

禁止借收养名义买卖未成年人。

第一千零四十五条　亲属包括配偶、血亲和姻亲。

配偶、父母、子女、兄弟姐妹、祖父母、外祖父母、孙子女、外孙子女为近亲属。

配偶、父母、子女和其他共同生活的近亲属为家庭成员。

第二章　结　婚

第一千零四十六条　结婚应当男女双方完全自愿，禁止任何一方对另一方加以强迫，禁止任何组织或者个人加以干涉。

第一千零四十七条　结婚年龄，男不得早于二十二周岁，女不得早于二十周岁。

第一千零四十八条　直系血亲或者三代以内的旁系血亲禁止结婚。

第一千零四十九条　要求结婚的男女双方应当亲自到婚姻登记机关申请结婚登记。符合本法规定的，予以登记，发给结婚证。完成结婚登记，即确立婚姻关系。未办理结婚登记的，应当补办登记。

第一千零五十条　登记结婚后，按照男女双方约定，女方可以成为男方家庭的成员，男方可以成为女方家庭的成员。

第一千零五十一条　有下列情形之一的，婚姻无效：

（一）重婚；

（二）有禁止结婚的亲属关系；

（三）未到法定婚龄。

第一千零五十二条　因胁迫结婚的，受胁迫的一方可以向人民法院请求撤销婚姻。

请求撤销婚姻的，应当自胁迫行为终止之日起一年内提出。

被非法限制人身自由的当事人请求撤销婚姻的，应当自恢复人身自由之日起一年内提出。

第一千零五十三条　一方患有重大疾病的，应当在结婚登记前如实告知另一方；不如实告知的，另一方可以向人民法院请求撤销婚姻。

请求撤销婚姻的，应当自知道或者应当知道撤销事由之日起一年内提出。

第一千零五十四条　无效的或者被撤销的婚姻自始没有法律约束

力，当事人不具有夫妻的权利和义务。同居期间所得的财产，由当事人协议处理；协议不成的，由人民法院根据照顾无过错方的原则判决。对重婚导致的无效婚姻的财产处理，不得侵害合法婚姻当事人的财产权益。当事人所生的子女，适用本法关于父母子女的规定。

婚姻无效或者被撤销的，无过错方有权请求损害赔偿。

第三章　家庭关系

第一节　夫妻关系

第一千零五十五条　夫妻在婚姻家庭中地位平等。

第一千零五十六条　夫妻双方都有各自使用自己姓名的权利。

第一千零五十七条　夫妻双方都有参加生产、工作、学习和社会活动的自由，一方不得对另一方加以限制或者干涉。

第一千零五十八条　夫妻双方平等享有对未成年子女抚养、教育和保护的权利，共同承担对未成年子女抚养、教育和保护的义务。

第一千零五十九条　夫妻有相互扶养的义务。

需要扶养的一方，在另一方不履行扶养义务时，有要求其给付扶养费的权利。

第一千零六十条　夫妻一方因家庭日常生活需要而实施的民事法律行为，对夫妻双方发生效力，但是夫妻一方与相对人另有约定的除外。

夫妻之间对一方可以实施的民事法律行为范围的限制，不得对抗善意相对人。

第一千零六十一条　夫妻有相互继承遗产的权利。

第一千零六十二条　夫妻在婚姻关系存续期间所得的下列财产，为夫妻的共同财产，归夫妻共同所有：

（一）工资、奖金、劳务报酬；

（二）生产、经营、投资的收益；

（三）知识产权的收益；

（四）继承或者受赠的财产，但是本法第一千零六十三条第三项规定的除外；

（五）其他应当归共同所有的财产。

夫妻对共同财产，有平等的处理权。

第一千零六十三条 下列财产为夫妻一方的个人财产：

（一）一方的婚前财产；

（二）一方因受到人身损害获得的赔偿或者补偿；

（三）遗嘱或者赠与合同中确定只归一方的财产；

（四）一方专用的生活用品；

（五）其他应当归一方的财产。

第一千零六十四条 夫妻双方共同签名或者夫妻一方事后追认等共同意思表示所负的债务，以及夫妻一方在婚姻关系存续期间以个人名义为家庭日常生活需要所负的债务，属于夫妻共同债务。

夫妻一方在婚姻关系存续期间以个人名义超出家庭日常生活需要所负的债务，不属于夫妻共同债务；但是，债权人能够证明该债务用于夫妻共同生活、共同生产经营或者基于夫妻双方共同意思表示的除外。

第一千零六十五条 男女双方可以约定婚姻关系存续期间所得的财产以及婚前财产归各自所有、共同所有或者部分各自所有、部分共同所有。约定应当采用书面形式。没有约定或者约定不明确的，适用本法第一千零六十二条、第一千零六十三条的规定。

夫妻对婚姻关系存续期间所得的财产以及婚前财产的约定，对双方具有法律约束力。

夫妻对婚姻关系存续期间所得的财产约定归各自所有，夫或者妻一方对外所负的债务，相对人知道该约定的，以夫或者妻一方的个人财产清偿。

第一千零六十六条 婚姻关系存续期间，有下列情形之一的，夫妻一方可以向人民法院请求分割共同财产：

（一）一方有隐藏、转移、变卖、毁损、挥霍夫妻共同财产或者伪造夫妻共同债务等严重损害夫妻共同财产利益的行为；

（二）一方负有法定扶养义务的人患重大疾病需要医治，另一方不同意支付相关医疗费用。

第二节 父母子女关系和其他近亲属关系

第一千零六十七条 父母不履行抚养义务的，未成年子女或者不能独立生活的成年子女，有要求父母给付抚养费的权利。

成年子女不履行赡养义务的，缺乏劳动能力或者生活困难的父母，有要求成年子女给付赡养费的权利。

第一千零六十八条 父母有教育、保护未成年子女的权利和义务。未成年子女造成他人损害的，父母应当依法承担民事责任。

第一千零六十九条 子女应当尊重父母的婚姻权利，不得干涉父母离婚、再婚以及婚后的生活。子女对父母的赡养义务，不因父母的婚姻关系变化而终止。

第一千零七十条 父母和子女有相互继承遗产的权利。

第一千零七十一条 非婚生子女享有与婚生子女同等的权利，任何组织或者个人不得加以危害和歧视。

不直接抚养非婚生子女的生父或者生母，应当负担未成年子女或者不能独立生活的成年子女的抚养费。

第一千零七十二条 继父母与继子女间，不得虐待或者歧视。

继父或者继母和受其抚养教育的继子女间的权利义务关系，适用本法关于父母子女关系的规定。

第一千零七十三条 对亲子关系有异议且有正当理由的，父或者母可以向人民法院提起诉讼，请求确认或者否认亲子关系。

对亲子关系有异议且有正当理由的，成年子女可以向人民法院提起诉讼，请求确认亲子关系。

第一千零七十四条 有负担能力的祖父母、外祖父母，对于父母已经死亡或者父母无力抚养的未成年孙子女、外孙子女，有抚养的义务。

有负担能力的孙子女、外孙子女，对于子女已经死亡或者子女无力赡养的祖父母、外祖父母，有赡养的义务。

第一千零七十五条 有负担能力的兄、姐，对于父母已经死亡或者父母无力抚养的未成年弟、妹，有扶养的义务。

由兄、姐扶养长大的有负担能力的弟、妹，对于缺乏劳动能力又缺乏生活来源的兄、姐，有扶养的义务。

第四章　离　婚

第一千零七十六条 夫妻双方自愿离婚的，应当签订书面离婚协议，并亲自到婚姻登记机关申请离婚登记。

离婚协议应当载明双方自愿离婚的意思表示和对子女抚养、财产以及债务处理等事项协商一致的意见。

第一千零七十七条 自婚姻登记机关收到离婚登记申请之日起三十日内，任何一方不愿意离婚的，可以向婚姻登记机关撤回离婚登记申请。

前款规定期限届满后三十日内，双方应当亲自到婚姻登记机关申请发给离婚证；未申请的，视为撤回离婚登记申请。

第一千零七十八条 婚姻登记机关查明双方确实是自愿离婚，并已经对子女抚养、财产以及债务处理等事项协商一致的，予以登记，发给离婚证。

第一千零七十九条 夫妻一方要求离婚的，可以由有关组织进行调解或者直接向人民法院提起离婚诉讼。

人民法院审理离婚案件，应当进行调解；如果感情确已破裂，调解无效的，应当准予离婚。

有下列情形之一，调解无效的，应当准予离婚：

（一）重婚或者与他人同居；

（二）实施家庭暴力或者虐待、遗弃家庭成员；

（三）有赌博、吸毒等恶习屡教不改；

（四）因感情不和分居满二年；

（五）其他导致夫妻感情破裂的情形。

一方被宣告失踪，另一方提起离婚诉讼的，应当准予离婚。

经人民法院判决不准离婚后，双方又分居满一年，一方再次提起离婚诉讼的，应当准予离婚。

第一千零八十条 完成离婚登记，或者离婚判决书、调解书生效，即解除婚姻关系。

第一千零八十一条 现役军人的配偶要求离婚，应当征得军人同意，但是军人一方有重大过错的除外。

第一千零八十二条 女方在怀孕期间、分娩后一年内或者终止妊娠后六个月内，男方不得提出离婚；但是，女方提出离婚或者人民法院认为确有必要受理男方离婚请求的除外。

第一千零八十三条 离婚后，男女双方自愿恢复婚姻关系的，应当到婚姻登记机关重新进行结婚登记。

第一千零八十四条 父母与子女间的关系，不因父母离婚而消除。离婚后，子女无论由父或者母直接抚养，仍是父母双方的子女。

离婚后，父母对于子女仍有抚养、教育、保护的权利和义务。

离婚后，不满两周岁的子女，以由母亲直接抚养为原则。已满两周岁的子女，父母双方对抚养问题协议不成的，由人民法院根据双方的具体情况，按照最有利于未成年子女的原则判决。子女已满八周岁的，应当尊重其真实意愿。

第一千零八十五条 离婚后，子女由一方直接抚养的，另一方应当负担部分或者全部抚养费。负担费用的多少和期限的长短，由双方协议；协议不成的，由人民法院判决。

前款规定的协议或者判决，不妨碍子女在必要时向父母任何一方提出超过协议或者判决原定数额的合理要求。

第一千零八十六条 离婚后，不直接抚养子女的父或者母，有探望子女的权利，另一方有协助的义务。

行使探望权利的方式、时间由当事人协议；协议不成的，由人民法院判决。

父或者母探望子女，不利于子女身心健康的，由人民法院依法中止探望；中止的事由消失后，应当恢复探望。

第一千零八十七条 离婚时，夫妻的共同财产由双方协议处理；协议不成的，由人民法院根据财产的具体情况，按照照顾子女、女方和无过错方权益的原则判决。

对夫或者妻在家庭土地承包经营中享有的权益等，应当依法予以保护。

第一千零八十八条 夫妻一方因抚育子女、照料老年人、协助另一方工作等负担较多义务的，离婚时有权向另一方请求补偿，另一方应当给予补偿。具体办法由双方协议；协议不成的，由人民法院判决。

第一千零八十九条 离婚时，夫妻共同债务应当共同偿还。共同财产不足清偿或者财产归各自所有的，由双方协议清偿；协议不成的，由人民法院判决。

第一千零九十条 离婚时，如果一方生活困难，有负担能力的另一方应当给予适当帮助。具体办法由双方协议；协议不成的，由人民法院判决。

第一千零九十一条 有下列情形之一，导致离婚的，无过错方有权请求损害赔偿：

（一）重婚；

（二）与他人同居；

（三）实施家庭暴力；

（四）虐待、遗弃家庭成员；

（五）有其他重大过错。

第一千零九十二条 夫妻一方隐藏、转移、变卖、毁损、挥霍夫妻共同财产，或者伪造夫妻共同债务企图侵占另一方财产的，在离婚分割夫妻共同财产时，对该方可以少分或者不分。离婚后，另一方发现有上述行为的，可以向人民法院提起诉讼，请求再次分割夫妻共同财产。

第五章 收 养

第一节 收养关系的成立

第一千零九十三条 下列未成年人，可以被收养：

（一）丧失父母的孤儿；

（二）查找不到生父母的未成年人；

（三）生父母有特殊困难无力抚养的子女。

第一千零九十四条 下列个人、组织可以作送养人：

（一）孤儿的监护人；

（二）儿童福利机构；

（三）有特殊困难无力抚养子女的生父母。

第一千零九十五条 未成年人的父母均不具备完全民事行为能力且可能严重危害该未成年人的，该未成年人的监护人可以将其送养。

第一千零九十六条 监护人送养孤儿的，应当征得有抚养义务的人同意。有抚养义务的人不同意送养、监护人不愿意继续履行监护职责的，应当依照本法第一编的规定另行确定监护人。

第一千零九十七条 生父母送养子女，应当双方共同送养。生父母一方不明或者查找不到的，可以单方送养。

第一千零九十八条 收养人应当同时具备下列条件：

（一）无子女或者只有一名子女；

（二）有抚养、教育和保护被收养人的能力；

（三）未患有在医学上认为不应当收养子女的疾病；

（四）无不利于被收养人健康成长的违法犯罪记录；

（五）年满三十周岁。

第一千零九十九条 收养三代以内旁系同辈血亲的子女，可以不受本法第一千零九十三条第三项、第一千零九十四条第三项和第一千一百零二条规定的限制。

华侨收养三代以内旁系同辈血亲的子女，还可以不受本法第一千零九十八条第一项规定的限制。

第一千一百条 无子女的收养人可以收养两名子女；有子女的收养人只能收养一名子女。

收养孤儿、残疾未成年人或者儿童福利机构抚养的查找不到生父母的未成年人，可以不受前款和本法第一千零九十八条第一项规定的限制。

第一千一百零一条 有配偶者收养子女，应当夫妻共同收养。

第一千一百零二条 无配偶者收养异性子女的，收养人与被收养人的年龄应当相差四十周岁以上。

第一千一百零三条 继父或者继母经继子女的生父母同意，可以收养继子女，并可以不受本法第一千零九十三条第三项、第一千零九十四条第三项、第一千零九十八条和第一千一百条第一款规定的限制。

第一千一百零四条 收养人收养与送养人送养，应当双方自愿。收养八周岁以上未成年人的，应当征得被收养人的同意。

第一千一百零五条 收养应当向县级以上人民政府民政部门登记。收养关系自登记之日起成立。

收养查找不到生父母的未成年人的，办理登记的民政部门应当在登记前予以公告。

收养关系当事人愿意签订收养协议的，可以签订收养协议。

收养关系当事人各方或者一方要求办理收养公证的，应当办理收养公证。

县级以上人民政府民政部门应当依法进行收养评估。

第一千一百零六条 收养关系成立后，公安机关应当按照国家有关规定为被收养人办理户口登记。

第一千一百零七条 孤儿或者生父母无力抚养的子女，可以由生父母的亲属、朋友抚养；抚养人与被抚养人的关系不适用本章规定。

第一千一百零八条 配偶一方死亡，另一方送养未成年子女的，死亡一方的父母有优先抚养的权利。

第一千一百零九条 外国人依法可以在中华人民共和国收养子女。

外国人在中华人民共和国收养子女，应当经其所在国主管机关依照该国法律审查同意。收养人应当提供由其所在国有权机构出具的有关其年龄、婚姻、职业、财产、健康、有无受过刑事处罚等状况的证明材料，并与送养人签订书面协议，亲自向省、自治区、直辖市人民政府民政部门登记。

前款规定的证明材料应当经收养人所在国外交机关或者外交机关授权的机构认证，并经中华人民共和国驻该国使领馆认证，但是国家另有规定的除外。

第一千一百一十条 收养人、送养人要求保守收养秘密的，其他人应当尊重其意愿，不得泄露。

第二节 收养的效力

第一千一百一十一条 自收养关系成立之日起，养父母与养子女间的权利义务关系，适用本法关于父母子女关系的规定；养子女与养父母的近亲属间的权利义务关系，适用本法关于子女与父母的近亲属关系的规定。

养子女与生父母以及其他近亲属间的权利义务关系，因收养关系的成立而消除。

第一千一百一十二条 养子女可以随养父或者养母的姓氏，经当事人协商一致，也可以保留原姓氏。

第一千一百一十三条 有本法第一编关于民事法律行为无效规定情形或者违反本编规定的收养行为无效。

无效的收养行为自始没有法律约束力。

第三节 收养关系的解除

第一千一百一十四条 收养人在被收养人成年以前，不得解除收养关系，但是收养人、送养人双方协议解除的除外。养子女八周岁以上的，应当征得本人同意。

收养人不履行抚养义务，有虐待、遗弃等侵害未成年养子女合法权益行为的，送养人有权要求解除养父母与养子女间的收养关系。送养人、收养人不能达成解除收养关系协议的，可以向人民法院提起诉讼。

第一千一百一十五条 养父母与成年养子女关系恶化、无法共同生活的，可以协议解除收养关系。不能达成协议的，可以向人民法院提起诉讼。

第一千一百一十六条 当事人协议解除收养关系的，应当到民政部门办理解除收养关系登记。

第一千一百一十七条 收养关系解除后，养子女与养父母以及其他近亲属间的权利义务关系即行消除，与生父母以及其他近亲属间的权利义务关系自行恢复。但是，成年养子女与生父母以及其他近亲属间的权利义务关系是否恢复，可以协商确定。

第一千一百一十八条 收养关系解除后，经养父母抚养的成年养子女，对缺乏劳动能力又缺乏生活来源的养父母，应当给付生活费。因养子女成年后虐待、遗弃养父母而解除收养关系的，养父母可以要求养子女补偿收养期间支出的抚养费。

生父母要求解除收养关系的，养父母可以要求生父母适当补偿收养期间支出的抚养费；但是，因养父母虐待、遗弃养子女而解除收养关系的除外。

第六编 继 承

第一章 一般规定

第一千一百一十九条 本编调整因继承产生的民事关系。

第一千一百二十条 国家保护自然人的继承权。

第一千一百二十一条 继承从被继承人死亡时开始。

相互有继承关系的数人在同一事件中死亡，难以确定死亡时间的，推定没有其他继承人的人先死亡。都有其他继承人，辈份不同的，推定长辈先死亡；辈份相同的，推定同时死亡，相互不发生继承。

第一千一百二十二条 遗产是自然人死亡时遗留的个人合法财产。

依照法律规定或者根据其性质不得继承的遗产，不得继承。

第一千一百二十三条 继承开始后，按照法定继承办理；有遗嘱的，按照遗嘱继承或者遗赠办理；有遗赠扶养协议的，按照协议办理。

第一千一百二十四条 继承开始后，继承人放弃继承的，应当在遗产处理前，以书面形式作出放弃继承的表示；没有表示的，视为接受继承。

受遗赠人应当在知道受遗赠后六十日内，作出接受或者放弃受遗赠的表示；到期没有表示的，视为放弃受遗赠。

第一千一百二十五条 继承人有下列行为之一的，丧失继承权：

（一）故意杀害被继承人；

（二）为争夺遗产而杀害其他继承人；

（三）遗弃被继承人，或者虐待被继承人情节严重；

（四）伪造、篡改、隐匿或者销毁遗嘱，情节严重；

（五）以欺诈、胁迫手段迫使或者妨碍被继承人设立、变更或者撤回遗嘱，情节严重。

继承人有前款第三项至第五项行为，确有悔改表现，被继承人表示宽恕或者事后在遗嘱中将其列为继承人的，该继承人不丧失继承权。

受遗赠人有本条第一款规定行为的，丧失受遗赠权。

第二章 法定继承

第一千一百二十六条 继承权男女平等。

第一千一百二十七条 遗产按照下列顺序继承：

（一）第一顺序：配偶、子女、父母；

（二）第二顺序：兄弟姐妹、祖父母、外祖父母。

继承开始后，由第一顺序继承人继承，第二顺序继承人不继承；没有第一顺序继承人继承的，由第二顺序继承人继承。

本编所称子女，包括婚生子女、非婚生子女、养子女和有扶养关系的继子女。

本编所称父母，包括生父母、养父母和有扶养关系的继父母。

本编所称兄弟姐妹，包括同父母的兄弟姐妹、同父异母或者同母异父的兄弟姐妹、养兄弟姐妹、有扶养关系的继兄弟姐妹。

第一千一百二十八条 被继承人的子女先于被继承人死亡的，由被继承人的子女的直系晚辈血亲代位继承。

被继承人的兄弟姐妹先于被继承人死亡的，由被继承人的兄弟姐妹的子女代位继承。

代位继承人一般只能继承被代位继承人有权继承的遗产份额。

第一千一百二十九条 丧偶儿媳对公婆，丧偶女婿对岳父母，尽了主要赡养义务的，作为第一顺序继承人。

第一千一百三十条 同一顺序继承人继承遗产的份额，一般应当均等。

对生活有特殊困难又缺乏劳动能力的继承人，分配遗产时，应当予以照顾。

对被继承人尽了主要扶养义务或者与被继承人共同生活的继承人，分配遗产时，可以多分。

有扶养能力和有扶养条件的继承人，不尽扶养义务的，分配遗产时，应当不分或者少分。

继承人协商同意的，也可以不均等。

第一千一百三十一条 对继承人以外的依靠被继承人扶养的人，或者继承人以外的对被继承人扶养较多的人，可以分给适当的遗产。

第一千一百三十二条 继承人应当本着互谅互让、和睦团结的精神，协商处理继承问题。遗产分割的时间、办法和份额，由继承人协商确定；协商不成的，可以由人民调解委员会调解或者向人民法院提起诉讼。

第三章　遗嘱继承和遗赠

第一千一百三十三条 自然人可以依照本法规定立遗嘱处分个人财产，并可以指定遗嘱执行人。

自然人可以立遗嘱将个人财产指定由法定继承人中的一人或者数

人继承。

自然人可以立遗嘱将个人财产赠与国家、集体或者法定继承人以外的组织、个人。

自然人可以依法设立遗嘱信托。

第一千一百三十四条 自书遗嘱由遗嘱人亲笔书写，签名，注明年、月、日。

第一千一百三十五条 代书遗嘱应当有两个以上见证人在场见证，由其中一人代书，并由遗嘱人、代书人和其他见证人签名，注明年、月、日。

第一千一百三十六条 打印遗嘱应当有两个以上见证人在场见证。遗嘱人和见证人应当在遗嘱每一页签名，注明年、月、日。

第一千一百三十七条 以录音录像形式立的遗嘱，应当有两个以上见证人在场见证。遗嘱人和见证人应当在录音录像中记录其姓名或者肖像，以及年、月、日。

第一千一百三十八条 遗嘱人在危急情况下，可以立口头遗嘱。口头遗嘱应当有两个以上见证人在场见证。危急情况消除后，遗嘱人能够以书面或者录音录像形式立遗嘱的，所立的口头遗嘱无效。

第一千一百三十九条 公证遗嘱由遗嘱人经公证机构办理。

第一千一百四十条 下列人员不能作为遗嘱见证人：

（一）无民事行为能力人、限制民事行为能力人以及其他不具有见证能力的人；

（二）继承人、受遗赠人；

（三）与继承人、受遗赠人有利害关系的人。

第一千一百四十一条 遗嘱应当为缺乏劳动能力又没有生活来源的继承人保留必要的遗产份额。

第一千一百四十二条 遗嘱人可以撤回、变更自己所立的遗嘱。

立遗嘱后，遗嘱人实施与遗嘱内容相反的民事法律行为的，视为对遗嘱相关内容的撤回。

立有数份遗嘱，内容相抵触的，以最后的遗嘱为准。

第一千一百四十三条 无民事行为能力人或者限制民事行为能力人所立的遗嘱无效。

遗嘱必须表示遗嘱人的真实意思，受欺诈、胁迫所立的遗嘱无效。

伪造的遗嘱无效。

遗嘱被篡改的，篡改的内容无效。

第一千一百四十四条 遗嘱继承或者遗赠附有义务的，继承人或者受遗赠人应当履行义务。没有正当理由不履行义务的，经利害关系人或者有关组织请求，人民法院可以取消其接受附义务部分遗产的权利。

第四章 遗产的处理

第一千一百四十五条 继承开始后，遗嘱执行人为遗产管理人；没有遗嘱执行人的，继承人应当及时推选遗产管理人；继承人未推选的，由继承人共同担任遗产管理人；没有继承人或者继承人均放弃继承的，由被继承人生前住所地的民政部门或者村民委员会担任遗产管理人。

第一千一百四十六条 对遗产管理人的确定有争议的，利害关系人可以向人民法院申请指定遗产管理人。

第一千一百四十七条 遗产管理人应当履行下列职责：

（一）清理遗产并制作遗产清单；

（二）向继承人报告遗产情况；

（三）采取必要措施防止遗产毁损、灭失；

（四）处理被继承人的债权债务；

（五）按照遗嘱或者依照法律规定分割遗产；

（六）实施与管理遗产有关的其他必要行为。

第一千一百四十八条 遗产管理人应当依法履行职责，因故意或者重大过失造成继承人、受遗赠人、债权人损害的，应当承担民事责任。

第一千一百四十九条 遗产管理人可以依照法律规定或者按照约定获得报酬。

第一千一百五十条 继承开始后，知道被继承人死亡的继承人应当及时通知其他继承人和遗嘱执行人。继承人中无人知道被继承人死亡或者知道被继承人死亡而不能通知的，由被继承人生前所在单位或者住所地的居民委员会、村民委员会负责通知。

第一千一百五十一条 存有遗产的人，应当妥善保管遗产，任何组织或者个人不得侵吞或者争抢。

第一千一百五十二条 继承开始后，继承人于遗产分割前死亡，并没有放弃继承的，该继承人应当继承的遗产转给其继承人，但是遗嘱另有安排的除外。

第一千一百五十三条 夫妻共同所有的财产，除有约定的外，遗产分割时，应当先将共同所有的财产的一半分出为配偶所有，其余的为被继承人的遗产。

遗产在家庭共有财产之中的，遗产分割时，应当先分出他人的财产。

第一千一百五十四条 有下列情形之一的，遗产中的有关部分按照法定继承办理：

（一）遗嘱继承人放弃继承或者受遗赠人放弃受遗赠；

（二）遗嘱继承人丧失继承权或者受遗赠人丧失受遗赠权；

（三）遗嘱继承人、受遗赠人先于遗嘱人死亡或者终止；

（四）遗嘱无效部分所涉及的遗产；

（五）遗嘱未处分的遗产。

第一千一百五十五条 遗产分割时，应当保留胎儿的继承份额。胎儿娩出时是死体的，保留的份额按照法定继承办理。

第一千一百五十六条 遗产分割应当有利于生产和生活需要，不损害遗产的效用。

不宜分割的遗产，可以采取折价、适当补偿或者共有等方法处理。

第一千一百五十七条 夫妻一方死亡后另一方再婚的，有权处分所继承的财产，任何组织或者个人不得干涉。

第一千一百五十八条 自然人可以与继承人以外的组织或者个人签订遗赠扶养协议。按照协议，该组织或者个人承担该自然人生养死葬的义务，享有受遗赠的权利。

第一千一百五十九条 分割遗产，应当清偿被继承人依法应当缴纳的税款和债务；但是，应当为缺乏劳动能力又没有生活来源的继承人保留必要的遗产。

第一千一百六十条 无人继承又无人受遗赠的遗产，归国家所有，用于公益事业；死者生前是集体所有制组织成员的，归所在集体所有制组织所有。

第一千一百六十一条 继承人以所得遗产实际价值为限清偿被继承人依法应当缴纳的税款和债务。超过遗产实际价值部分，继承人自愿偿还的不在此限。

继承人放弃继承的，对被继承人依法应当缴纳的税款和债务可以不负清偿责任。

第一千一百六十二条 执行遗赠不得妨碍清偿遗赠人依法应当缴纳的税款和债务。

第一千一百六十三条 既有法定继承又有遗嘱继承、遗赠的，由法定继承人清偿被继承人依法应当缴纳的税款和债务；超过法定继承遗产实际价值部分，由遗嘱继承人和受遗赠人按比例以所得遗产清偿。

第七编　侵权责任

第一章　一般规定

第一千一百六十四条 本编调整因侵害民事权益产生的民事关系。

第一千一百六十五条 行为人因过错侵害他人民事权益造成损害

的，应当承担侵权责任。

依照法律规定推定行为人有过错，其不能证明自己没有过错的，应当承担侵权责任。

第一千一百六十六条 行为人造成他人民事权益损害，不论行为人有无过错，法律规定应当承担侵权责任的，依照其规定。

第一千一百六十七条 侵权行为危及他人人身、财产安全的，被侵权人有权请求侵权人承担停止侵害、排除妨碍、消除危险等侵权责任。

第一千一百六十八条 二人以上共同实施侵权行为，造成他人损害的，应当承担连带责任。

第一千一百六十九条 教唆、帮助他人实施侵权行为的，应当与行为人承担连带责任。

教唆、帮助无民事行为能力人、限制民事行为能力人实施侵权行为的，应当承担侵权责任；该无民事行为能力人、限制民事行为能力人的监护人未尽到监护职责的，应当承担相应的责任。

第一千一百七十条 二人以上实施危及他人人身、财产安全的行为，其中一人或者数人的行为造成他人损害，能够确定具体侵权人的，由侵权人承担责任；不能确定具体侵权人的，行为人承担连带责任。

第一千一百七十一条 二人以上分别实施侵权行为造成同一损害，每个人的侵权行为都足以造成全部损害的，行为人承担连带责任。

第一千一百七十二条 二人以上分别实施侵权行为造成同一损害，能够确定责任大小的，各自承担相应的责任；难以确定责任大小的，平均承担责任。

第一千一百七十三条 被侵权人对同一损害的发生或者扩大有过错的，可以减轻侵权人的责任。

第一千一百七十四条 损害是因受害人故意造成的，行为人不承担责任。

第一千一百七十五条 损害是因第三人造成的，第三人应当承担侵权责任。

第一千一百七十六条 自愿参加具有一定风险的文体活动，因其他参加者的行为受到损害的，受害人不得请求其他参加者承担侵权责任；但是，其他参加者对损害的发生有故意或者重大过失的除外。

活动组织者的责任适用本法第一千一百九十八条至第一千二百零一条的规定。

第一千一百七十七条 合法权益受到侵害，情况紧迫且不能及时获得国家机关保护，不立即采取措施将使其合法权益受到难以弥补的损害的，受害人可以在保护自己合法权益的必要范围内采取扣留侵权人的财物等合理措施；但是，应当立即请求有关国家机关处理。

受害人采取的措施不当造成他人损害的，应当承担侵权责任。

第一千一百七十八条 本法和其他法律对不承担责任或者减轻责任的情形另有规定的，依照其规定。

第二章 损害赔偿

第一千一百七十九条 侵害他人造成人身损害的，应当赔偿医疗费、护理费、交通费、营养费、住院伙食补助费等为治疗和康复支出的合理费用，以及因误工减少的收入。造成残疾的，还应当赔偿辅助器具费和残疾赔偿金；造成死亡的，还应当赔偿丧葬费和死亡赔偿金。

第一千一百八十条 因同一侵权行为造成多人死亡的，可以以相同数额确定死亡赔偿金。

第一千一百八十一条 被侵权人死亡的，其近亲属有权请求侵权人承担侵权责任。被侵权人为组织，该组织分立、合并的，承继权利的组织有权请求侵权人承担侵权责任。

被侵权人死亡的，支付被侵权人医疗费、丧葬费等合理费用的人有权请求侵权人赔偿费用，但是侵权人已经支付该费用的除外。

第一千一百八十二条 侵害他人人身权益造成财产损失的，按照被侵权人因此受到的损失或者侵权人因此获得的利益赔偿；被侵权人因此受到的损失以及侵权人因此获得的利益难以确定，被侵权人和侵权人就赔偿数额协商不一致，向人民法院提起诉讼的，由人民法院根据实际情况确定赔偿数额。

第一千一百八十三条 侵害自然人人身权益造成严重精神损害的，被侵权人有权请求精神损害赔偿。

因故意或者重大过失侵害自然人具有人身意义的特定物造成严重精神损害的，被侵权人有权请求精神损害赔偿。

第一千一百八十四条 侵害他人财产的，财产损失按照损失发生时的市场价格或者其他合理方式计算。

第一千一百八十五条 故意侵害他人知识产权，情节严重的，被侵权人有权请求相应的惩罚性赔偿。

第一千一百八十六条 受害人和行为人对损害的发生都没有过错的，依照法律的规定由双方分担损失。

第一千一百八十七条 损害发生后，当事人可以协商赔偿费用的支付方式。协商不一致的，赔偿费用应当一次性支付；一次性支付确有困难的，可以分期支付，但是被侵权人有权请求提供相应的担保。

第三章　责任主体的特殊规定

第一千一百八十八条 无民事行为能力人、限制民事行为能力人造成他人损害的，由监护人承担侵权责任。监护人尽到监护职责的，可以减轻其侵权责任。

有财产的无民事行为能力人、限制民事行为能力人造成他人损害的，从本人财产中支付赔偿费用；不足部分，由监护人赔偿。

第一千一百八十九条 无民事行为能力人、限制民事行为能力人造成他人损害，监护人将监护职责委托给他人的，监护人应当承担侵权责任；受托人有过错的，承担相应的责任。

第一千一百九十条 完全民事行为能力人对自己的行为暂时没有意识或者失去控制造成他人损害有过错的，应当承担侵权责任；没有过错的，根据行为人的经济状况对受害人适当补偿。

完全民事行为能力人因醉酒、滥用麻醉药品或者精神药品对自己的行为暂时没有意识或者失去控制造成他人损害的，应当承担侵权责任。

第一千一百九十一条 用人单位的工作人员因执行工作任务造成他人损害的，由用人单位承担侵权责任。用人单位承担侵权责任后，可以向有故意或者重大过失的工作人员追偿。

劳务派遣期间，被派遣的工作人员因执行工作任务造成他人损害的，由接受劳务派遣的用工单位承担侵权责任；劳务派遣单位有过错的，承担相应的责任。

第一千一百九十二条 个人之间形成劳务关系，提供劳务一方因劳务造成他人损害的，由接受劳务一方承担侵权责任。接受劳务一方承担侵权责任后，可以向有故意或者重大过失的提供劳务一方追偿。提供劳务一方因劳务受到损害的，根据双方各自的过错承担相应的责任。

提供劳务期间，因第三人的行为造成提供劳务一方损害的，提供劳务一方有权请求第三人承担侵权责任，也有权请求接受劳务一方给予补偿。接受劳务一方补偿后，可以向第三人追偿。

第一千一百九十三条 承揽人在完成工作过程中造成第三人损害或者自己损害的，定作人不承担侵权责任。但是，定作人对定作、指示或者选任有过错的，应当承担相应的责任。

第一千一百九十四条 网络用户、网络服务提供者利用网络侵害他人民事权益的，应当承担侵权责任。法律另有规定的，依照其规定。

第一千一百九十五条 网络用户利用网络服务实施侵权行为的，

权利人有权通知网络服务提供者采取删除、屏蔽、断开链接等必要措施。通知应当包括构成侵权的初步证据及权利人的真实身份信息。

网络服务提供者接到通知后，应当及时将该通知转送相关网络用户，并根据构成侵权的初步证据和服务类型采取必要措施；未及时采取必要措施的，对损害的扩大部分与该网络用户承担连带责任。

权利人因错误通知造成网络用户或者网络服务提供者损害的，应当承担侵权责任。法律另有规定的，依照其规定。

第一千一百九十六条 网络用户接到转送的通知后，可以向网络服务提供者提交不存在侵权行为的声明。声明应当包括不存在侵权行为的初步证据及网络用户的真实身份信息。

网络服务提供者接到声明后，应当将该声明转送发出通知的权利人，并告知其可以向有关部门投诉或者向人民法院提起诉讼。网络服务提供者在转送声明到达权利人后的合理期限内，未收到权利人已经投诉或者提起诉讼通知的，应当及时终止所采取的措施。

第一千一百九十七条 网络服务提供者知道或者应当知道网络用户利用其网络服务侵害他人民事权益，未采取必要措施的，与该网络用户承担连带责任。

第一千一百九十八条 宾馆、商场、银行、车站、机场、体育场馆、娱乐场所等经营场所、公共场所的经营者、管理者或者群众性活动的组织者，未尽到安全保障义务，造成他人损害的，应当承担侵权责任。

因第三人的行为造成他人损害的，由第三人承担侵权责任；经营者、管理者或者组织者未尽到安全保障义务的，承担相应的补充责任。经营者、管理者或者组织者承担补充责任后，可以向第三人追偿。

第一千一百九十九条 无民事行为能力人在幼儿园、学校或者其他教育机构学习、生活期间受到人身损害的，幼儿园、学校或者其他教育机构应当承担侵权责任；但是，能够证明尽到教育、管理职责的，不承担侵权责任。